城市轨道交通线网规划指南

池利兵　冷海洋　程国柱　编著

中国建筑工业出版社

图书在版编目（CIP）数据

城市轨道交通线网规划指南 / 池利兵，冷海洋，程国柱
编著. — 北京：中国建筑工业出版社，2020.1 （2022.3 重印）
　ISBN 978-7-112-24313-6

　Ⅰ.①城…　Ⅱ.①池…②冷…③程…　Ⅲ.①城市铁路—
轨道交通 — 交通规划 — 中国 — 指南　Ⅳ.①U239.5-62

　中国版本图书馆CIP数据核字（2019）第222258号

责任编辑：黄　翙　陆新之
责任校对：芦欣甜

城市轨道交通线网规划指南

池利兵　冷海洋　程国柱　编著

*

中国建筑工业出版社出版、发行（北京海淀三里河路9号）

各地新华书店、建筑书店经销

北京雅盈中佳图文设计公司制版

北京中科印刷有限公司印刷

*

开本：850×1168毫米　1/16　印张：10½　字数：267千字

2020年1月第一版　2022年3月第二次印刷

定价：**98.00**元

ISBN 978-7-112-24313-6

　　　（34816）

前　言

随着城镇化和机动化的快速发展，城市轨道交通已经成为我国超、特大城市及部分大城市公共交通系统的重要组成部分。自 2000 年以来，我国城市轨道交通进入了快速发展和建设的高潮期，城市轨道交通线网规划是指导城市轨道交通建设的重要依据。

编者自 2003 年参加工作以来，在单位同事和业界前辈及同仁的帮助与指导下，在城市综合交通和城市轨道交通规划领域积累了一定的工作经验，先后负责和参与了国内多个城市的城市综合交通体系规划和城市轨道交通线网规划，并参与编制了《城市轨道交通线网规划标准》（GB/T 50546-2018）以及多个城市轨道交通和城市综合交通相关课题的研究，同时也参与编制了《城市综合交通体系规划标准》（GB/T 51328-2018），两个标准编制组进行了充分沟通和交流，充分体现了城市轨道交通线网规划和城市综合交通体系规划之间的相互关系。编者结合参与相关标准编制过程中的工作体会以及工作以来对城市轨道交通线网规划的思考，撰写了本书。

第 1 章回顾了我国城市轨道交通规划的总体发展情况，有助于专业技术人员了解我国城市轨道交通规划的发展历程。

第 2 章介绍了城市轨道交通的分类，并对比分析不同类别城市轨道交通之间的区别，解读不同城市轨道交通种类的特点，为开展城市轨道交通线网规划奠定基础。

第 3 章介绍了城市轨道交通线网规划与相关规划的关系，较为系统地梳理了城市轨道交通线网规划在城乡规划体系中的定位以及与其他相关规划的关系。

第 4 章在提出城市轨道交通线网规划范围要求的基础上，进一步提出了城市轨道交通服务范围的概念以及服务范围确定的方法，从而较好地指导专业技术人员确定城市轨道交通服务对象。

第 5 章重点介绍了城市轨道交通功能定位分析方法以及城市轨道交通功能层次划分标准等，将有助于城市轨道交通专业技术人员科学地认识城市轨道交通在城市综合交通体系和城市公共交通系统中的定位，以及不同层次城市轨道交通的服务水平。

第 6 章针对我国城市轨道交通线网规划中规模论证存在的问题，介绍了城市轨道交通线网规模论证的经验和方法。

第 7 章解读了《城市轨道交通线网规划标准》（GB/T 50546-2018）中提出的城市轨道交通线网组织与布局中的重点和要求，并结合案例，较为详细地介绍了在城市轨道交通线网规划构架、方案研究过程中应掌握的基本技术要求。

第 8 章和第 9 章按照《城市轨道交通线网规划标准》（GB/T 50546-2018）逐条解读了城市轨道交通线路规划以及车辆基地规划的技术要求和应注意的问题。

第 10 章在解读《城市轨道交通线网规划标准》（GB/T 50546-2018）的基础上，重点强调了城市轨道交通用地控制规划和沿线地区规划的内容。

第 11 章对我国城市轨道交通线网规划的发展趋势进行了展望。

本书编写以编者的项目经历为基础,在工作内容和技术方法上体现了个人对城市轨道交通线网规划的见解,若有不足之处,请读者给予指正。同时,衷心感谢业界前辈对我的指导和帮助,感谢与我一同成长的各位同事和同仁,最后特别感谢参与《城市轨道交通线网规划标准》(GB/T 50546-2018)和《城市综合交通体系规划标准》(GB/T 51328-2018)编制与审查的每一位专家和同仁。

本书第 1 章、第 2 章、第 4 章、第 5 章、第 6 章、第 7 章及第 11 章主要由池利兵编写,第 3 章、第 10 章主要由冷海洋编写,第 8 章、第 9 章主要由程国柱编写。

目 录

第1章 国内城市轨道交通规划发展情况

1.1 国内外城市轨道交通发展现状

1.1.1 国外城市轨道交通发展现状

世界轨道交通自诞生之日起已有一个半世纪的历史，它的发展大致经历了萌芽、成长、快速发展三个阶段。截至2014年，世界上已有55个国家的200余座城市开通了轨道交通[1]，并且还有许多城市的城市轨道交通正在筹建之中，线路总里程达数万公里，为客运交通的发展和城市的经济发展作出了重要贡献。

（1）城市轨道交通发展历史

国外城市轨道交通的发展始于伦敦，第1条地铁线路于1863年开通运营[2]。1882年，索里亚在马德里的城市改建方案中，就对城市轨道交通在城市规划中的系统布置提出了较为科学的看法。他的"线状城市"方案认为城市的形状应采用线状，同时轨道交通应以地下、地面和高架桥相结合的方式进行规划、建设。在他设计的城市中，以一条宽度不小于40m的干道作为"脊梁骨"，电气化铁路就铺设在这条干道的轴线上，一条长50km的有轨电车环行线距离市中心的半径约7km，形成线状城市的骨干。在索里亚的设计方案中最为大胆的设想是使有轨电车轨距与火车轨距相同，从而将新线与一个主要的铁路车站相连，以便能利用有轨电车线为工厂、企业进行货物运输。可以看出，尽管索里亚在1882年提出的方案是用于马德里城市交通改建的，但这些思想基本上被延续了下来。特别是关于城市有轨交通建设可采用地下、地面、高架三种方式结合的方法，正是目前世界各大城市所普遍采用的[3-18]。

至1899年，美、英等多个国家开通了城市地铁。1900~1924年，欧美又有9座城市新建了地铁线路。1925~1945年，由于受世界大战的影响，世界各地地铁建设速度明显放缓。第二次世界大战以后，从1950年到1974年，在欧洲，特别是亚洲、美洲，有30余座城市开通了地铁。从1975年到2000年，相继又有60余座城市新建地铁开通运营，其中亚洲城市有20多座。截至2014年，世界上城市轨道交通发展已有161年的历史，据不完全统计，世界上已有127座城市开通了地铁，地铁线路总长度5500多km；有200余座城市已经铺设了轻轨，轻轨线路总长度26000多km。城市轨道交通在缓解地面交通压力、疏散城市中心区人口、改善城市环境等方面发挥着极其重要的作用。

20世纪70年代和80年代是各国地铁建设的高峰期。发达国家的主要城市，如纽约、华盛顿、芝加哥、伦敦、巴黎、柏林、东京、莫斯科等已基本完成了地铁网络的建设，而后起的中等发达国家和地区，特别是发展中国家地铁建设却相对滞后。亚洲共有26座城市有地下铁道，除了东京与大阪在第二次世界大战前便建有地铁外，其余24座城市均是在战后建成的，因此，亚洲的地铁兴建高潮大体比欧美发达国家兴建高潮晚10年。20世纪80和90年代环保问题、能源结构问题突出，在经济可持续发展战略方针指导下，全世界又掀起了新一轮的轻轨交通系统的建设高潮[19]。

西方早期的轨道交通系统是在小汽车和公共汽车问世之前发展起来的，当时主要的出行方式是步行和马车。轨道交通作为唯一的长距离、大容量快速公共交通工具，占领了庞大且不断增长的市场，其建设面临的融资问题自然不如今日这样突出。随着公共汽车的发展、小汽车的普及，轨道交通市场受到了一定冲击，但目前为止世界上许多发达国家在小汽车进入家庭后，仍然实施的是"公交优先"的交通发展模式。以东京和伦敦为例，轨道交通分别承担了86%和71%的客运量，是居民出行的主要方式。在美国，除了少数人口密度高的特大城市外，轨道交通经历了一段由盛到衰的过程。在汽车出现时，纽约市的城市规模已发展到很高的程度，市中心高密度的土地利用长期支撑着已有轨道交通系统的运营。而美国西部许多大城市的规模是在汽车时代到来之后才发展起来的，小汽车的方便灵活使轨道交通难以竞争，导致西部许多城市轨道交通因经营不善而被拆除。此外，小汽车的进一步普及，也导致公共汽车市场逐渐萎缩与经营维艰。

北美之外的情况则大不相同，西欧和日本的城市轨道交通长盛不衰，这很大程度上归因于城市历史悠久，与高密度的建成区早已成形有关。更重要的是，西欧和日本长期实行较高的燃油税政策，通过提高使用成本抑制小汽车的使用，从而使公共交通有比较稳定的市场。在人口密度高、土地资源匮乏的新加坡、东京等国家和地区，小汽车的使用条件受到制约，形成了以城市轨道交通为主，地面公共交通、小汽车为辅的交通模式。以城市轨道交通为主的交通模式，要求城市具有一定的经济实力，政府有能力不断提高城市轨道交通网络的覆盖范围。而在城市土地资源匮乏，路网容量只能满足有限数量汽车使用的情况下，政府部门对汽车保有量的增长和使用给予严格的限制。在新加坡，购买私家车需要支付高额的牌照税，没有极高的收入是难以支撑机动车使用费用的。在东京，即使拥有世界上最发达的城市轨道交通网络，政府部门仍然计划加密市中心地铁网络，并以500m作为城市轨道交通的服务半径，在市区600多 km² 范围内，做到城市轨道交通网络服务的完全覆盖，力图在不采取任何强制措施的情况下，将私有汽车在市区范围内的使用压缩到最低水平。

（2）城市轨道交通运营现状

由于城市轨道交通明显的运量优势，世界各国越来越认识到建立城市轨道交通系统的重要性。经过多年的发展，世界上经济水平较高的城市，大多具有比较成熟与相对完整的城市轨道交通系统，相当一部分城市轨道交通的运量占城市公交运量的比重已达50%以上，有的甚至已超过70%。世界各国纷纷开始采用立体化的轨道交通来解决日益恶化的城市交通问题。大城市逐步形成了以地铁为主体，多种轨道交通类型并存的现代城市轨道交通新格局。截至2014年，世界上具备轨道交通线路网络规模化运营200km以上的国家超过11个，80座城市。

1.1.2　我国城市轨道交通发展现状

（1）我国城市轨道交通运营情况[20]

第一，运营规模进一步增大，制式多元化、营运网络化趋势明显。截至2017年末，中国大陆地区（不含港澳台）共34座城市开通城市轨道交通运营，共计165条线路，运营线路总长度达5032.7km。其中，拥有2条及以上城市轨道交通运营线路的城市已增加至26座，占34座运营城市的76.5%。其中，地下线3199.8km，占63.6%；地面线739.5km，占14.7%；高架线1093.4km，占 21.7%。投运车站总数为 3234 座，其中换乘站 286 座，占比 8.84%。

第二，客运量增长明显，日均负荷强度略有下降，客运效果整体有明显改善。据不完全统计（缺少 5 条市域快轨 331.2km 和 12 条现代有轨电车 131.6km 共 462.8km 营运线路的客运情况），2017 年城市轨道交通全年完成客运量总计 184.8 亿人次，比上年 160.9 亿人次增长了 23.9 亿人次，增长 14.9%；总进站量高达 116.9 亿人次，较上年增长 14.7 亿人次，增长 14.4%。其中，北京累计完成客运量 37.8 亿人次，日均客运量 1035 万人次，居全国首位；上海累计完成客运量 35.4 亿人次，日均客运量 969.2 万人次；广州累计完成客运量 28.1 亿人次，日均客运量 768.7 万人次；深圳累计完成客运量 14.5 亿人次，日均客运量 396.2 万人次。四座城市客运量均创历史新高。伴随南京、武汉、成都等城市大量新建线路投入网络化运营，后发城市骨干网络组建完毕，北京、上海、广州、深圳 4 市的客运量占全国总客运量的比例从 2016 年的 67.3% 降至 62.6%。

从客运量增长情况来看，随着新开通城市轨道交通营运线路的增多，各城市尤其是城市轨道交通新兴城市的客运量增长明显，城市轨道交通逐渐成为这些城市市民出行的重要公共交通方式。2017 年全国城市轨道交通平均客运强度为 0.81 万人次 /（公里·日）。受新开通线路快速增长的影响，在客运总量增长的情况下，负荷强度与上一年度相比低 2.4%。

第三，发车间隔缩短，运营效率逐步提高，服务水平稳步提升。据不完全统计，截至 2017 年末，全国城市轨道交通累计配属车辆 4871 列，当年完成营运里程 29.4 亿车公里，比上年增长 26.7%。北京、上海两市运营里程超过 5 亿车公里；广州、深圳两市运营里程均超过 2.5 亿车公里，4 市合计占全国运营总里程的 55%。2017 年全国日均计划开行总列次 52082 次，日均实际开行列次 52166 次，其中，北京、上海、广州、深圳、南京、成都等 25 市的兑现率达到 100% 及以上。

2017 年全国城市轨道交通平均旅行速度 36.2km/h，是城市其他公共交通方式旅行速度的 2~3 倍；且高峰小时最小发车间隔进一步缩短，营运服务时间总体维持较高水平。平均营运服务时长 16.8h/ 日，最长 18.7h/ 日，最短 15h/ 日。城市轨道交通运营效率逐步提高，服务水平稳步提升。

据不完全统计（个别城市数据填报不完整），2017 年共发生 5min 及以上延误事件 1749 次，比上年下降 11.4%，平均 5min 及以上延误率 0.018 次 / 百万车公里，比上年下降 28%。列车正点率为 99.99%。2017 年列车退出正线故障共计 8027 次，平均退出正线营运故障率 0.025 次 / 万车公里，比上年下降 34.2%。

第四，车公里平均成本下降，运营收支比提高，单位能耗有所上升，营运经济水平整体保持稳定。据不完全统计（个别城市数据填报不完整），2017 年平均车公里运营成本 28.1 元，平均车公里运营收入 13.2 元。平均人公里营运成本 0.95 元，平均人公里营运收入 0.33 元，平均单位票款收入 0.14 元 / 人公里。城市轨道交通票价收入仍处于较低水平。

2017 年度计算营运收支比为 70.1%，比上年下降 7.6%。其中运营收支比超过 100% 的城市有深圳、武汉、广州、北京 4 市。

根据营运单位上报数据统计计算，平均人公里能耗为 0.166kW·h，比上年略有下降，平均车公里能耗为 4.16kW·h。其中，平均车公里牵引能耗为 2.05kW·h，与上年相比，有超过 40% 的城市轨道交通总能耗和牵引能耗有所下降。

（2）我国城市轨道交通在建情况 [20]

第一，建设规模快速增长，多市进入快速建设期。截至 2017 年末，中国大陆地区有 56 座城市（部分地方政府批复项目未纳入统计）在建线路254条，在建线路长度达6246.3km。在建城市数量、在建线路数量和在建线路长度均超过已投运规模。

从建设规模看，成都405.5km居全国首位，为我国城市轨道交通城市中单城市在建线路长度首次突破400km；广州、北京、杭州、青岛4市在建线路长度分别为348.5km、343.9km、341.6km、300.9km，在建线路长度均超过300km；深圳、上海、武汉、南京4市建设规模均超过200km，共计24座城市建设规模超过100km。

第二，线路制式更为多元化，截至2017年末，城市轨道交通在建线路按照制式结构划分，包括地铁5291.1km，轻轨18.8km，单轨46.8km，市域快轨264.9km，现代有轨电车618.1km，APM 6.6km。

第三，建设投资持续增长。据不完全统计，截至2017年末，国家发改委批复43座城市（不含包头市）在建线路可研批复投资额累计达到38756.1亿元，创历史新高。初设批复投资累计达到33098.8亿元，2017年当年完成投资4761.6亿元，同比增长23.8%，占可研批复投资的12.3%。其中，武汉、成都城市轨道交通投资完成额超过300亿元，占全年总投资完成额的15.3%；上海、杭州、北京、重庆、南京、青岛6市投资完成额超过200亿元，占全年总投资完成额的32%；共计18座城市投资完成额超过100亿元。

（3）我国城市轨道交通规划情况[20]

截至2017年末，据不完全统计，中国大陆地区已获得城市轨道交通建设项目批复的城市有62座（包括地方批复的淮安、南平、珠海、三亚、黄石、泉州、台州、渭南（韩城）、安顺、红河州、文山州、德令哈、天水、毕节、泸州、黔南州、弥勒、瑞丽18座城市），规划线路总长度为7424km。

其中，地方批复的城市中，大多数项目为有轨电车项目，而《城市轨道交通线网规划标准》中的城市轨道交通并不包括有轨电车系统。

国内很多特大城市的城市轨道交通线网规划已经经历过三到四轮的修编或者修改，修编的频率最短的也就3~5年，编者认为城市轨道交通线网规划频繁修改或者修编的原因，一方面来自于城市规划的调整，更多的方面是来源于技术人员对城市轨道交通规划的认知与技术水平的差异以及不断提高的过程，从而导致不同的单位对同一城市、同一时期的城市轨道交通线网规划存在多种不同的规划方案。

1.2　国内城市轨道交通线网规划历程回顾

虽然早在20世纪50年代我国的城市轨道交通线网规划工作就得到重视，但由于城市轨道交通建设缓慢，缺乏实践的验证与总结，导致一直存在规划内容过于简单、计划色彩较强和可实施性差等方面的问题[21]。

1.2.1　北京市城市轨道交通线网规划历程

20世纪50年代后期，北京市开始考虑城市轨道交通的建设，初步提出"一环两线"的城市轨道交通线网雏形。此后，北京市陆续研究了多个城市轨道交通线网规划方案，到1981年，城市轨道交通线网规划作为城市总体规划的专项规划，纳入了城市总体规划中，当时的城市轨道交通线网规划方案全长 236km。

1992 年，北京市在城市总体规划修编时，同步调整了城市轨道交通线网规划方案，调整后的线网规划方案为 338km。

1999 年，北京市为了缓解中心区的人口和交通压力，并引导城市向北部地区发展，又增设了一条串联城市北部三大边缘组团的城市铁路，城市轨道交通线网规划方案的规模增加为 408km。

2004 年，与《北京市城市总体规划（2004-2020 年）》同步编制了新一轮的城市轨道交通线网规划方案。远景中心城轨道交通规划线网由 22 条线路组成，其中 16 条为地铁线路（以下简称 M 线），6 条为轻轨线路（以下简称 L 线），规划线网总长度为 700.6km。同时，远景规划市郊铁路规划线网由 6 条市郊铁路线组成，规划线网总长度为 430.3km。

1.2.2 上海市城市轨道交通线网规划历程

上海市在 20 世纪 80 年代编制了城市总体规划，并于 1986 年得到国务院批准，规划规定：上海市中心城规划用地 300km^2，650 万人口，轨道交通网络由 7 条线路组成，共 176km、139 个车站。

20 世纪 90 年代初，轨道交通线路走向和网络规划进行了调整，2 号线线路走向由宝钢方向调整为浦东新区方向。

1992 年开始对轨道交通模式和网络扩充、完善的方式进行研究，结合城市的拓展情况，规划轨道交通网络为 360km，原铁路内环线调整为规划轨道交通线路。轨道交通从单一的地铁模式转变为地铁为主、轻轨为辅的模式。

在 1996 年编制的上海城市总体规划上报稿中，再次对轨道交通网络规划进行了补充和完善，规划上海市城市轨道交通网络线路总长达到 471km，由 11 条地铁线、7 条轻轨线共同构成。

2000 年上海市与法国 SYSTRA 公司合作，编制完成了《上海市轨道交通网络规划》。该轨道交通网络系统已纳入到国务院 2001 年批复的《上海市城市总体规划（1999-2020）》。

1.2.3 广州市城市轨道交通线网规划历程

1996 年 8 月广州市组织编制了《广州市城市快速轨道交通线网规划》，于 1997 年形成了最终报告。在此项规划中提出了一套基本完整的规划方法和内容体系。

广州市轨道交通线网规划经历了四个阶段的规划和调整，最终于 2003 年 10 月正式完成，并通过了市人大审议和市政府的批复同意。广州市城市轨道交通线网规划为 15 条线，共 619km；含城际轨道、市郊列车线为 19 条线，共 726km（见表 1-1）。线网基本架构由"交通疏导型"和"规划引导型"两类线路构成，形成既向心又交织的轨道交通系统，具有良好的辐射能力。

广州市轨道交通线网规划 　　　　　　　　　　　　　　　　　　　　　　　表 1-1

编号	线路简称	路由	长度（km）
1 号线	西朗—广州东站线	西朗—公园前—体育西路—广州东站	18.5
2 号线	嘉禾—广州新客站线	嘉禾—江夏—三元里—江南西—南浦岛—广州新客站	32.3
3 号线	新机场—海鸥岛线	新机场—嘉禾—广州东站—番禺广场—广州新城—海鸥岛	84.5

续表

编号	线路简称	路由	长度（km）
4号线	罗岗—南沙线	罗岗新区—科学城—琶洲—新造—广州新城—南沙	67.0
5号线	南海—开发区线	南海黄岐—滘口—火车站—珠江新城—蟹山—黄埔开发区	41.0
6号线	沙贝—高塘石线	沙贝—大坦沙—黄沙大道—沙河—高塘石	28.5
7号线	广州新客站—罗岗线	广州新客站—大石—大学城南—蟹山—横沙—罗岗	33.7
8号线	黄金围—新洲线	黄金围—同德围—西村—工业大道—昌岗路—新港路—新洲	34.5
9号线	花都汽车城—从化街口线	花都汽车城—花都新华—新机场南—从化街口	60.0
10号线	紫坭—新城线	紫坭—市桥—石基—莲花山	30.5
11号A线	南沙环岛A线	环南沙岛的区内轨道交通线	25.5
11号B线	南沙环岛B线	蕉门—横沥—南沙	16.0
12号线	广州新客站—新城线	广州新客站—番禺沙湾—市桥—广州新城—莲花山	39.5
13号线	大良—南沙线	顺德大良—大岗—南沙	28.5
14号线	槎头—荔城线	槎头—沙河—天河北—中山大道—蟹山—南岗—新塘—荔城	79.0
小计			619
	广佛线	魁奇路—海八路—芳村—工业大道—沥滘	17.4
	广珠线	珠海—中山—顺德—广州沥滘	11.1
	广深线	深圳—东莞—广州蟹山	11.5
	市郊列车	广州北站（花都）—新塘（黄埔）	67.0
合计			726

注：表中线路长度为广州段范围内。

1.2.4 南京市城市轨道交通线网规划历程

南京市的城市轨道交通研究开始于20世纪80年代，90年代初正式筹备建设地铁。至今，南京的城市轨道线网规划共经历了三轮的系统编制、一次规划调整工作。

（1）第一轮规划

第一轮规划完成于1993年，并于1995年纳入国务院批准的《南京城市总体规划》。线网由三种运输方式组成，地铁、轻轨、市郊铁路。线网远景规划年限为2030年，总长度为239km。

地铁线路总长121.7km，设87座车站，4处车辆段、4处停车场，包括1号南北线（小行—新生圩）、1号支线（安德门—中新路）、2号线（站前路—浦六路）、3号东西线（上新河—前社）、4号线外围绕行线（沙洲—石山）。4条地铁线在主城范围内约70.9km。

轻轨线路总长56.0km，包括浦口—大厂线、浦口—江浦、铁路南站—新机场3条线路。

市郊铁路长61.0km，包括新建（九四二四）—龙潭。

（2）第二轮规划

以南京地铁南北线一期工程（1号线）上报国家审批立项为契机，于1999年编制完成《南京城市快速轨道交通线网规划》。规划仍然以主城为研究范围，共规划6条线路，总长度增加至192km。6条线中，2条为南北方向放射线，1条东西方向横贯线，1条斜线，1条外绕线，1条U形线，换乘车站18处，核心区线网密度1.14km/km²，主城线网密度0.54km/km²。线网设车辆段5

处、停车场 6 处。

1 号线，共长 24.8km，由小行—新生圩和火车南站—安德门。线路为主城区中轴南北向主干线，穿越市中心并向两端工业区放射。

2 号线，长约 25km，主城区内长约 17.3km，由河西—仙林，为主城东西向主干线。

3 号线长 18.6km，由西站—宁溧路，斜穿主城区西北部，两端向东山和浦口方向放射。

4 号线长 25.8km，由沙洲—仙林，为主城区西侧和北侧的交通走廊，把新城区和西北部旧城区联系起来。

5 号线长 19.1km，由宁南小区—上元门，为南北向另一条主干线，通过中心区，把江北和城南地区联系起来。

6 号线长 23.8km，由沧波门—尧化门，为市中心的一条 U 形线，把中心区和周围的客流点联系起来，提高线网密度和服务水平。

（3）第三轮规划

进入 21 世纪，南京市制定了新的城市发展目标，城市空间布局结构规划做了较大调整，仅仅在主城范围内规划轨道交通线网已经不能满足城市未来发展的需要。2001 年编制的新一轮《南京城市轨道交通线网规划》列入了南京市国民经济和社会发展奋斗目标，于 2003 年 1 月 13 日经南京市人民政府批复实施。

此轮，南京都市发展区共 10 条线路，总长度 370km，其中 7 条地铁线（含 2 条过江线），3 条轻轨线，总投资 790 亿，线网密度 0.13 km/km²（与巴黎相似）。总计规划了 31 个换乘站，17 个车辆段、停车场。

南京主城区共 7 条地铁线路，总长度 166km。主城线网密度 0.63 km/km²（与名古屋相当），其中老城区 1.21km/km²（与大阪相当）。

（4）规划调整

随后，由于京沪高速铁路南京段的线位调整、地铁 2 号线西延过江等一些重大交通工程项目发生变化，城市相关地区土地利用规划调整，导致线网规划所依据的背景条件发生重大变化。在继承第三轮《南京城市轨道交通线网规划》先进理念、基本方针和总体布局的基础上，2003 年底组织完成了"南京城市轨道交通线网规划调整"研究。至此，南京城市轨道交通线网规模、形式基本确定。

调整后南京市轨道交通线网共 13 条线路，其中 9 条地铁线（含 4 条过江线），4 条轻轨线，线路总长度 433km（420km），线网密度 0.15 km/km²。

其中，南京主城区共 8 条地铁线路，总长度 200km。主城区线网密度 0.76 km/km²，其中老城区 1.21 km/km²。

远景年轨道交通客流量为 1052 万人次，平均换乘率为 0.43，轨道交通的平均客流强度达到 2.52 万人次/km，轨道交通的平均乘距为 9.5km。

调整后，根据线网功能以及形成时期，将线网基本划分为两个层次：骨干线路组成的骨干网络及其他线路组成的预留发展网络。

骨干网络主要由 8 条线路组成，如表 1-2 所示。

南京轨道交通骨干网络 表 1-2

线路	起点	终点	长度（km）	线路的功能	
				对应交通需求	对城市发展的作用
1号线	迈皋桥	奥体中心、江宁大学城	38.8	贯穿主城南北中轴线最重要的客流走廊	连接南京站、鼓楼、新街口、河西副中心及主城中心等重要地区
2号线	仙林	珠江镇	49.645	对应于交通客流量最大的东西轴线	是主城的放射状线路，形成都市发展区骨架的重要部分。以新街口为中心，连接仙西—主城—浦口，支持新市区功能的发挥
3号线	浦口林场	南京南站	30.832	构成都市发展区的南北城市轴。北段服务跨江客流，南段沟通南站和东山新市区与主城间的客流走廊	连接江北地区—主城—东山，加强主城—新市区·新城之间的连接。直接连接区域对外交通枢纽（南京站、南京南站、南京机场）
4号线	浦珠路	紫金山东	26.9	与2号线一起对应东西方向的交通需求	通过连接仙林—主城行政中心—江北中心（浦口副中心），支持仙西、浦口的开发
5号线	竹山路	下关	24.6	与1、2、3、4号线共同支持中心区吸引的向心客流，对应主城—东山之间的交通需求	连接人口增长较快的山西路—市中心—南片—东山，连接主城的繁华街道
6号线一期	南京南站	曹后村	21.42	覆盖主城大部分地区，并可缓解主城中心区交通集中的问题，对应交通量显著增加的河西—南片—东片地区	有利于主城的均衡发展，可以提高城市发展的适应性；特别是在与其他线路的换乘站有可能形成新的城市中心；连接两大火车站、河西副中心
南城轻轨	江宁镇	雨花门	26.1	解决板桥地区与主城之间的交通需求	充分利用现状铁路改造，促进板桥、西善桥地区发展
江北轻轨	大厂东	珠江南	29.846	与江北地区之间的交通需求相对应	与江北地区的城市结构相对应，将城市之间进行串联连接；通过提高江北地区城市之间的连接，支持城市现代化

其他预留发展线路包括：地铁 2 号线东延，联系龙潭、仙林新市区和主城；地铁 7 号线，加大主城轨道线网密度，促进和西新城区、老城北部和铁北地区的发展；仙林、东山新市区轻轨，加密新市区轨道线网，服务新市区内部组团间交通及轨道换乘客流；机场轻轨线，连接高速铁路南站和禄口国际机场，提高主城与机场等主要对外交通枢纽联系度；轻轨玉带联络线，服务于玉带化工产业区的通勤客流。

1.2.5 青岛市城市轨道交通线网规划历程

青岛市作为国内较早筹建地铁的城市，历来重视轨道交通线网的规划，早在 1987 年便着手开展市区轨道网规划和工程可行性研究工作。

1989 年规划了"两线一环"约 48km 的初期线网，随着城市总体规划的调整，1994 年初完成的《青岛市区综合交通规划》对轨道线网进行了补充，形成了"四线一环"的构架，总规模约 96km。1999 年完成了《青岛市城市快速轨道交通线网规划》，确定了轨道线网"四线一环"的最终布局，总规模为 114km。

但是 1999 年编制的青岛市城市轨道交通线网主要布置在青岛城区范围，已不能适应青岛市新的城市社会发展状况及空间结构的发展与规划要求，因此在 2002 年，为配合新的城市总体规划的编制，适应新的青岛市城市总体布局及发展，《青岛城市综合交通规划（2002—2020）》提出了新的中心城区轨道网规划方案，方案总体上呈"放射状"格局，在市中心区呈 U 形方格网，线路覆盖了青岛城区、黄岛及红岛，线路方案最终由 6 条主线和 2 条支线共 8 条线组成，线网总长度 195.2km。

为适应青岛市城市社会经济的发展需要，根据新的《青岛市城市总体规划纲要（2004—2020）》和《青岛市域轨道网概念规划》，在上述方案的基础上，青岛市政府进行了轨道交通线网规划修编，《青岛市轨道交通线网规划（修编）》2005 年 11 月 12 日通过专家评审，12 月完成上报稿。

线网规划修编推荐的线网方案提出的青岛市轨道交通系统分为两个层次，即市区线和市域线，线网总长为 514.3km，其中市区线网（M 线）共计 8 条，总长 226.4km；市域线网（L 线）共计 4 条线，总长 287.9km。市区线网构建了以新的青岛城区中心为核心的放射型线网，同时保持原有的控制用地条件，保证了规划的延续性与工程的可实施性。市域轨道交通网络构建了以外交通枢纽为中心的市郊轨道交通系统。

新调整的青岛市区轨道交通线网由 8 条线路组成，线网总长 226.4km。青岛城区设有 M1、M2、M3、M4、M5 线，黄岛区设有 M6、M7 线，红岛区设有 M8 线。各条线路情况说明如下：

M1 线是一条纵贯市区南北的主干线。线路自黄岛区江山路站起向东，由薛家岛瓦屋庄站过海向北到达团岛站，经青岛火车站、中山路、台东、胜利桥、沧口公园、青岛钢厂、汽车北站、流亭机场、正阳路，到达终点硕阳路站。线路总长约 58.8km，设 45 座车站，平均站间距为 1.34km。过海隧道的最大站间距 7.4km。

M2 线是一条半环线。自泰山路站起，经台东、五四广场、青岛大学、啤酒城、长途汽车东站、李村，到达终点振华路站。线路总长约 26.7km，设 25 座车站，平均站间距为 1.1km。

M3 线是一条与 M1 线并行的第 2 条南北向线路。自青岛火车站起向东，经过栈桥、第一海水浴场、五四广场，由南京路向北，经长沙路、李村，由金水路向东到达终点恒星科技园站。线路长约 27.3km，设 24 座车站，平均站间距为 1.18km。

M4 线是一条东西向线路。自青岛客运站起，经过海泊桥、鞍山路、哈尔滨路、浮山后、汽车东站、高尔夫球场，到达终点沙子口站。线路长约 23.6km，设 20 座车站，平均站间距为 1.24km。

M5 线自大麦岛起，经辛家庄、南京路、山东路，沿瑞昌路到达终点湖岛站。线路长约 11.9km，设 11 座车站，平均站间距为 1.19km。

M6 线是一条贯穿黄岛区的 L 形线路。自太行山路站起沿着团结路向北，经红辛安站、石涯镇，到达终点王台镇站。线路长约 31.1km，设 19 座车站，平均站间距为 1.73km。

M7 线位于黄岛区内，是一条横贯黄岛区的东西向线路。自黄岛码头站起经辛安等站，到柳花泊街道办事处。线路长约 14.1km，设 10 座车站，平均站间距为 1.57km。

M8 线位于红岛区内，是一条纵贯红岛区南北、连接青岛城区的线路。自 M1 线振华路站起，向西过海经过红岛、上马街办、棘洪滩，到即墨西站与市域 L3 线换乘。线路长约 33.0km，设 16 座车站，平均站间距为 2.2km。过海隧道最大站间距 7.1km。

1.3　国内城市轨道交通线网规划存在的问题

进入 21 世纪以来，我国城市轨道交通进入了快速建设和发展时期，城市轨道交通线网规划逐渐由一线超、特大城市走向二、三线大中城市，2009 年发布的《城市轨道交通线网规划编制标准》（GB/T 50546-2009）在一定程度上发挥了重要的指导作用，但是随着我国城镇化进程的不断发展以及城市交通特征的不断演变和复杂化，目前我国的城市轨道交通线网规划还存在以下几个方面的问题。

1.3.1 忽视上位规划的指导和相关专项规划的协调

（1）忽视城市总体规划

在我国城乡规划体系中，城市总体规划是城市规划建设的指导性纲领规划，所有专项规划都应在城市总体规划意图与内容框架下完成。城市轨道线网规划是城市总体规划下的专项规划，同时城市轨道交通的规划对城市土地利用格局、交通特征和发展战略、经济发展等方面都会产生显著的引导作用。如果城市轨道交通线网规划与城市总体规划意图发生偏差，可能引起整个规划体系的混乱，或导致城市轨道交通线网规划本身合理性和可行性较弱。因此，城市轨道交通线网规划必须依据和支持总体规划，尤其在土地利用、交通发展战略、经济发展战略三个方面应与城市总体规划一致。

（2）脱离城市综合交通体系规划

城市轨道交通作为城市交通中重要的公共交通方式之一，是综合交通体系的重要组成部分，城市综合交通体系规划作为指导城市各交通系统规划和建设的总体性规划，也是城市轨道交通线网规划的上位规划。

近几年来，很多城市在编制城市轨道交通线网规划过程中，以城市轨道交通建设为目标编制城市轨道交通线网规划，将城市轨道交通的功能无限扩大，忽略了其他公共交通方式和机动化交通方式的存在，与城市综合交通体系规划相脱离，无视城市交通的系统性和复杂性。例如，有些城市编制城市轨道交通线网规划时，忽视了公共交通系统的整体性，城市轨道交通遍布所有的公交走廊，当编制有轨电车或者 BRT 规划时，也将所有的公交走廊规划为有轨电车或者 BRT 走廊，忽视了城市轨道交通、有轨电车或 BRT 在城市综合交通体系中的合理功能定位和发展目标。

（3）忽略其他专项规划

部分城市在编制城市轨道交通线网规划中，与城市编制完成的其他专项规划缺乏协调，忽略了制约或者限制城市轨道交通发展和建设的相关因素，从而导致城市轨道交通线网规划难以实施或者不稳定。例如，很多城市在城市轨道交通线网规划开展环境影响评价时，发现城市轨道交通线路穿越水源保护区、生态红线，影响历史文物等，从而必须提出线路改线等较大修改建议。

还有些城市，在城市轨道交通线网规划时，忽略了城市综合管廊、高架桥、跨江通道、地震断裂带、资源埋藏区、采空区等因素，从而导致城市轨道交通线网规划难以实施。

1.3.2 夸大城市轨道交通公共属性，忽略建设运营成本

（1）城市轨道交通服务范围无限扩大，服务范围等同于规划范围

很多城市在城市轨道交通线网规划过程中，认为城市轨道交通作为城市公共交通的重要组成部分，而将城市轨道交通对照公交线网的布局要求，努力覆盖到规划范围内的每一个组团和村镇，将城市轨道交通的公共属性无限扩大，从而导致城市轨道交通的服务范围无限扩大，城市轨道交通的服务范围等同于规划范围。

（2）追求线网覆盖率，不断加密城市轨道交通线网

部分城市经过几轮城市轨道交通线网规划后，仍然在不断地通过加密城市轨道交通线网，提

高城市轨道交通线网覆盖率，导致线网规模无限扩大，城市轨道交通线网密度甚至超越了干路网的密度，完全忽略了城市轨道交通的建设和运营成本，不考虑城市轨道交通线网规划方案的经济性和政府的可承受能力。

1.3.3　忽视可实施规划研究

城市轨道交通线网规划是否能够顺利实施是衡量线网规划优劣的关键标准之一。城市轨道交通是技术非常复杂和专业的系统，而其规划的可实施性受多方面技术因素的制约，如建设时序、车辆基地、运营组织、线路设计、换乘站形式、联络线等许多因素均可直接决定规划能否实施，因此城市轨道交通线网规划可实施性的研究对专业的要求非常高。

目前一些城市的轨道交通线网规划由于种种原因，专业研究非常欠缺，甚至只进行所谓概念规划，不进行起码的专业可行性研究，这样的规划其实时性很差。

1.3.4　城市轨道交通功能定位不合理

（1）缺乏城市轨道交通功能定位

在很多在编制城市轨道交通线网规划的过程中，往往忽略了城市轨道交通在公共交通系统中的功能定位，即使有些城市在城市综合交通体系规划中提出了城市轨道交通的功能定位，但在编制城市轨道交通线网规划中，要不照搬功能定位，要不忽略，缺乏科学的分析和判断过程。

我国城市交通呈现多样化的特征，不同的城市由于其城市规模、城市区位、城市空间布局的不同，城市交通的需求特征不同，尤其是对城市轨道交通的需求是不同的，因此城市轨道交通的功能定位也应存在一定的区别，并且即使在相同的城市，不同的地区、不同的组团城市轨道交通承担的功能也应该是不同的。但是在很多城市开展城市轨道交通线网规划过程中，都忽略了城市轨道交通功能定位的差异性。

（2）城市轨道交通功能层次划分不清晰

城市轨道交通系统的构成种类较多，不同种类的城市轨道交通系统具有不同的旅行速度、不同的工程设计要求，因此其服务的交通对象也有可能不同。

目前，随着我国城镇化的快速发展，特大、超大城市中，居民出行距离不断增加，中长距离出行比例不断提高，对城市轨道交通服务水平的要求也不断提高，对城市轨道交通快线的需求日益加大。

同时，随着居民出行特征和需求的多样化发展，不同的交通需求对城市轨道交通的要求也不同，要求城市轨道交通应具有不同的功能层次。

但是在很多城市轨道交通线网规划中，功能层次单一，难以满足多样化的交通需求；部分城市编制的城市轨道交通线网规划虽然提出了快线层次，但在规划方法和布局上仍然按照一种层次规划布局，忽略了不同功能层次的城市轨道交通应具有不同的布局要求。

1.3.5　城市轨道交通客流预测不严谨

（1）城市轨道交通模型不完善

随着我国城镇化的快速发展，城市规模不断扩大，城市交通特征日益复杂，在此前提下，部分城市逐步开始建立城市交通模型，并且开始间隔3~5年对交通模型进行一次校对。

但依然有很多城市的城市交通模型尚未建立，在城市轨道交通线网规划编制过程中，简单地根据交通调查和城市规划建立交通模型，甚至忽略了交通模型的现状校对过程，导致城市客流走廊的分析与轨道交通客流的预测很难反映城市客流未来的发展趋势，对线网布局的指导性也非常弱。

（2）城市土地利用布局及开发强度不稳定

城市土地利用是城市轨道交通客流预测的重要基础，但是我国正处在快速城镇化建设过程中，由于城市土地利用布局和开发强度的不稳定，导致城市轨道交通客流模型中的人口、就业岗位存在较大的不确定性，从而严重影响了城市轨道交通客流强度的预测和城市客流走廊的识别。

国内不乏这样的案例，有些城市轨道交通线路两侧用地开发强度远远超出城市轨道交通建模时的规划规模，导致城市轨道交通难以满足实际的客流需求；也有些城市的用地规划过度超前，实际土地利用开发建设难以达到预期，从而导致城市轨道交通建设运营后客流过低。

1.3.6 忽略城市轨道交通线网评价

（1）忽视对既有规划实施的评估

随着我国城市轨道交通的快速建设，很多超大、特大城市的城市轨道交通网络已经逐步形成，但在城市轨道交通线网规划修编中，并未对既有规划以及已建成网络进行科学的评估或评估深度不足。

（2）初始方案评价缺乏系统性

虽然在很多的城市轨道交通线网规划中，已经建立了初始方案的评价指标体系，但是可以看出其中定量化的指标较少，各指标的权重存在较大的随意性，初始方案评价指标体系缺乏系统性和科学性。

（3）线网规划方案评价不完善

在很多的城市轨道交通线网规划中，城市轨道交通线网方案客流预测作为线网规划评价的重要内容，忽视了对其他交通方式的系统评价，忽视了城市轨道交通线网规划实施效果评价。

1.4 国内城市轨道交通线网规划的相关政策和背景

1.4.1 关于城市轨道交通规划和建设的政策文件

1.4.1.1 国办发〔2003〕81号文和国办发〔2018〕52号文

（1）国办发〔2003〕81号文

21世纪初，针对我国城市轨道交通建设出现的一系列问题，国务院办公厅印发了《国务院办公厅关于加强城市快速轨道交通建设管理的通知》（国办发〔2003〕81号），该文中提到：近年来，城市快速轨道交通在我国得到较快发展，部分特大城市相继建成了一批项目，使城市交通状况有了明显改善，对充分发挥城市功能、改善环境，促进经济和社会发展起到了重要作用。与此同时，一些地方也出现了不顾自身财力，盲目要求建设城市轨道交通项目的现象。有的未经国家审批，擅自新上城市轨道交通项目；有的盲目攀比，建设标准偏高，造成投资浪费；有的项目资本金不足，债务负担沉重，运营后亏损严重。为了加强城市轨道交通的建设管理，促进其健康发展，经国务院同意后发出了以下通知：

①坚持量力而行、有序发展的方针，确保城市轨道交通建设与城市经济发展水平相适应。

②加强城市轨道交通建设规划的编制、审批工作，严格项目审批程序。

③严格控制建设标准，进一步降低工程造价。

④切实加强城市轨道交通的安全管理，提高灾害防御和应急救助能力。

⑤改革建设经营管理体制，提高投资效益。

⑥坚持装备国产化政策，促进设备制造业发展。

（2）国办发［2018］52号文

2018年，国务院办公厅印发了《国务院办公厅关于进一步加强城市轨道交通规划建设管理的意见》（国办发［2018］52号），文件提出：城市轨道交通是现代城市交通系统的重要组成部分，是城市公共交通系统的骨干。《国务院办公厅关于加强城市快速轨道交通建设管理的通知》（国办发［2003］81号）印发以来，我国城市轨道交通总体保持有序发展，对提升城市公共交通供给质量和效率、缓解城市交通拥堵、引导优化城市空间结构布局、改善城市环境起到了重要作用。但同时，由于城市轨道交通投资巨大、公益性特征明显，部分城市对城市轨道交通发展的客观规律认识不足，对实际需求和自身实力把握不到位，存在规划过度超前、建设规模过于集中、资金落实不到位等问题，一定程度上加重了地方债务负担。

该文件提出了城市轨道交通建设的基本原则：

①量力而行，有序推进。坚持实事求是，从实际出发科学开展前瞻性规划研究工作，以城市财力和建设运营管理能力为实施条件，合理把握建设规模和节奏，切实提高城市轨道交通发展质量，确保与城市发展水平相适应。

②因地制宜，经济适用。坚持近远期结合，统筹考虑交通、环境、工程等各方面因素，选择适宜的轨道交通系统制式和敷设方式，宜地面则地面、宜地下则地下，合理确定建设标准，着力提高综合效益。

③衔接协调，集约高效。坚持多规衔接，加强城市轨道交通规划与城市规划、综合交通体系规划等的相互协调，集约节约做好沿线土地、空间等统筹利用，发挥轨道交通对城市交通运输发展的支撑引导作用。

④严控风险，持续发展。坚持底线思维，牢固树立安全发展理念，强化城市政府主体责任，加强安全生产和运营管理，加大防范化解地方政府债务风险工作力度，进一步推动城市轨道交通建设、运营模式创新，增强可持续发展能力。

同时，该文件在国办发［2003］81号文的基础上，修改了城市轨道交通的建设条件，明确提出：城市轨道交通系统，除有轨电车外均应纳入城市轨道交通建设规划并履行报批程序。地铁主要服务于城市中心城区和城市总体规划确定的重点地区，申报建设地铁的城市一般公共财政预算收入应在300亿元以上，地区生产总值在3000亿元以上，市区常住人口在300万以上。引导轻轨有序发展，申报建设轻轨的城市一般公共财政预算收入应在150亿元以上，地区生产总值在1500亿元以上，市区常住人口在150万以上。拟建地铁、轻轨线路初期客运强度分别不低于每日每公里0.7万人次、0.4万人次，远期客流规模分别达到单向高峰小时3万人次以上、1万人次以上。以上申报条件将根据经济社会发展情况按程序适时调整。

同时，该文还提出：城市政府根据城市总体规划、土地利用总体规划、城市综合交通体系规划，合理制定城市轨道交通线网规划，确定城市轨道交通近期建设线路，加强对居民区、商业区、交通枢纽等客流密集区域的覆盖，做好城市轨道交通规划线路沿线土地预留和控制，防止其他建设城市轨道交通走廊空间的侵占。

国办发［2003］81 号文与国办发［2018］52 号文的对比如表 1-3 所示。

国办发［2003］81 号文与国办发［2018］52 号文的对比 　　　　　　　表 1-3

内容		国务院办公厅关于加强城市快速 轨道交通建设管理的通知		国务院办公厅关于进一步加强城市 轨道交通规划建设管理的意见	
		国办发［2003］81 号（废止）		国办发［2018］52 号（代替国办发［2003］81 号）	
		申报地铁	申报轻轨	申报地铁	申报轻轨
申报 条件	财政收入	地方财政一般预算收入 100 亿元以上	地方财政一般预算收入 60 亿元以上	一般公共财政预算收入 300 亿元以上	一般公共财政预算收入 150 亿元以上
	地区生产 总值	1000 亿元以上	600 亿元以上	3000 亿元以上	1500 亿元以上
	人口	城区人口 300 万以上	城区人口 150 万以上	市区常住人口 300 万以上	市区常住人口 150 万以上
	初期客运 强度	—	—	不低于每日每公里 0.7 万人次	不低于每日每公里 0.4 万人次
	客流规模	规划线路客流规模达到单向高峰小时 3 万人次以上	规划线路客流规模达到单向高峰小时 1 万人次以上	远期客流规模达到单向高峰小时 3 万人次以上	远期客流规模达到单向高峰小时 1 万人次以上
资金保障		城市轨道交通项目的资本金须达到总投资的 40%以上		除城市轨道交通建设规划中明确采用特许经营模式的项目外，项目总投资中财政资金投入不得低于 40%	

1.4.1.2　建城［2014］169 号文

为落实《国务院关于加强城市基础设施建设的意见》（国发［2013］36 号）和《国务院关于城市优先发展公共交通的指导意见》（国发［2012］64 号）的要求，有序推进地铁、轻轨等城市轨道交通的建设，住房和城乡建设部颁布了《住房城乡建设部关于加强城市轨道交通线网规划编制的通知》（建城［2014］169 号），提出了编制城市轨道交通线网规划的重要性、基本原则、规划内容和要求、管理审批程序等。其中，重要内容如下：

①线网规划是指导城市轨道交通近期建设和长远发展的重要依据，是城市综合交通体系规划的组成部分，是城市总体规划的专项规划。

②适度超前。把握现代城市发展规律，根据推进新型城镇化的需要，有前瞻性和预见性地谋划城市轨道交通发展，发挥好对轨道交通设施建设的引导作用。

③统筹协调。线网规划必须与城市总体规划、城市综合交通体系规划相关内容协调一致，并与区域规划、重大交通基础设施规划、城市交通相关专项规划等相衔接。

④在城市总体规划编制时，应统筹研究发展城市轨道交通的必要性，确需发展的，应同步编制线网规划，做好相互协调与衔接。已有线网规划的城市，在修改或修编城市总体规划时，要开展线网规划实施评估，对线网规划实施情况进行总结，研究是否需要修改或修编线网规划，如有需要，应以线网规划实施评估为基础，与城市总体规划同步修改或修编线网规划。

⑤线网规划的规划期限和地域范围，应当与城市总体规划相一致，线网规划一般应在城市总

体规划确定的规划建设用地内。同时，做好城市轨道交通远景线网研究，对远景线网布局提出总体框架性方案，远景线网一般应在城市开发边界范围内布置。

⑥超大城市和特大城市应积极建设城市轨道网络，发挥城市轨道交通在城市公共交通体系的主体作用；有条件的大城市，建设城市轨道交通，重点发挥城市轨道交通在城市公共交通体系的骨干作用。

⑦线网规划编制（或者修改、修编）完成后，应当组织技术审查。直辖市的线网规划由住房和城乡建设部组织进行技术审查；其他城市的线网规划，由省、自治区住房和城乡建设厅组织进行技术审查。

1.4.1.3　发改基础〔2015〕49 号文

《国家发展改革委关于加强城市轨道交通规划建设管理的通知》（发改基础〔2015〕49 号）中提到按照行政审批制度改革要求，为做好城市轨道交通项目审批权限下放后的落实和衔接工作，切实加强后续监管，促进城市轨道交通持续健康发展，现就有关事项通知如下：坚持"量力而行、有序发展"的方针，按照统筹衔接、经济适用、便捷高效和安全可靠的原则，科学编制规划，有序发展地铁，鼓励发展轻轨、有轨电车等高架或地面敷设的轨道交通制式。把握好建设节奏，确保建设规模和速度与城市交通需求、政府财力和建设管理能力相适应。超前编制线网规划，科学编制建设规划，明确规划审核要点，规范规划调整程序，加强规划实施监管。对于建设管理，完善项目监管制度，科学组织项目实施，发挥监督服务作用。

同时，发改基础〔2015〕49 号文提出了在城市轨道交通建设中，城市轨道交通建设资本金与城市经济指标关系的要求：政府资本金占当年城市公共财政预算收入的比例一般不超过 5%，轨道交通出资额占城市维护建设财政性资金的比例一般不超过 30%。

1.4.1.4　其他相关文件

（1）国办发〔2013〕3 号文

《国务院关于加强城市基础设施建设的意见》（国办发〔2013〕3 号）提到：城市基础设施是城市正常运行和健康发展的物质基础，对于改善人居环境、增强城市综合承载能力、提高城市运行效率、稳步推进新型城镇化、确保 2020 年全面建成小康社会具有重要作用。当前，我国城市基础设施仍存在总量不足、标准不高、运行管理粗放等问题。加强城市基础设施建设，有利于推动经济结构调整和发展方式转变，拉动投资和消费增长，扩大就业，促进节能减排。加强和改进城市公共交通基础设施建设，鼓励有条件的城市按照"量力而行、有序发展"的原则，推进地铁、轻轨等城市轨道交通系统建设，发挥地铁等作为公共交通的骨干作用，带动城市公共交通和相关产业发展。到 2015 年，全国城市轨道交通新增运营里程 1000km。

（2）《城市轨道沿线地区规划设计导则》

住房和城乡建设部发布的《城市轨道沿线地区规划设计导则》中提到，近些年，我国城市轨道交通建设快速发展，但一些地方出现了轨道交通与城市发展相互脱节，轨道交通站点与周边用地功能、环境缺乏协调等诸多问题。为进一步加强和改进城市轨道沿线地区规划设计工作，推进轨道交通与沿线地区地上和地下整体发展，促进轨道交通建设与城市发展相协调，提高轨道交通运营效益，各城市在编制城市总体规划及轨道交通线网规划时，应充分结合轨道线网规划，优化城市功能布局和空间结构，通过开发强度及人口的非均等化控制，实现城市人口与就业岗位沿轨道交通廊道集约布局，力争特大城市在城市新建地区实现 50% 以上的城市人口和通勤交通需求分布在轨道影响区范围内；在轨道建设规划阶段，应协同规划轨道沿线建设用地，完善各站点公共设施和交通设施布局，以组织城市生活为目的，使市民可以结合换乘，完成购物、娱乐、接送小孩、用餐、继续教育等日常活动；在轨道工程可行性研究阶段，应通过一体化设计，统筹布局轨道站点与周边建筑、地下空间，结合轨道交通站点，进行上盖物业开发，建设小街坊、步行街区，实现轨道交通与地面公共交通的无缝衔接，实现轨道站点与周边用地功能和空间的协同发展，推进城市紧凑集约发展，提高城市活力。

（3）交运发［2011］635 号文

《交通运输部关于开展国家公交都市建设示范工程有关事项的通知》（交运发［2011］635 号）中提到，为贯彻落实国家城市公共交通优先发展战略，提高城市公共交通服务水平，满足人民群众基本出行需求，缓解城市交通拥堵和资源环境压力，根据《交通运输"十二五"发展规划》，交通运输部决定在"十二五"期间组织开展国家"公交都市"建设示范工程。有关事项包括充分认识国家"公交都市"建设的重大意义、国家"公交都市"建设示范工程的指导思想和原则、试点城市的推荐条件和程序、国家"公交都市"建设示范工程的考核目标、推进国家"公交都市"建设示范工程的主要任务和工作要求——保障更有力。城市公共交通出行分担率（出行总量含机动化出行和自行车出行、不含步行，下同）年均提升 2 个百分点，有轨道交通的城市公共交通出行分担率达到 45% 以上；没有轨道交通的城市，城市公共交通出行分担率达到 40% 以上。公交服务网络不断扩大，线网结构不断优化，初步形成公交快线、干线、支线分工明确、衔接顺畅、运营高效的公交运营网络。城市建成区公交线网密度达到 3km/km² 以上，常住人口万人公交车车辆保有量达到 15 标台以上。城乡客运基本公共服务均等化取得明显成效，城市公共交通线网覆盖城市近郊主要中心镇，城市周边 20km 范围内城乡客运班线公交化改造率达到 85% 以上。城市建成区公交站点 500m 覆盖率达到 90% 以上，实现主城区 500m 上车、5min 换乘。公共汽（电）车平均运营时速年均提升 5% 以上，公共汽（电）车准点率较 2010 年提高 10 个百分点以上，早、晚通勤高峰时段平均满载率在 90% 以内。公共交通车辆、场站、枢纽的无障碍通行及服务设施基本完善。针对上学、购物、旅游等不同出行需求的特色公共交通服务基本到位。城市公共交通节能环保水平明显改善，新能源城市公共交通车辆比例达到 5% 以上，公共交通平均能耗强度（单位车公里燃料能耗水平）下降 10% 以上。城市公共交通的乘客测评满意度达到 80% 以上。

（4）国发［2012］64 号文

《国务院关于城市优先发展公共交通的指导意见》（国发［2012］64 号）提到，近年来，我国城市公共交通得到快速发展，技术装备水平不断提高，基础设施建设运营成绩显著，人民群众出行更加方便，但随着我国城镇化加速发展，城市交通发展面临新的挑战。城市公共交通具有集约高效、节能环保等优点，优先发展公共交通是缓解交通拥堵、转变城市交通发展方式、提升人民群众生活品质、提高政府基本公共服务水平的必然要求，是构建资源节约型、环境友好型社会的战略选择。为实施城市公共交通优先发展战略，现提出以下指导意见：树立优先发展理念、把握科学发展原则、明确总体发展目标、实施加快发展政策、建立持续发展机制。

交通运输部关于落实《国务院关于城市优先发展公共交通的指导意见》的实施意见中提到，2020 年，市区人口 100 万以上的城市，实现中心城区公共交通站点 500m 全覆盖，万人公共交通车辆拥有量达到 16 标台以上，城市公共汽（电）车进场率达到 70% 以上，公共交通占机动化出行比例达到 60% 左右。有条件的地区对城市周边农村客运班线实施公交化改造，努力扩大城市公共交通服务广度，增加服务深度。市区人口 100 万以上的城市以及暂不具备建设城市轨道交通条件的城市，应积极推进快速公交系统建设，并逐步形成快速公交网络。力争到 2020 年，全国快速公交系统线网运营总里程达到 5000km。积极推进城市公共交通优先车道和优先信号系统建设，逐步形成城市公共交通优先通行网络，落实公共交通用地综合开发政策。

1.4.2　相关规范标准

（1）《地铁设计规范》（GB 50157-2003）（已废止）、《地铁设计规范》（GB 50157-2013）。

（2）《城市轨道交通设计规范》（DGJ08-109-2004）。

（3）《城市公共交通分类标准》（CJJ/T 114-2007）。

（4）《城市轨道交通工程项目建设标准》（建标 104-2008）。

（5）《跨座式单轨交通设计规范》（GB 50458-3008）。

（6）《城市轨道交通线网规划编制标准》（GB/T 50546-2009）（已废止）。

（7）《城市轨道交通线网规划标准》（GB/T 50546-2018）。

（8）《城市轨道交通技术规范》（GB 50490-2009）。

（9）《城市轨道交通工程基本术语标准》（GB/T 50833-2012）。

（10）《城市轨道交通规划技术导则》（RISN-TG015-2014）。

（11）《城市轨道交通运营服务规范》（DB45/T 1320-2016）。

（12）《城市综合交通体系规划标准》（GB/T 51328-2018）。

第2章 城市轨道交通线网规划的对象

2.1 城市轨道交通的分类与术语

2.1.1 相关标准中的城市轨道交通的分类

2.1.1.1 《城市快速轨道交通工程项目建设标准（试行本）》中关于城市轨道的分类

（1）《城市快速轨道交通工程项目建设标准（试行本）》

《城市快速轨道交通工程项目建设标准（试行本）》是我国最早明确提出城市轨道交通分类的标准，该标准由原建设部主编，经原建设部和原国家发展计划委员会批准后，于1999年5月1日开始施行。

在该标准中，明确提出了按照城市轨道交通线路远期单向客运能力（断面运量），将城市快速轨道交通划分为高运量、大运量和中运量三类（见表2-1），并提出相应的技术特征。

《城市快速轨道交通工程项目建设标准（试行本）》中城市轨道交通分类　　表2-1

线路运能分类	I（高运量）	II（大运量）	III（中运量）
	（地铁）		（轻轨）
单向运能（万人次/h）	5~7	3~5	1~3
适用车型	A	B（或A）	C（或B）
列车最大长度（m）	185	140	100
线路形式（市中心区）	全封闭	全封闭	半封闭/全封闭
最高速度（km/h）	≥80	80	60~80
旅行速度（km/h）	30~40	30~40	20~30/30~40
适用城市市区人口规模（万人）	>300	>200	>100

注：①半封闭型线路系指当地面线路为专用道，其中部分路口设平交道口。
　　②"适用城市市区人口规模"系指，人口规模能达到或超过此限的城市，其快速轨道交通线网中的主干线可能达到相应的运量等级。

《城市快速轨道交通工程项目建设标准（试行本）》提出的城市轨道交通分类，直接被《国务院办公厅关于加强城市快速轨道交通建设管理的通知》（国办发［2003］81号）所引用，在该文中按照地铁和轻轨的分类标准明确提出了建设地铁和轻轨的门槛条件（见表2-2）。

国办发［2003］81号文提出的建设城市轨道交通的门槛条件　　表2-2

项目	建设轻轨条件	建设地铁条件
城区人口（万人）	>150	>300
国内生产总值（亿元）	>600	>1000
地方财政一般预算收入（亿元）	>60	>100
线路单线高峰小时客流规模（万人次/h）	>1	>3

（2）《城市轨道交通工程项目建设标准》（建标104-2008）

随着城市轨道交通的建设发展，城市轨道交通系统建设经验日益丰富，城市轨道交通种类也有所扩展，2008年，住房和城乡建设部与国家发展和改革委员会联合发布了《城市轨道交通工程项目建设标准》（建标104-2008），取代了《城市快速轨道交通工程项目建设标准（试行本）》。

在2008年新发布的《城市轨道交通工程项目建设标准》中，结合国内新出现的城市轨道交通系统类型，进一步完善了城市轨道交通种类的划分，明确城市轨道交通系统分类、分级，按线路运量为主划分为四个类别、三个量级、两种封闭形式（见表2-3、表2-4）。

《城市轨道交通工程项目建设标准》中城市轨道交通分类　　　表2-3

线路运能分类	I	II	III	IV
	高运量	大运量	中运量	
	（钢轮钢轨）		（钢轮钢轨/单轨）	
线路型式	全封闭型			部分平交道口
列车最大长度（m）	185	140	100	60
单向运能（万人次/h）	4.5~7	2.5~5	1.5~3	1~2
适用车型	A	B 或 L_b	B、C、L_b 及单轨	C 或 D
最高速度（km/h）	80~100			60~80
平均站间距（km）	1.2~2			0.8~1.5
旅行速度（km/h）	35~40			20~30
适用城市城区人口规模（万人）	≥ 300		≥ 150	

注：①A、B、L_b、C、D和单轨车的技术规格如表2-4所示。

②I、II、III级线路是全封闭快速系统，采用独立的专用轨道和信号，高密度运行；IV级线路具有专用轨道和部分信号的中低运量系统，但部分路段设置平交道口。

③"适用城市城区人口规模"系指，人口规模能达到或超过此限的城市轨道交通线网中的主干线等级，其余线路可根据运量选用较低等级。

④旅行速度指一般情况下的特征数据。当车辆最高速度大于100km/h时，有关技术标准应另行研究确定。

《城市轨道交通工程项目建设标准》中各类车型计算车辆参数（单位：m）　　表2-4

项目名称	A 型车	B 型车	C 型铰接车	D 型铰接车	L 型车	单轨车
车长	22.1	19	—	—	17.08	14.8
车宽	3.0	2.8	2.6	2.6	2.8	2.98
车高	3.8	3.8	3.7	3.7	3.625	3.84/5.3
转向架中心距	15.7	12.6	—	—	11.14	9.6
固定轴距	2.5	2.3	1.9	1.9	2.0	2.5
车厢地板高度	1.13	1.10	0.95	0.35	0.93	1.13

对比《城市轨道交通工程项目建设标准》2008年版和1999年的试行版，可以明确地看出，2008年版更为全面，并且增加了高运量、大运量和中运量三个量级之间的灵活度，并且结合国办发［2003］81号文提出的建设地铁、轻轨的条件，明确提出了高运量、大运量的城市轨道交通对应于地铁系统，中运量系统对应于轻轨系统，还补充了站间距和旅行速度等技术指标。

此外，值得注意的是，此项标准的名称发生了微妙变化，由 1999 年的"城市快速轨道交通"变更为了"城市轨道交通"，也许就是因为这个变化，导致在很多城市轨道交通标准中，产生了城市轨道交通线网规划是否应该包含有轨电车线网规划的疑问，都需要特殊指出城市轨道交通是否包含有轨电车等的描述。

2.1.1.2 《城市公共交通分类标准》（CJJ/T 114-2007）中关于城市轨道交通的分类

2007 年 6 月，原建设部发布了《城市公共交通分类标准》，在该标准中，首次系统全面地对城市轨道交通的类型进行详细划分，其中城市轨道交通主要包括地铁系统、轻轨系统、单轨系统、有轨电车、磁浮系统、自动导向轨道系统和市域快速轨道系统，同时提出了各种系统采用的车辆制式、线路客运能力、平均运行速度以及运量等级和敷设方式等（见表 2-5）。

《城市公共交通分类标准》中的城市轨道交通分类　　　　　　表 2-5

中类	小类	车辆和线路条件	客运能力（N） 平均运行速度（v）	备注
地铁系统 GJ_{21}	A 型车辆 GJ_{211}	车长：22.0m 车宽：3.0m 定员：310 人 线路半径：≥ 300m 线路坡度：≤ 35‰	N：4.5 万 ~7.0 万人次 /h v：≥ 35km/h	高运量 适用于地下、地面或高架
	B 型车辆 GJ_{212}	车长：19m 车宽：2.8m 定员：230~245 人 线路半径：≥ 250m 线路坡度：≤ 35‰	N：2.5 万 ~5.0 万人次 /h v：≥ 35km/h	大运量 适用于地下、地面或高架
	L_B 型车辆 GJ_{213}	车长：16.8m 车宽：2.8m 定员：215~240 人 线路半径：≥ 100m 线路坡度：≤ 60‰	N：2.5 万 ~4.0 万人次 /h v：≥ 35km/h	大运量 适用于地下、地面或高架
轻轨系统 GJ_{22}	C 型车辆 GJ_{221}	车长：18.9~30.4m 车宽：2.6m 定员：200~315 人 线路半径：≥ 50m 线路坡度：≤ 60‰	N：1.0 万 ~3.0 万人次 /h v：25~35km/h	中运量 适用于高架、地面或地下
	L_C 型车辆 GJ_{222}	车长：16.5m 车宽：2.5~2.6m 定员：150 人 线路半径：≥ 60m 线路坡度：≤ 60‰	N：1.0 万 ~3.0 万人次 /h v：25~35km/h	中运量 适用于高架、地面或地下
单轨系统 GJ_{23}	跨座式单轨车辆 GJ_{231}	车长：15m 车宽：3.0m 定员：150~170 人 线路半径：≥ 50m 线路坡度：≤ 60‰	N：1.0 万 ~3.0 万人次 /h v：30~35km/h	中运量 适用于高架
	悬挂式单轨车辆 GJ_{232}	车长：15m 车宽：2.6m 定员：80~100 人 线路半径：≥ 50m 线路坡度：≤ 60‰	N：0.8 万 ~1.25 万人次 /h v：≥ 20km/h	中运量 适用于高架

续表

中类	小类	车辆和线路条件	客运能力（N） 平均运行速度（v）	备注
有轨电车 GJ_{24}	单厢或铰接式 有轨电车（含 D 型车） GJ_{241}	车长：12.5~28m 车宽：≤ 2.6m 定员：110~260 人 线路半径：≥ 30m 线路坡度：≤ 60‰	N：0.6 万 ~1.0 万人次 /h v：15~25km/h	低运量 适用于地面（独立路权）、街面混行或高架
	导轨式胶轮电车 GJ_{242}	—	—	—
磁浮系统 GJ_{25}	中低速磁浮车辆 GJ_{251}	车长：12~15 m 车宽：2.6~3.0m 定员：80~120 人 线路半径：≥ 50m 线路坡度：≤ 70‰	N：1.5 万 ~3.0 万人次 /h 最高运行速度：100km/h	中运量 主要适用于高架
	高速磁浮车辆 GJ_{252}	车长：端车 27 m，中车 24.8m 车宽：3.7m 定员：端车 120 人，中车 144 人 线路半径：≥ 350m 线路坡度：≤ 100‰	N：1.0 万 ~2.5 万人次 /h 最高运行速度：500km/h	中运量 主要适用于郊区高架
自动导向轨道系统 GJ_{26}	胶轮特制车辆 GJ_{261}	车长：7.6~8.6m 车宽：≤ 3m 定员：70~90 人 线路半径：≥ 30m 线路坡度：≤ 60‰	N：1.0 万 ~3.0 万人次 /h v：≥ 25 km/h	中运量 主要适用于高架或地下
市域快速轨道系统 GJ_{27}	地铁车辆或专用车辆 GJ_{271}	线路半径：≥ 500m 线路坡度：≤ 30‰	最高运行速度：120~160km/h	适用于市域内中、长距离客运交通

注：① "平均运行速度"是指公共交通线路的起点站至终点站间全程距离除以车辆全程运行时间（包括沿途停站时间在内）所得的平均速度指标，又称"运送速度"或"旅行速度"。

②表中 L_B 和 L_C 型车辆为直线电机车辆。

《城市公共交通分类标准》明确了城市轨道交通中应包含城市有轨电车，其客运能力较其他城市轨道交通的客运能力和平均运行速度要低，应属于低运量城市轨道交通系统。

此外，《城市公共交通分类标准》中，市域快速轨道系统首次明确分为一类，同时在车辆的系统制式上明确了可采用地铁车辆或专用车辆，而且明确了最高运行速度为 120~160km/h。

2.1.1.3　《城市轨道交通规划技术导则》（RISN-TG015-2014）中关于城市轨道交通的分类

2014 年，住房和城乡建设部标准定额研究所编制了《城市轨道交通规划技术导则》。该导则在《城市公共交通分类标准》《城市轨道交通工程项目建设标准》的基础上，结合城市轨道交通规划和建设中，出现的新型城市轨道交通车辆以及在城市轨道交通线网规划中的功能层次划分，在城市轨道交通分类的基础上，进一步详细地给出了各种功能层次的城市轨道交通网络的划分方法和类别。

《城市轨道交通规划技术导则》按照运量、速度和线网形态三种不同标准，提出了城市轨道交通线路的分类，同时，也提出了集中常用系统制式的技术特征和适用范围（见表 2-6）。

《城市轨道交通规划技术导则》提出的城市轨道交通网络模式要素　　表 2-6

城市轨道交通网络模式分项		特征	适用城市区域
按运量划分	高运量	高峰小时单向客流量 4.5 万~7 万人次 /h 或客运强度 > 3 万人次 /（日·km）	特大城市中心连片区，特大城市中心城与新城之间
	大运量	高峰小时单向客流量 2.5 万~5 万人次 /h 或客运强度 2 万~3 万人次 /（日·km）	大城市中心连片区，特大城市组团之间
	中运量	高峰小时单向客流量 1 万~3 万人次 /h 或客运强度 1 万~2 万人次 /（日·km）	中等城市中心区
	低运量	高峰小时单向客流量 < 1 万人次 /h	中小城市中心区，大城市局部区域
按速度划分	高速	旅行速度 > 65km/h	市域（都市区）
	快速	旅行速度 45~60km/h	中心城与郊区新城之间，新城与新城之间
	普速	旅行速度 30~40km/h	中心城内部
	低速	旅行速度 20~25km/h	城市局部区域
按线网形态划分	覆盖型	在整个区域内平均覆盖，分不出主次客流方向。线网密度达到 0.8km/km² 以上，或车站分布密度达到 0.6 站 /km² 以上，或站点直接面积覆盖率达到 50% 以上	平原型特大城市中心区
	主干型	沿主要走廊建设高等级主干线路，其他区域用低等级线路覆盖，并与主干线路形成接驳换乘	特大城市外围放射线，带形城市中心区，组团型城市组团之间

　　《城市轨道交通规划技术导则》中，基于对城市轨道系统形式发展历史及技术特征的分析，结合现在我国和世界各大城市轨道系统的应用情况，考虑它们在功能特征、服务水平、应用范围上的区别和相同之处，从功能特征和应用范围上进行了归纳（见表 2-7）。

　　①将普速、大运量的城市轨道交通系统统称为地铁系统，一般应用于市区线路。

　　②将普速、中运量的城市轨道交通系统统称为轻轨系统，一般应用于市区线路。

　　③将应用城市轨道交通技术的快速系统，不管是应用于市郊线路还是市域线路（区别在于是终于城市边缘还是贯穿城市中心区），统称为市域快线系统。

　　④将应用铁路技术的快速系统称为市郊铁路系统，一般应用于市郊线路。

　　⑤将应用于局部区域的特殊轨道交通线路（如索轨交通、自动导向、机场专线）等统称为特殊专用系统。

《城市轨道交通规划技术导则》中城市轨道交通系统形式技术特征和适用范围　　表 2-7

形式分类	主要功能	高峰运量（万人 /h）	最高速度（km/h）	旅行速度（km/h）	站间距（km）	适合城市
地铁系统（M 线）	市区主要交通走廊中长距离交通疏导	3~7	80~100	30~40	1~1.5	特大城市、大城市
轻轨系统（L 线）	市区重要交通走廊中长距离交通联系	1~3	70~80	25~35	0.5~1.5	特大城市、大城市、中等城市
市域快线系统（R 线）	市区与近郊组团间主要交通走廊长距离快速通勤联系	2~5	100~120	45~60	市区 1~2，近郊 2~3 或市区 4~5，近郊 2~3	特大城市、大城市
市郊铁路系统（S 线）	市区与远郊间长距离快速交通联系	1~5	120~140	> 65	近郊 2~3，远郊 5~6	特大城市、大城市
有轨电车系统（ST 线）	市区重要公共交通方式	0.5~1	< 70	20~25	0.5~1	特大城市及大城市局部区域及组团，中等城市、小城市
特殊专用系统（SP 线）	局部区域特定用途的交通方式	—	—	—	—	特大城市及大城市局部区域及组团、中等城市、小城市

在《城市轨道交通规划技术导则》提出的城市轨道交通系统形式技术特征和使用范围表中，首次将市郊铁路系统也纳入城市轨道交通的系统选型中。

2.1.2　相关标准中的城市轨道交通的术语解释

（1）《地铁设计规范》（GB 50157-2003）

在 2003 年发布的国家标准《地铁设计规范》（GB 50157-2003）中，城市轨道交通的术语解释为"在不同形式轨道上运行的大、中运量城市公共交通工具，是当代城市中地铁、轻轨、单轨、自动导向、磁浮等轨道交通的总称"，其英文为 urban rail transit 或 mass transit。在此标准提出的城市轨道交通术语解释中，未包括有轨电车。

在 2013 年发布的修订版《地铁设计规范》（GB 50157-2013）中，并未提出城市轨道交通的术语解释。

（2）《城市轨道交通技术规范》（GB 50490-2009）

在 2009 年发布的国家标准《城市轨道交通技术规范》中，城市轨道交通的术语解释为"采用专用轨道导向运行的城市公共客运交通系统，包括地铁系统、轻轨系统、单轨系统、有轨电车、磁浮系统、自动导向轨道系统、市域快速轨道系统"，其英文为 urban rail transit。

《城市轨道交通技术规范》对城市轨道交通的术语解释与《城市公共交通分类标准》提出的城市轨道交通分类一致。

（3）《城市轨道交通工程基本术语标准》（GB/T 50833-2012）

在 2012 年发布的国家标准《城市轨道交通工程基本术语标准》中，城市轨道交通的术语解释为"采用专用轨道导向运行的城市公共客运交通系统，包括地铁系统、轻轨系统、单轨系统、有轨电车、磁浮系统、自动导向轨道系统、市域快速轨道系统"，其英文为 urban rail transit。

（4）《城市轨道交通规划技术导则》（RISN-TG015-2014）

在《城市轨道交通规划技术导则》中，城市轨道交通的术语解释为"在不同形式轨道上运行的大、中运量城市公共交通工具，是当代城市中地铁、轻轨、单轨、自动导向、磁浮等轨道交通的总称"，其英文为 urban rail transit（URT）。

在此导则的术语解释中，未提及有轨电车，而在城市轨道交通系统形式中又提及了有轨电车，同时还提出了市郊铁路。

而有轨电车系统为低运量系统，根据该导则的术语解释，应不包括在城市轨道交通范畴内。由此可见，对有轨电车是否应纳入城市轨道交通的范畴，即使是同一本规范标准也存在一些分歧。

（5）《国家发展改革委关于加强城市轨道交通规划建设管理的通知》（发改基础〔2015〕49 号）

2015 年，国家发展和改革委员会发布了《国家发展改革委关于加强城市轨道交通规划建设管理的通知》（发改基础〔2015〕49 号），并提出了《城市轨道交通规划编制和评审要点》。

在《城市轨道交通规划编制和评审要点》中，明确提出"城市轨道交通包括钢轮钢轨（含直线电机和有轨电车）、单轨和磁悬浮等方式"。

按照《城市轨道交通工程项目建设标准》的分类中提到钢轮钢轨的说法，《国家发展改革委关于加强城市轨道交通规划建设管理的通知》（发改基础〔2015〕49 号）提及的"钢轮钢轨"，应包括 A 型车、B 型车、C 型车、D 型车、L 型车等系统制式。

2.1.3 城市轨道交通分类和术语的主要差异

对比所有涉及城市轨道交通的标准和相关政府文件中的城市轨道交通分类，不难看出，城市轨道交通系统选型的分类是主要差异，当然此差异也是伴随着城市轨道交通的发展而形成的（见表2-8）。

相关标准、规范中城市轨道交通分类汇总　　　　　　　　　　　　表2-8

系统选型 标准规范	地铁	轻轨	单轨	有轨电车	磁浮	自动导向	市域快速轨道	市郊铁路	特殊专用系统
城市快速轨道交通工程项目建设标准（试行本）（1999年）	√	√							
国办发［2003］81号文	√	√							
地铁设计规范（2003年）	√	√	√		√	√			
城市公共交通分类标准（2007年）	√	√	√	√	√	√	√		
城市轨道交通工程项目建设标准（2008年）	√	√	√						
城市轨道交通技术规范（2009年）	√	√	√	√	√	√	√		
城市轨道交通工程基本术语标准（2012年）	√	√	√		√	√	√		
城市轨道交通规划技术导则	√	√	√		√	√	√	√	√
发改基础［2015］49号文	√	√		√			√		
国办发［2018］52号文	√	√							

早期的城市轨道交通分类，主要采用了城市快速轨道交通的称呼，如《城市快速轨道交通工程项目建设标准（试行本）》（1999年）《国务院办公厅关于加强城市快速轨道交通建设管理的通知》（国办发［2003］81号），种类虽然只包括地铁和轻轨两种类型，但地铁和轻轨的定义等同为高、大运量和中运量的城市轨道交通系统。

在2003年发布的《地铁设计规范》（GB 50157-2003）中，在术语中，将城市轨道交通的定义规定为大、中运量的城市公共交通工具，不包括低运量的轨道交通类型。

2007年，《城市公共交通分类标准》（CJJ/T114-2007）较为系统、全面地总结了各种城市轨道交通类型的特点，从车辆系统制式、客运能力、旅行速度及功能角度，提出了详细的城市轨道交通分类标准。

在2008年之后陆续出台的城市轨道交通分类标准中，基本采用了《城市公共交通分类标准》中，较为全面的城市轨道交通的类型，将城市轨道交通的术语解释为"采用专用轨道导向运行的城市公共客运交通系统，包括地铁系统、轻轨系统、单轨系统、有轨电车、磁浮系统、自动导向轨道系统、市域快速轨道系统"，并未特指是否为大、中运量。

但在2014年出版的《城市轨道交通规划技术导则》（RISN-TG015-2014）中，又采用了《地铁设计规范》（GB 50157-2003）中对城市轨道交通的术语解释，即为"在不同形式轨道上运行的大、中运量城市公共交通工具，是当代城市中地铁、轻轨、单轨、自动导向、磁浮等轨道交通的总称"，但后续的导则内容中其实又涉及了有轨电车。

总体上看，对城市轨道交通分类还是比较清晰的，无非是在是否包含有轨电车方面存在一定的差异，此外在《城市轨道交通规划技术导则》（RISN-TG015-2014）中，还专门提出了市郊铁路和特殊专用系统的类型。

2.2　城市轨道交通其他分类

从《城市公共交通分类标准》（CJJ/T114-2007）及相关标准、规范、导则等可以看出，城市轨道交通的分类标准是多角度的，分类呈现多样化。

2.2.1　按照单向运能分类

按照单向运能分类，城市轨道交通可以分为高运量、大运量、中运量和低运量四种，高运量和大运量有时又简称为大运量（见表2-9）。

按照单向运能分类　　　　　　　　　　　　　　　　　表2-9

种类	高运量	大运量	中运量	低运量
单向运能（万人次/h）	4.5~7	2.5~5	1~3	<1

2.2.2　按照路权专用等级分类

按照城市轨道交通与其他交通方式的路权专用等级进行分类，可以划分为全封闭专用独立路权、部分封闭的独立路权和混合路权三类。其中，全封闭的专用独立路权为任何其他交通方式都无法使用或者穿越；部分封闭的独立路权是指城市轨道交通在一般路段具有独立的路权，在部分道路交叉口为开放式的平交道路交叉口，车辆可以穿越城市轨道交通的行驶路线；混合路权是指在道路路段上，城市轨道交通与其他交通方式为混行模式，不具有专用的行驶空间。

在城市轨道交通线网规划中，主要规划的对象为采用全封闭专用独立路权和部分封闭的独立路权的城市轨道交通线路。

2.2.3　按照敷设方式划分

按照城市轨道交通线路的敷设方式，又可以分为地下线路、高架线路、地面线路以及混合线路等。地下线路是指运行的线路和车站均为地下敷设方式；高架线路是指运营的线路和车站均为高架；地面线路为运营的线路和车站均为地面；混合线路，通常为采用两种或者三种敷设方式的线路。

通常而言，城市轨道交通线路的敷设方式会根据所采用的系统制式、线路沿线的道路和用地开发情况而确定，一般并不会刻意强调按照敷设方式进行城市轨道交通线路的分类。

但是对于采用单轨系统、磁浮系统的线路而言，其敷设方式应首选高架敷设方式。

2.2.4　按照车辆种类划分

按照车辆驱动特征可以划分为钢轮钢轨、磁浮、胶轮导轨等。其中，钢轮钢轨中，又可以按照牵引方式划分为旋转电机、直线电机（见表2-10）。

《城市轨道交通工程项目建设标准》中各类车型主要技术规格　　　表 2-10

项目名称		A 型车	B 型车	C 型车	D 型车	L₀ 型车	单轨车
车辆驱动特征		钢轮 / 钢轨					胶轮 - 跨座单轨
		旋转电机				直线电机	
车轴数		四轴	四轴	四、六、八轴铰接车		四轴	四轴
车辆轴重（t）		≤ 16	≤ 14	≤ 11		≤ 13	≤ 11
车厢基本长度（m）	单驾驶室车厢	23.6（24.4）	19（19.55）	—	—	17.2	14.6（15.5）
	无驾驶室车厢	22.04（22.8）	19（19.55）	—	—	16.84	13.9（14.6）
车辆基本宽度（m）		3.0	2.8	2.6	2.6	2.8	2.9（车门踏板处 2.98）
车辆高度（m）	受流器车 有空调	3.8	3.8	3.7	3.7	≤ 3.625	车辆总高 ≤ 5.53 轨面以上高 3.84
	受流器车 无空调	3.6	3.6	—	—	—	
	受电弓车（落弓高度）	3.81	3.81	3.7	3.7	3.560	
	受电弓工作高度	3.9~5.6	3.9~5.6	3.9~5.6	3.9~5.6	—	
车内净高（m）		2.10~2.15		≥ 2.1	≥ 2.1	≥ 2.1	2.2
地板面高（车门处）（m）		1.13	1.10	0.95	0.35	0.93	1.13
转向架中心距（m）		15.7	12.6	11.0	10.70	11.14	9.6
固定轴距（m）		2.2~2.5	2.2~2.3	1.8~1.9	1.7~1.8	1.9~2.0	走行轮 1.5　导向轮 2.5
车门数（每侧）（个）		5	4	—	4	3	2
车门宽度（m）		≥ 1.3~1.4		1.3~1.4	1.3~1.4	1.4	1.3
车门高度（m）		≥ 1.8		≥ 1.8	≥ 1.8	1.86	1.82
定员	单驾驶室车厢	310（超员 432）	230（超员 327）	—	双司机室 238	217	151（211）
	其中坐席	56	36	—	66	28	32
	无驾驶室车厢	310（超员 432）	230（超员 352）	—	—	242	165（230）
	其中坐席	56	46	—	—	32	36
车辆最高速度（km/h）		80~100	80~100	80	80	90	80
启动平均加速度（0~35km/h）（m/s²）		0.83~1.0		0.85	0.85	0.95~1.0	≥ 0.833
常用制动减速度（m/s²）		1.0		1.1	1.1	≥ 1.0	≥ 1.1
紧急制动减速度（m/s²）		1.2		1.5	1.5	≥ 1.3	≥ 1.25
等效噪声［dB（A）］	驾驶室内	≤ 80		≤ 75	≤ 75	—	≤ 70
	客室内	≤ 83		≤ 75	≤ 75	75	≤ 75
	车外	80~85		≤ 80	≤ 80	80	≤ 75

注：①车辆基本长度无驾驶室的为标准车辆长度。
②有驾驶室的车辆加长长度部分，应满足标准车的曲线地段限界。
③（）内的数字为车辆两端车钩连接中心点之间的距离。
④C 型车为高地板车，D 型车为低地板车，均分为四、六、八轴的铰接车。应符合《城市轨道交通铰接车通用技术条件》的规定。
⑤双铰六轴 70% 为低地板车辆，全长 28.76m。

　　此外，按照车辆选型进行划分的话，可划分为 A 型车、B 型车、C 型车、D 型车、L₀ 型车、Lᴄ 型车、跨座式单轨车、悬挂式单轨车、单厢或铰接有轨电车、导轨式胶轮电车、胶轮特质车辆等，在《城市轨道交通工程项目建设标准》（建标 104-2008）中，列出了部分、大中运量线路采用车型的技术规格。

目前，国内出现的现代有轨电车车辆种类也较多，按照车辆的供电方式可以分为架空接触网供电方式、蓄电池供电和三轨供电等，此外也有采用架空接触网和蓄电池混合供电的。

2.2.5　按照行驶速度划分

按照车辆的最高行驶速度划分，可以划分为低速、普速、快速和高速四类，也可以按照旅行速度划分为这四类（见表 2-11）。

城市轨道交通按照速度分类（单位：km/h）　　　　　　表 2-11

种类	低速	普速	快速	高速
最高行驶速度	<80	80~120	120~160	>160
旅行速度	<30	30~40	45~60	>65

在此需要指出的是，最高行驶速度的分类和旅行速度的分类并不是一一对应的关系，也就是说，最高运行速度为普速的车辆，其旅行速度也可以达到快速或者低速，并不一定完全对应于普速这一旅行速度。

2.2.6　其他分类

此外，在很多城市轨道交通线网规划中，会按照线路功能、服务范围等进行分类。

按照在城市轨道交通线网中线路承担的功能，可以划分为骨干线、次干线、辅助线、加密线和延伸线等。

按照线路运营的需要又可以分为主线、支线。

按照线路衔接功能又分为机场专用线、旅游专线等。

按照城市轨道交通线路的服务范围，又可以分为市域线、市区线、市郊线等。

具体线路功能的划分标准和种类，可参见"城市轨道交通线路功能定位和层次划分"章节的内容。

2.3　对城市轨道交通中主要类型的认识

2.3.1　对地铁、轻轨的认识

（1）地铁的术语与分类

按照《城市快速轨道交通工程项目建设标准（试行本）》中城市轨道交通分类，地铁在客运能力上对应于高运量和大运量；在《地铁设计规范》（2003 年版）中，地铁定义为"在城市中修建的快速、大运量用电力牵引的轨道交通，线路通常设在地下隧道内，也有的在城市中心以外地区从地下转到地面或高架桥上"；在《地铁设计规范》（2013 年版）中，地铁定义为"在城市中修建的快速、大运量、用电力牵引的轨道交通，列车在全封闭的线路上运行，位于中心城区的线路基本设在地下隧道内，中心城区以外的线路一般设在高架桥或地面上"。

在《城市公共交通分类标准》中，地铁系统描述为"地铁是一种大运量的轨道运输系统，采用钢轮钢轨体系，标准轨距为 1435mm，主要在大城市地下空间修筑的隧道中运行，当条件允许时，也可穿出地面，在地上或高架桥上运行。按照选用车型的不同，又可分为常规地铁和小断面地铁，根据线路客运规模的不同，又可分为高运量地铁和大运量地铁"，并明确地铁系统可以分为使用 A 型车辆、B 型车辆和 L_B 型车辆的三个小类，分别对应于高运量和大运量。

（2）轻轨的术语与分类

在《城市快速轨道交通工程项目建设标准（试行本）》中，轻轨在客运能力上对应于中运量，采用钢轮钢轨 C 型车或 B 型车。

在《城市公共交通分类标准》中，轻轨系统描述为"轻轨系统是一种中运量的轨道运输系统，采用钢轮钢轨体系，标准轨距为 1435mm，主要在城市地面或高架桥上运行，线路采用地面专用轨道或高架轨道，遇繁华街区，也可进入地下或与地铁接轨"，并明确轻轨系统可进一步划分为 C 型车辆和 L_c 型车辆的两个小类。

在《城市快速轨道交通工程项目建设标准》（建标 104-2008）中，并未延续轻轨对应于中运量系统的概念，只提出了中运量系统，可采用钢轮钢轨 B 型车、C 型车、D 型车、L_B 以及单轨系统。但是在中运量系统中进一步划分为两个类别。

①全封闭快速系统，采用独立的专用轨道和信号，高密度运行。采用钢轮钢轨 B 型车、C 型车、D 型车、L_B 以及单轨系统。

②具有专用轨道和部分信号的中低运量系统，但部分路段设置平交道口。采用钢轮钢轨 C 型车、D 型车。

在《轻轨工程设计规范（征求意见稿）》中，轻轨的术语描述为"中运量城市轨道交通。低等级轻轨线路基本敷设在地面上，设有无隔离的专用车行道，有的地段车行道允许人车混行；高等级轻轨为全封闭线路，除有的有少量地面线外，有的局部或全部线路设在高架桥或地下隧道内。轻轨有钢轮钢轨制式和胶轮及专用混凝土轨道制式"。

但在最终发布的《轻轨交通设计标准》（GBT/T 51263-2017）中，删除了轻轨的术语描述，但是该标准的适用范围描述为"本标准适用于使用钢轮钢轨铰接车辆，线路基本采用地面独立路权或路口平交的半独立路权方式敷设，或采用高架线路，遇繁华街区及困难地段也可采用地下线路的新建轻轨交通工程设计"。从《轻轨交通设计标准》对轻轨的术语解释以及标准适用范围看，似乎与德国的轻轨标准分类进行了全面对接。

（3）地铁和轻轨的对比

在较为早期的相关标准、规范和国家政策文件中，地铁和轻轨分别对应于大运量和中运量系统。例如，在《国务院办公厅关于加强城市快速轨道交通建设管理的通知》（国办发〔2003〕81 号）中，提出了地铁和轻轨的建设条件，从客流条件上分析，地铁的客流建设条件为"规划线路的客流规模达到单向高峰小时 3 万人次以上；轻轨的客流建设条件为规划线路的客流规模达到单向高峰小时 1 万人次以上"。该要求在《国务院办公厅关于进一步加强城市轨道交通规划建设管理的意见》（国办发〔2018〕52 号）中依然延续下来。

按照当时正在执行的《城市快速轨道交通工程项目建设标准（试行本）》，地铁线路对应于单向运能在 3 万人次 /h 的高运量和大运量线路，轻轨线路对应于 1 万 ~3 万人次 /h 的中运量线路。

在随后的《城市公共交通分类标准》中，地铁系统为采用 A、B 和 L_B 型车辆的高运量和大运量的线路，轻轨系统为采用 C、L_C 型车辆的中运量系统。其中，B 型车仅作为地铁系统采用的车辆，而不作为轻轨系统采用的车辆。

在《城市快速轨道交通工程项目建设标准》（建标 104-2008）中，并不强调地铁和轻轨系统的概念，而是将城市轨道交通系统按照线路远期单向高峰小时客运能力，划分为四个类别、三个量级。

在《轻轨交通设计标准》的条文说明中，提出轻轨从广义上为中运量系统，实际上包括了小编组高架方式敷设的地铁系统、单轨系统、直线电机系统、中低速磁浮系统、自动导向系统等多种制式。轻轨从狭义上应为《城市公共交通分类标准》（CJJ/T114-2007）中定义的轻轨系统。

目前，在国家上报审批过程中，轻轨系统主要采用了广义的概念，即中运量系统。其中，值得关注的是，轻轨是否还对应于敷设方式的比例，在学术界还未有明确的统一认识，但从《轻轨交通设计标准》（GBT/T 51263-2017）的条文说明中，对广义轻轨涵盖的各种城市轨道交通系统情况看，"小编组高架方式敷设的地铁系统"属于广义轻轨；在发布的《国务院办公厅关于进一步加强城市轨道交通规划建设管理的意见》（国办发〔2018〕52 号）中，提出轻轨系统的直接工程（包括土建、机电设备、车辆购置三部分费用）投资不超过 3.5 亿元 /km，按此推测，从国家审批层面，轻轨应以高架为主。至于目前轻轨系统采用小编组的 B 型车以及 C 型车时，其高架比例应控制在具体多少合适，在国家审批层面还未有明确规定，笔者认为至少应该以高架敷设比例为主，占主体。

（4）地铁和轻轨线路的运营现状

据中国城市轨道交通协会发布的《城市轨道交通 2017 年度统计和分析报告》，截至 2017 年底，中国大陆已开通城轨交通线路 165 条，运营线路总长 5032.7km，包括地铁、轻轨、单轨、市域快轨、现代有轨电车、磁浮交通、APM7 种制式。其中，地铁线路长 3883.6km，占 77.2%；轻轨线路长 240.8km，占 4.8%。

大多数地铁线路都采用了 A 型车和 B 型车，仅有上海的 5 号线、6 号线、8 号线采用了 C 型车，北京的机场线和广州的 4 号线、5 号线和 6 号线采用了直线电机 L_B 型车。

值得注意的是，按照《城市公共交通分类标准》（CJJ/T 114-2007）中的城市轨道交通分类，采用 C 型车的上海轨道 5 号线、6 号线和 8 号线应属于轻轨系统范畴，采用 L_B 型车的北京的机场线及广州的 4 号线、5 号线和 6 号线属于地铁系统。

从相关规范、标准、政策文件和中国城市轨道交通协会的统计情况来看，对地铁和轻轨的具体认识和差别还存在较大的不确定性。

2.3.2　对单轨系统的认识

1. 单轨系统的术语

在《城市公共交通分类标准》（CJJ/T114-2007）中，单轨系统描述为："单轨系统是一种车辆与特制轨道梁组合成一体运行的中运量轨道运输系统，轨道梁不仅是车辆的承重结构，同时是车辆运行的导向轨道，单轨系统的类型主要有两种，一种是车辆跨骑在单片梁上运行的方式，称为跨座式单轨系统 GJ_{223}；另一种是车辆悬挂在单根梁上运行的方式，称为悬挂式单轨系统 GJ_{224}"。

在《跨座式单轨交通设计规范》（GB 50458-2008）中，单轨交通的术语解释为："城市中修建的采用电力牵引列车在一条轨道梁上运行的中运量轨道交通系统。根据车辆与轨道梁之间的位置关系，单轨交通可分为跨座式单轨交通和悬挂式单轨交通两种类型"。在该标准中，跨座式单轨交通的术语解释为："为单轨交通的一种形式，车辆采用橡胶车轮跨行于梁轨合一的轨道梁上。车辆除走行轮外，在转向架的两侧尚有导向轮和稳定轮，夹行于轨道梁的两侧，保证车辆沿轨道安全平稳地行驶"。

2. 国内单轨系统的发展现状

目前，在国内仅有重庆正式运营了两条单轨线路，总长约 98.5km（见表 2-12）。比亚迪在厂区内建成了一条长约 4.4km 的试验线，车辆采用电池驱动，命名为"云轨"。此外，国家已经批复的芜湖市跨座式单轨线路正在建设中，部分城市和景区也正在积极建设跨座式单轨试验线。

重庆市单轨系统运营情况 表 2-12

项目	单轨类型	线路长度（km）	平均站间距（km）	最高运行速度（km/h）	旅行速度（km/h）
重庆 2 号线	跨座式	31.4	1.31	75	35~40
重庆 3 号线	跨座式	67.1	1.52	75	35~40

目前，国内部分人口规模在 150 万~300 万的大型城市，也正在谋划跨座式单轨交通线路的建设。

在国外，应用单轨系统最多的国家为日本，共有 7 条运营线路，总长约 94.6km（见表 2-13），其中有 5 条为跨座式单轨线路，有 2 条为悬挂式单轨线路。

日本单轨线路运营情况 表 2-13

线路名	羽田线	多摩线	大阪机场线	小仓线	千叶线	湘南线	那霸线
单轨类型	跨座式	跨座式	跨座式	跨座式	悬挂式	悬挂式	跨座式
线路长（km）	16.9	16	21.2	8.8	12	6.6	13.1
车站数（座）	9	19	14	13	13	8	15
车辆长（m）	14.6~15.5	14.6~15.5	14.6~15.5	13.9~14.8	14.8	13.4	14.7
编组（节）	6	4	4	4	2	3	2
定员（人）	94/102	98/108	94/103	93/103	79	73/82	75
发车间隔（s）	200	180	500	360	300	480	—
旅行速度（km/h）	45.2	27	35	27.3	30	28.8	28
单向高峰小时运能（人次/h）	10512	8600	8600	8500	9200	4000	—

3. 单轨系统与地铁、轻轨系统的区别

与地铁、轻轨系统相比，单轨系统具有爬坡能力强、转弯半径小的优势，更适用于山地城市；由于单轨系统独特的桥梁结构，在敷设方式上，单轨系统应采用高架敷设方式为主，因此对规划的城市轨道交通线路沿线的道路交通空间的宽度以及两侧建筑等有一定的要求（见表 2-14~表 2-16）。

某城市采用 6B 的城市轨道线路高架线噪声达标计算距离（无声屏障、无遮挡）　表 2-14

功能区	运行速度（km/h）	标准（dB（A））		行车对数（对/h）		达标距离（m）	
		昼间	夜间	昼间	夜间	昼间	夜间
1 类区	100	55	45	15	6	87	200
				20	8	102	242
				25	10	116	282
2 类区	100	60	50	15	6	43	99
				20	8	46	117
				25	10	58	134
3 类区	100	65	55	15	6	44	42
				20	8	45	59
				25	10	46	71
4a 类区	100	70	55	15	6	37	42
				20	8	38	59
				25	10	39	71

注：预测点高度按 1.2m 计算，预测中已考虑轨道两侧 1.5m 实体护栏对噪声遮挡效果。

某城市采用 6B 的城市轨道线路采取不同形式声屏障后高架线噪声达标距离　表 2-15

功能区	运行速度（km/h）	标准（dB（A））		行车对数（对/h）		昼间达标距离（m）			夜间达标距离（m）		
		昼间	夜间	昼间	夜间	直立式声屏障	半封闭声屏障	全封闭声屏障	直立式声屏障	半封闭声屏障	全封闭声屏障
1 类区	100	55	45	20	8	59	40	—	134	80	—
2 类区	100	60	50	20	8	42	36	—	71	40	—
3 类区	100	65	55	20	8	38	13	—	39	38	—
4a 类区	100	70	55	20	8	24	—	—	39	38	—

注：①预测点高度按 1.2m 计算，预测中已考虑轨道两侧 1.5m 实体护栏对噪声遮挡效果。
②"—"表示距外轨中心线 7.5m 以外均达标。
③在计算中，设直立式声屏障按衰减量 4dB（A）、半封闭声屏障按衰减量 12dB（A）、全封闭声屏障按衰减 20dB（A）。

某城市采用 4 节编组的跨座式单轨噪声达标防护距离（无屏障、无遮挡）（单位：m）　表 2-16

速度（km/h）	运营对数（对/日）	4a 类区		3 类区		2 类区		1 类区		区域
		昼间（70dB）	夜间（55dB）	昼间（65dB）	夜间（55dB）	昼间（60dB）	夜间（50dB）	昼间（55dB）	夜间（45dB）	
80	225	<10	<10	<10	<10	<10	16	17	36	轨面以上区域
	225	<10	<10	<10	<10	<10	23	24	50	
	262	<10	11	<10	11	14	29	34	64	
80	225	<10	13	<10	13	13	29	30	61	轨面以下区域
	225	<10	18	<10	18	18	40	41	73	
	262	<10	23	<10	23	26	51	58	84	

　　单轨系统与地铁系统存在着较大区别，首先最主要的区别是客运能力上的区别，单轨系统通常为中运量系统，而地铁可为高运量和大运量系统；其次是采用车辆制式方面，地铁可选车辆类

型较多，适应性较强，而单轨系统只能选择跨座式单轨或悬挂式单轨；最后，在敷设方式上，地铁由于采用了钢轮钢轨制式，其噪声和振动影响较大，因此在市中心区一般以地下敷设方式为主，只有在城市外围，在环境条件允许的情况下才设置为高架敷设方式，而单轨系统由于其特殊的结构特征，应采用高架敷设方式为主，当受制于道路条件或者其他相关条件时，可少量采用地下敷设方式。

单轨系统与轻轨系统，在客运能力上，都为中运量系统；在系统制式上，轻轨与地铁系统一样，采用了钢轮钢轨系统，其噪声和振动影响较大，通常在市中心区应采用地下敷设方式，若采用高架敷设方式，其要求的道路空间宽度要远大于单轨系统所要求的宽度。按照《城市快速轨道交通工程项目建设标准》（建标 104-2008）中运量系统可采用钢轮钢轨 B 型车、C 型车、L_B 型车、单轨及 D 型车；在《城市公共交通分类标准》中，轻轨只采用 C 型车、L_c 型车。

《国务院办公厅关于进一步加强城市轨道交通规划建设管理的意见》（国办发〔2018〕52 号）延续了原国办发〔2003〕81 号文提出的城市轨道交通建设条件分类标准，将城市轨道交通划分为地铁、轻轨、有轨电车三类，除有轨电车外，其他城市轨道交通都需要上报审批，其中地铁和轻轨的远期客流规模分别达到单向高峰小时 3 万人次以上、1 万人次以上。在国办发〔2018〕52 号文中，单轨系统应属于轻轨系统，对应于轻轨的建设条件。

4. 单轨系统的应用前景

在《城市公共交通分类标准》（CJJ/T 114-2007）中提出：单轨系统适用于单向高峰小时最大断面客流量 1.0 万 ~3.0 万人次的交通走廊，因其占地面积很少，与其他交通方式完全隔离，运行安全可靠，建设适应性较强。其主要适用范围如下：

①城市道路高差较大，道路半径小，线路地形条件较差的地区。

②旧城改造已基本完成，而该地区的城市道路又比较窄。

③大量客流集散点的接驳线路。

④市郊居民区与市区之间的联络线。

⑤旅游区域内景点之间的联络线，旅游观光线路等。

由于单轨系统的工程造价较地铁、轻轨系统要低，因此很多大城市逐渐开始选择单轨系统，目前我国已经批复建设轨道交通的芜湖市，就采用了跨座式单轨，其采用的单轨系统不同于重庆的单轨系统。重庆的单轨系统采用的车辆为长客 -A 型车，而芜湖市所采用的为浦镇庞巴迪公司生产的采用 MONORAIL300 技术的 CMR_Ⅱ 型跨座式单轨车辆（见表 2-17）。

长客－A 型车（重庆）与 CMR_Ⅱ 型车（芜湖）的对比　　　　表 2-17

项目	长客 -A 型车（重庆）	CMR_Ⅱ 型（芜湖）
车辆长度 /（MC 车）（mm）	15500	13210
车辆长度 /（M 车）（mm）	14600	11845
车辆最大宽度（mm）	2980	3147
车顶距轨面高度（mm）	3840	3019
地板距轨面高度（mm）	1130	450
车内净空高度（mm）	2200	≥ 2080

续表

项目	长客 - A 型车（重庆）	CMR_Ⅱ型（芜湖）
车辆总高度（mm）	5300	4053
转向架中心距（mm）	9600	9200
车门宽度（mm）	1300（内藏式）	1600（外挂式）
车门高度（mm）	1820	1930
最大运行速度（km/h）	75	80
最小曲线半径（m）	50	46
最大坡度（‰）	60	60
轴重（t）	≤ 11	≤ 13.6
供电电源	DC 1500V	DC 750V

2016 年 10 月，比亚迪公司在深圳厂区内试运营的"云轨"系统所采用的车辆参数与 CMR_Ⅱ型跨座式单轨车辆的参数相近（见表 2-18）。

CMR_Ⅱ型车（芜湖）与比亚迪"云轨"车辆主要参数对比　　　　表 2-18

项目	CMR_Ⅱ型（芜湖）	比亚迪"云轨"车辆
车辆长度 /（MC 车）（mm）	13210	14050
车辆长度 /（M 车）（mm）	11845	10930
车辆最大宽度（mm）	3147	3165
最大运行速度（km/h）	80	80
最小曲线半径（m）	46	45
最大坡度（‰）	60	100
供电电源	DC 750V	DC 750V/1500 V

由于 CMR_Ⅱ型跨座式单轨车辆和比亚迪"云轨"车辆比重庆市采用的单轨系统车辆的高度低，并且具有造价低、爬坡能力强、转弯半径小的特点（见图 2-1、图 2-2），国内很多城市也正在积极尝试建设单轨线路，如吉林、中山、淮南、柳州、蚌埠等城市，其中吉林、中山和淮南的城市轨道交通建设规划正在上报审批过程中。

图 2-1　CMR_Ⅱ型跨座式单轨车辆

图 2-2　重庆 2 号线采用的跨座式单轨车辆

2.3.3 对市域快速轨道系统的认识

（1）市域快速轨道系统的术语

在《城市公共交通分类标准》（CJJ/T114-2007）中，市域快速轨道系统描述为："市域快速轨道系统是一种大运量的轨道运输系统，客运量可达 20 万 ~45 万人次 / 日（一般不采用高峰小时客运量的概念）。市域快速轨道系统适用于城市区域内重大经济区之间中、长距离的客运交通。市域快速轨道列车主要在地面或高架桥上运行，必要时也可采用隧道。当采用钢轮钢轨体系时，标准轨距也为 1435mm，由于线路较长，站间距相应较大，必要时可不设中间车站，因而可选用最高运行速度在 120km/h 以上的快速特种车辆，也可选用中低速磁浮车辆进行技术经济比较"。

在《市域快速轨道交通技术规范（送审稿）》中提出"市域快速轨道交通是一种大运量的轨道运输系统，最高运营速度为 120 ~160km/h，并采用市域快轨车辆，主要服务于市域范围的具有通勤客运服务功能的中、长距离的一种城市轨道交通系统。市域快轨车辆是速度等级覆盖 120 ~160km/h、动力性能及车辆基本外形尺寸与既有城市轨道交通相同或接近的车型"。

（2）市域铁路或市郊铁路的术语

在浙江省地方标准《市域快速轨道交通设计规范（征求意见稿）》中提出，市域快速轨道交通为市域铁路，"是指在城市行政管辖区域内，为中心城与周边新城或组团之间提供快捷、大容量、公交化公共交通服务的轨道交通系统。市域铁路列车的旅行速度应根据列车技术性能、线路条件、车站分布和列车开行方案综合确定，在计算旅行速度的基础上留有 8%~10% 的余量，一般不宜低于 50km/h。市域铁路各设计年度的列车运行间隔,应根据各设计年度预测客流量、列车编组及定员、系统服务水平、系统运输效率等因素综合确定。为保证市域铁路的服务水平，列车初期高峰时段最小运行间隔不宜大于 10min，远期高峰时段系统最小运行间隔不宜大于 3min，平峰时段最小运行间隔不宜大于 10min"。

（3）对市域快速轨道系统的认识

市域快速轨道交通系统最先在 2007 年的《城市公共交通分类标准（CJJ/T 114-2007）》中提出，其实在早期 2000 年前后的北京、上海等城市的城市轨道交通线网规划中，已经明确提出了市域快线的概念，主要强调其服务对象、客流特征以及服务水平等各项指标与常规的地铁、轻轨系统应有不同，**重点强调其旅行速度要快于地铁、轻轨系统（见表 2-19）。**

国内城市轨道交通快线运营指标分析　　　　　　　　　　　　　　　　　　表 2-19

运营指标 线路	车辆最高速度 （km/h）	平均站间距 （km）	旅行速度 （km/h）
大连 3 号线	100	4.9	60
津滨快轨	100	3.5	60
广州 3 号线	120	2.1	54
广州 4 号线	90	3.4	52.7

注：此表为笔者 2010 年所著论文《城市轨道交通功能定位》中的原表，该表中部分分析数据为当时 2010 年的数据，与现状数据可能有出入。该文发表在 "2010・中国（昆明）运输・物流・物流技术装备合作与发展国际论坛暨学术年会"上。

2004 年编制完成的《东莞市轨道交通网络规划》，是国内首个仅以市域快速轨道交通线路构成的城市轨道交通线网，从而促进并加强了行业内专业技术人员对市域快速轨道交通线路的认识和了解。

其实，在《城市公共交通分类标准》（CJJ/T 114-2007）出台前后，国内已经有部分城市建成了市域快速轨道交通线路，其车辆的最高速度为 100km/h 左右，其旅行速度达到 45km/h 以上，远高于当时已经运营地铁、轻轨线路的旅行速度。

编者于 2010 年 7 月发表在"2010·中国（昆明）运输·物流·物流技术装备合作与发展国际论坛暨学术年会"的《城市轨道交通功能定位》一文中，梳理了当时国内已经运营的几条城市轨道交通快线的功能，明确提出了应"采用旅行速度作为分类标准，将城市轨道交通划分为快线和普速线两个层次"，并且，该文通过对比快线与普速线的功能和运营特征，提出快线和普速线的功能定位，并进一步提出了快线和普速线在城市轨道交通线网规划中的规划模式建议。

2.3.4　对现代有轨电车的认识

（1）有轨电车的术语

在《城市公共交通分类标准》（CJJ/T114-2007）中提出：有轨电车是一种低运量的城市轨道交通，电车轨道主要铺设在城市道路路面上，车辆与其他地面交通混合运行，根据街道条件，又可区分为三种情况：①混合车道；②半封闭专用车道（在道路平交道口处，采用优先通行信号）；③全封闭专用车道（在道路平交道口处，采用立体交叉方式通过）。

在上海市工程建设规范《有轨电车工程设计规范》（DG/T J08-2213-2016，J 13511-2016）中，有轨电车的术语解释为：依靠驾驶员瞭望驾驶，采用沿轨道行驶的电力牵引的低地板有轨电车车辆，按地面公交模式组织运营的公共交通系统。

（2）有轨电车与现代有轨电车

有轨电车应当是城市轨道交通中的一种低运量的、旅行速度较低的城市轨道交通方式。

近年来，随着科学技术的发展，有轨电车逐渐实现了模块化、信息化、自动化，目前被称为现代有轨电车系统，其客运能力和服务水平均较传统的有轨电车有所提高，并被广泛使用。虽然现代有轨电车系统在运能上较传统的有轨电车系统有所提高，存在突破低运量门槛即 1 万人次 /h 的可能，但由于有轨电车是采用人工驾驶，并且具有平交道口，因此其实质还是一种低运量的城市轨道交通方式，有别于大、中运量的其他轨道交通方式。

在有轨电车分类中，可将其分为高地板和低地板两种车辆，老式有轨电车多为高地板单节或铰接车辆，现代有轨电车多为低地板模块化的车辆。

（3）有轨电车与轻轨

按照《轻轨设计规范（征求意见稿）》，轻轨的术语描述为"采用新型多模块铰接钢轮钢轨车辆，电力牵引，具有较强的启制动能力、适应小曲线半径和大坡度线路、可以多种路权方式敷设，采用智能化运营管理系统的城市轨道交通系统"，并且明确提出"轻轨线路的路权管理按照与道路系统的关系，可分为独立路权、半独立路权和共享路权"，在车辆制式方面，提出轻轨采用的车型主要为 C 型车以及 C-Ⅰ 型、C-Ⅱ 型、C-Ⅲ 型等（铰接）车，并且除 C 型车适用于 Ⅲ 级轻轨，而 C-Ⅰ型、C-Ⅱ 型、C-Ⅲ 型等（铰接）车适用于 Ⅰ、Ⅱ 级轻轨。其中，C-Ⅰ 型、C-Ⅱ 型、C-Ⅲ 型等（铰接）车又各分为高地板（G）和低地板（D）两种（见表 2-20、表 2-21、图 2-3）。

有轨电车的车辆主要参数 表 2-20

No	项目名称	有轨电车种类		备注
		四轴车	六轴车	
1	车辆总长度不大于（mm）	15000	32000	
2	车辆基本宽度（mm）	2600	2600	（2650）
3	车辆总高度不大于（mm）	3500	3500	
4	车厢内高度不小于（mm）	2100		
5	转向架中心距（mm）	6000~7200	10000	
	转向架固定距（mm）	≤ 1900		
6	空车质量不大于（kg）	20000	42000	
7	载客定员（人/列）	122	242	参考, 6人/m²-注
8	轴重不大于（t）	≤ 9.1	≤ 10.0	
9	轨距（mm）	1435		
10	额定电压（V）	DC750 或 DC1500		
11	接触网高度（mm）	5200~5500		道路限高
12	一级踏步高度不大于（mm）	420		
13	最高运行速度不小于（km/h）	50		
14	最大坡度（‰）	60		
15	平均启动加速度不小于（m/s²）	0.75	0.83	
16	常用制动减速度不小于（m/s²）	1.1		
17	紧急制动减速度不小于（m/s²）	1.5		
18	每辆车每侧客室门数（对）	3	4~6	
19	冲击率极限（m/s³）	≤ 0.75		平稳性指标 2.5 GB 5599
20	最小曲线半径（m）	19		
21	与地面最小距离（mm）	90		

轻轨 C_j 型车辆的主要技术规格 表 2-21

名称	C_j型（铰接）车	
	高地板（G）	低地板（D）
车辆基本长度（mm）	23000	32000
车辆基本宽度（mm）	2400、2650	
车辆最大高度（mm）	≤ 3700	
地板面距轨面高度（mm）	≤ 950	≤ 350
车内净高（mm）	2100	1950
固定轴距（mm）	≤ 1900	
轴重（t）	≤ 12	≤ 11
车轮直径（mm）	760	560、660
客室侧门净开度（mm）	≥ 1300	
客室侧门净高度（mm）	≥ 1800	
定员（人/车）	250	300
最高运行速度（km/h）	80、100	80、100
最小曲线半径（正线/辅助线）（m）	50/25	
启动平均加速度（0~40km/h）（m/s²）	≥ 0.95	
最高级别常用制动平均减速度（m/s²）	≥ 1.1	
安全制动最高减速度（m/s²）	≥ 1.5	
紧急制动平均减速度（m/s²）	≥ 2.5	

图 2-3　香港屯门轻轨照片（高地板铰接车辆）

　　由于现代有轨电车的车辆宽度、长度与 C 型车的宽度和长度相近，因此导致很多学者对现代有轨电车和轻轨的认识不够清晰，其实在德国的轻轨设计标准中，根据路权的封闭程度划分为四个等级（见表 2-22），其中最低档的轻轨层次便类似于我国目前的现代有轨电车系统，《轻轨设计规范（征求意见稿）》也或多或少地借鉴了德国的轻轨设计标准，根据系统运能及线路敷设方式的不同，轻轨宜分为下列三个等级：

　　①Ⅰ级：0.6 万 ~1.2 万人次 /h，线路主要为半封闭专用道，局部地段允许采用混行道。

　　②Ⅱ级：1.0 万 ~2.0 万人次 /h，线路大部分为全封闭、半封闭专用道，局部地段允许少量混行道；半封闭专用道地段允许有平交道口。

　　③Ⅲ级：1.8 万 ~3.0 万人次 /h，线路为全封闭专用道。

德国轻轨分类标准及相关技术指标　　　　　　　　　　　　　表 2-22

	等级	1 级	2 级	3 级	4 级
线路	地面线路占比（%）	100			
	混合路权占比（%）	70	20		
	地下 / 高架占比（%）		≤ 5	≤ 20	≤ 50
	专用路权比例（%）	30	80	100	100
车站	平均站距（m）	500	600	750	1000
	站台长（m）	40	60	90	120
	站台形式	低	低 / 高	高	高
车辆	驾驶室	单 / 双	双	双	双
	车辆宽度（m）	2.4	2.4/2.56	2.56	2.56
	地板高度	低	低 / 高	高	高
	六轴车定员 （4 人 /m²） （6 人 /m²）	100 135	100/175 135/230	175 230	175 230
运营	车辆编组	2	2/3	3	4
	最小间隔（s）	120	120	90	90
	最大运能 （4 人 /m²） （6 人 /m²）	6000 8000	9000 12000	21000 28000	28000 37000
信号	信号控制	人工控制	部分线路	大部分线路	全部线路
	道口控制	部分	全部	优先	
速度	旅行速度（km/h）	20	25	32	38

图 2-4 意大利都灵有轨电车混合路权照片

图 2-5 德国慕尼黑混行路权的有轨电车照片

图 2-6 意大利罗马有轨电车混行路权照片

图 2-7 意大利都灵混行路权下的现代有轨电车

对应于德国的轻轨分类标准，可以看出 1 级轻轨采用了 100% 的地面线路，并且 70% 的线路都是混行，专用路权比例较低，此类的轻轨线路就相当于混行的现代有轨电车线路，但是由于混合路权，由于与机动车混行，往往导致交通事故频发，交通安全隐患较大，因此国内很多城市都拆除了传统的有轨电车线路，或者升级为现代有轨电车线路，如大连的 202 路和长春的 54 路等。

而目前国内大部分城市的现代有轨电车线路都采用了对应于德国 2 级轻轨的路权形式，即专用路权比例高达 80%，仅有在路口采用混合路权。而在很多欧洲城市，有轨电车线路都采用的是混合路权模式（见图 2-4~ 图 2-7）。

2.4 城市轨道交通分类和术语建议

2.4.1 对城市轨道交通分类的建议

根据国内城市轨道交通的发展，以及各种城市轨道交通类型的特点，建议城市轨道交通的术语应采用《城市轨道交通技术规范》（GB 50490-2009）和《城市轨道交通工程基本术语标准》（GB/T 50833-2012）中的术语解释，为"采用专用轨道导向运行的城市公共客运交通系统，包括地铁系统、轻轨系统、单轨系统、有轨电车、磁浮系统、自动导向轨道系统、市域快速轨道系统"。

城市轨道交通的分类应与《城市公共交通分类标准》（CJJ/T114-2007）保持一致，并且在未来的标准修编中，应在有轨电车系统中增加现代有轨电车的描述，并对单轨系统、市域快速轨道系统等进行完善。

①在有轨电车的定义中，应当增加现代有轨电车的概念，明确现代有轨电车的车辆要求、敷设方式、路权和运能范围。

②在单轨系统采用车辆的分类中，应增加轻型单轨车辆的分类，如庞巴迪的 CMR$_{II}$ 型车、"云轨"车辆，并建议对线路运能、爬坡能力等相关指标进行相应的补充和完善。

③市域快速轨道系统应重点强调旅行速度，而不是车辆的最高运行速度，同时应注重市域快速轨道系统采用的车辆可采用其他城市轨道交通的车辆，也可以采用铁路车辆，并加强与市郊铁路概念的协调和统一。

2.4.2　对城市轨道交通术语的建议

考虑到有轨电车等低运量的轨道交通方式，其特性与运量级别较低，其规划的理论方法与设计标准等均不同于大、中运量的其他城市轨道交通方式，因此在部分规划和设计规范中，可特指为狭义的城市轨道交通概念，即为大、中运量的城市轨道交通，如《地铁设计规范》（GB 50157-2003），将城市轨道交通术语解释为"在不同形式轨道上运行的大、中运量城市公共交通工具，是当代城市中地铁、轻轨、单轨、自动导向、磁浮等轨道交通的总称"。

随着我国城市轨道交通标准体系的日益完善，在城市轨道交通术语中，应尽量减少所谓的特定或者狭义的术语解释，应该加强各类标准的针对性和适用性。例如，在《地铁设计规范》（GB 50157-2008）中，便删除了城市轨道交通的术语解释，同时在标准中，强调了采用 A 型车和 B 型车的地铁线路的针对性。

2.5　城市轨道交通线网规划的对象

2.5.1　规范要求

虽然在《城市轨道交通线网规划编制标准》（GB/T 50546-2018）的条文中，没有明确城市轨道交通线网规划的对象涵盖范围，但是在术语的条文说明中，提出"在城市轨道交通系统中，有轨电车属于低运量系统，属于地面公交系统的组成部分，其规划方法与大、中运量轨道交通线网规划截然不同，各城市编制的线网规划一般不包括有轨电车系统。"这个描述与《地铁设计规范》（GB 50157-2003）保持了一致，明确城市轨道交通系统不包括有轨电车系统。

2.5.2　对规范的解读

城市轨道交通线网规划不同于公交线网规划，其注重的是走廊和节点的规划，而公交线网规划注重的是覆盖面、直达性和便利性。有轨电车作为低运量的城市轨道交通系统，其相当于骨干的公交线路，可以实现不同线路之间的混合运营组织，但有轨电车真正的实质与大、中运量的城市轨道交通系统还是保持着很大的区别。

因此，目前的城市轨道交通线网规划重点在大、中运量城市轨道交通线网的规划，而并不适用于低运量的城市轨道交通或者其他公交形式的规划。

由于我国地域广阔，各类城市千变万化的背景下，有很多城市的地铁客流规模仅仅达到单向高峰小时 1 万人次，在城市轨道交通线路系统选型时，从经济实用角度看，是绕不开现代有轨电车系统的选择的。在这样的情况下，建议慎重选择现代有轨电车系统，因为有轨电车系统的运营组织、服务水平等与轻轨系统还是有所不同的。

2.5.3 城市轨道交通线网规划的对象

城市轨道交通线网规划的对象必定是城市轨道交通，城市轨道交通具有运量较高、服务水平较高的共性，但是由于各种类型的城市轨道交通具有不同的属性，在不同的城市中，承担不同的城市交通功能，因此对于不同类型、不同规模的城市而言，城市轨道交通线网规划的对象可能有所不同，尤其是城市规模越大，其轨道交通需求更多样化，因此要求提供的城市轨道交通服务类型就越多。同时，基于不同时期、不同的城市轨道交通线网规划目标，其规划的城市轨道交通线网的对象也有所不同，例如城市轨道交通线网规划可根据特定的规划目标进行特定的规划，如中运量城市轨道交通线网规划、市域快轨交通线网规划、城市轨道交通环线论证等。

在此，需要特别指出的是，由于城市轨道交通不同于基于城市道路的其他交通方式，其规划方法和思路以及技术指标等都应该有所不同。因此，我们必须清晰地认识到城市轨道交通与其他交通方式之间的异同点，从而才能建立科学、合理的认识，才能构建相对合理的城市轨道交通线网规划方案。

第3章 城市轨道交通线网规划与相关规划关系

3.1 城市轨道交通线网规划的定位

3.1.1 相关标准和规范的描述

（1）《城市轨道交通线网规划编制标准》（GB/T 50546-2009）（2018年12月1日废止）

在该标准中，明确提出"编制城市轨道交通线网规划应以城市总体规划为依据，符合城市综合交通体系规划。城市轨道交通线网规划宜与城市总体规划同步开展"。

（2）《城市轨道交通线网规划标准》（GB/T 50546-2018）

在该标准中，明确提出"城市轨道交通线网规划应与城市总体规划、城市综合交通体系规划协调一致，并纳入城市总体规划"。

从《城市轨道交通线网规划编制标准》可以明确地看出，城市轨道交通线网规划的上位规划应该为城市总体规划，城市综合交通体系规划一般也作为城市轨道交通线网规划的上位规划，城市轨道交通线网规划宜与城市总体规划同步编制。

3.1.2 相关政策和文件的描述

（1）《城市规划编制办法》

《城市规划编制办法》（原建设部令第146号）第三十二条第四款规定，城市总体规划的强制性内容包括城市轨道交通网络；第三十四条规定，编制综合交通、环境保护等各类专项规划应当依据城市总体规划。城市轨道交通线网规划的编制应以城市总体规划为依据。

（2）《住房城乡建设部关于加强城市轨道交通线网规划编制的通知》（建城〔2014〕169号）

在该文件中，明确提出"线网规划是指导城市轨道交通近期建设和长远发展的重要依据，是城市综合交通体系规划的组成部分，是城市总体规划的专项规划。及时组织和科学编制线网规划，并将线网规划的主要内容纳入城市总体规划和控制性详细规划，有利于促进城市轨道交通建设与土地开发时序、强度相匹配，优化城市空间布局，引导城市合理发展；有利于控制城市轨道交通投资规模，依法保障城市轨道交通工程实施，提高城市轨道交通建设的综合效益"。同时，要求"在城市总体规划编制时，应统筹研究发展城市轨道交通的必要性，确需发展的，应同步编制线网规划，做好相互协调与衔接。已有线网规划的城市，在修改或修编城市总体规划时，要开展线网规划实施评估，对线网规划实施情况进行总结，研究是否需要修改或修编线网规划，如有需要，应以线网规划实施评估为基础，与城市总体规划同步修改或修编线网规划"。

3.1.3 城市轨道交通线网规划在规划体系中的定位

3.1.3.1 区域规划

对于一座城市而言，总体规划是城市规划体系中的核心规划，但总体规划的编制不能脱离国家对城市发展和建设的指导方针、宏观经济政策、国民经济和社会发展等长远规划。这类规划包括由国务院负责审批的国家级中长期发展战略规划、国家"十三五"规划、全国城镇体系规划等，还包括由省级部门（如省发改委、省住建厅、省交通厅等）组织编制及审批的区域发展战略规划、城市群规划、都市圈规划及都市区规划等。

区域规划会影响城市总体规划的编制，在轨道交通线网规划编制过程中也应遵循此类规划，主要从两个层面着手：一是在轨道交通系统中承接区域规划中的区域轨道交通方案，二是城市轨道交通与区域交通枢纽的衔接。

3.1.3.2 城市规划体系

基于相关标准、规范及政策文件等内容，可从两个层面分析城市轨道交通线网规划在城市规划体系中的定位：第一个层面是城市轨道交通线网规划在整个规划体系中所处位置，第二个层面是城市轨道交通线网规划与其他规划的关系。

（1）城市轨道交通线网规划在城市规划体系中的定位（见图3-1）

在城市规划体系中，城市轨道交通线网规划是综合交通规划下的专项规划。若城市轨道交通线网规划与总体规划同步编制，可将其认为是总体规划的专项规划，城市轨道交通线网规划制定的城市轨道交通线路、枢纽车站、车辆段场等布局可同步落实到总体规划中，并作为总体规划的强制性内容予以确定。

在城市轨道交通线网规划实施的过程中发现，在未开展城市轨道交通沿线及站点场站相关控制规划的情况下，在城市轨道交通方案实施阶段，会出现总体规划中明确的轨道交通相关控制内容，在城市控制性详细规划层面无法落实的情况，因此，在编制轨道交通线网专项规划的同时，应与城市总体规划及城市综合交通规划相协调，并开展轨道沿线及站点的相关控制规划，提升城市轨

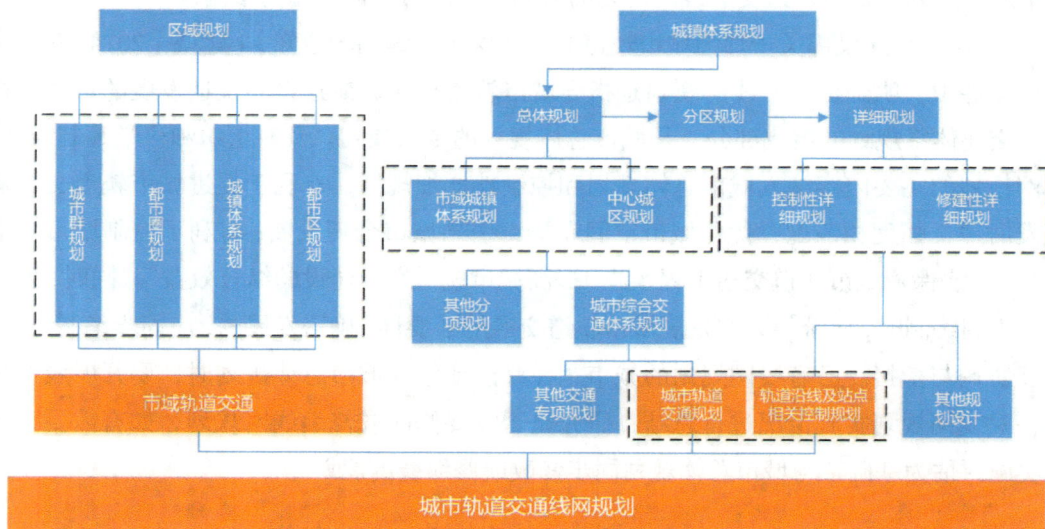

图3-1 城市轨道交通线网规划在城市体系中的定位

道交通线网专项规划可实施性，提升未来轨道交通建设规划的审批效率。

（2）城市轨道交通线网规划与其他规划的关系（见表3-1）

城市总体规划及详细规划体系下所包含的专项规划种类繁多，根据城市不同的特点（如历史、人文特征的不同、资源环境的区别等），需要编制不同的专项规划，本书中梳理了与轨道交通线网规划存在互动或者影响的重要专项规划，城市轨道交通线网规划编制中应考虑与这些规划的协调。

城市轨道线网交通规划与其他规划的关系 表3-1

专项规划分类	与轨道交通线网规划相关的专项规划
城市综合交通规划	城市道路交通专项规划
	城市公共交通专项规划
	城市停车设施专项规划
城市市政工程规划	城市管线综合专项规划
	城市综合管廊专项规划
	城市地下空间专项规划
其他重要规划	历史文化名城保护规划
	城市环境保护规划
	城市生态保护红线规划

3.2 城市轨道交通线网规划与其上位规划的关系

3.2.1 区域交通设施规划

（1）城市群发展规划

目前已经编制的城市群发展规划有以上海为核心的长三角洲城市群，以武汉城市圈、环长株潭城市群、环鄱阳湖城市群为主体形成的长江中游城市群，以郑州等城市为主的中原城市群，作为西部大开发重要平台的成渝城市群等。

城市群发展规划注重从战略角度谋划区域的协调发展，基础设施的互联互通是其重要的内容之一，其中必然包含了现代综合交通系统发展的要求，城际铁路则是综合交通网络的重要组成部分（见表3-2）。

城市群城际铁路发展方案 表3-2

序号	城市群名称	城际铁路（轨道）发展方案
1	长三角洲城市群	增强京沪高铁、沪宁城际、沪杭客专、宁杭客专等既有铁路城际客货运功能，推进沪宁合、沪杭、合杭甬、宁杭、合安、宁芜安等主要骨干城际通道建设。规划建设上海—南通—泰州—南京—合肥、南通—苏州—嘉兴、上海—苏州—湖州、上海—嘉兴—宁波、安庆—黄山等铁路（含城际铁路），以及上海—南通跨江通道等城市通道建设，提高城际铁路对5万以上人口城镇、高等级公路对城镇的覆盖水平
2	长江中游城市群	加快推进快速铁路建设，形成覆盖50万人口以上城市的快速铁路网
3	中原城市群	以核心区和省际相邻城市互联互通为重点，加快发展城际铁路
4	成渝城市群	建设以高速铁路、城际铁路、高速公路为骨干的城际交通网络，打造核心城市间、核心城市与周边城市间、相邻城市间力争1h通达的交通圈

由表3-2以看出，在城市群发展规划中，提出了城际铁路方案。作为区域层次的战略指导，该方案应该在编制城市轨道交通线网规划中得到承接，一方面考虑走廊的预留，同时也应考虑与城市轨道之间的衔接。

（2）都市圈规划

都市圈是以一个或多个经济较发达并具有较强城市功能的中心城市为核心，由同其有经济内在联系的地域及其相邻的若干周边城镇所覆盖的区域所组成，其经济吸引和经济辐射能力能够达到并能促进相应地区经济发展的最大地域范围。

都市圈内各城市之间的协调发展需要城际轨道交通的支撑，需要在都市圈层面整体谋划城际铁路（轨道）线路方案。与城市群发展规划层次不同的是，城市群中轨道方案是以衔接城市与城市为主，而都市圈中的轨道则偏重于服务城市与城镇，在城市轨道交通线网规划中应考虑其廊道的预留、与城际铁路（轨道）层次及城市（市域）轨道交通线网的衔接。

（3）都市区规划

都市区是一个大的人口核心以及与这个核心具有高度的社会经济一体化倾向的邻接社区的组合，一般以县作为基本单位。从这一定义可以看出，都市区范围相比于都市圈更强调核心，周边辐射的范围也小于都市圈，在这一层面下，其轨道交通注重的是核心城市与外围的衔接关系，即市域层级的轨道交通线网。

在都市区层面，由于城市发展的一体化程度高，一般会基于用地布局确定都市区或市域层面轨道交通线路的主要廊道及与核心城市中心城区内轨道交通线网的衔接方案。城市轨道交通线网方案是都市区规划的重要组成部分，在满足城市内部需求的同时也应从市域快速轨道交通层面满足都市区的交通需求。

3.2.2　城市总体规划

根据《城乡规划编制办法》（中华人民共和国建设部令146号），在总体规划层面要求确定城市轨道交通网络，并在分区规划中确定轨道交通线路走向及控制范围，确定主要停车场规模与布局。但实际上，多数城市总体规划中仅要求将城市轨道线路走向及控制范围进行落实。

从城市轨道交通线网规划技术角度出发，在不进行轨道交通线网客流分析、线网规模论证等研究的情况下，难以制订切实可行的城市轨道交通线网方案，也难以明确城市轨道交通基础设施控制范围等内容。因此，《住房和城乡建设部关于加强城市轨道交通线网规划编制的通知》（建城〔2014〕169号）及《城市轨道交通线网规划标准》（GB/T 50546-2018）都明确提出城市轨道交通线网规划宜与城市总体规划同步开展，将城市轨道交通线网规划内容纳入城市总体规划中。

由城市总体规划与城市轨道交通线网规划的关系可以看出，虽然在规划层次上城市轨道交通线网规划从属于城市总体规划，但是在编制要求上，两个规划应同步编制，城市总体规划一方面将城市轨道交通线网规划的重要内容纳入，同时应考虑城市轨道交通线网及用地控制与城市总体规划的协调。

3.2.3　城市综合交通规划

根据《城市综合交通体系规划编制导则》（住建部建城〔2010〕80号）（以下简称《综合交通导则》），城市轨道交通是公共交通系统的重要组成部分，要求确定城市轨道交通网络和车辆基地的布局原则及控制要求。由此可知，《综合交通导则》中对轨道交通规划编制要求的深度高于总体规划。

城市综合交通规划与总体规划的关系类似于轨道交通线网规划与总体规划的关系，同样属于总体规划中的专项规划，《城市轨道交通线网规划标准》（GB/T 50546-2018）也明确提出城市轨道交通线网规划应与城市综合交通体系规划协调一致，城市轨道交通线网规模、服务水平应符合城市综合交通体系规划的目标要求。

在规划实践中，编制了城市轨道交通线网规划的城市，均将成果纳入到城市综合交通体系规划和城市总体规划；反过来，一些城市如果没有独立编制的城市轨道交通线网规划做支撑，在城市总体规划和城市综合交通体系规划中，城市轨道交通线网规划编制的内容和深度大多都不够，线网方案合理性较差，一旦遇到规划付诸实施建设，会造成协调上的困难。

按照《住房和城乡建设部关于加强城市轨道交通线网规划编制的通知》（建城〔2014〕169 号）的要求，城市总体规划、综合交通体系规划中的线网规划方案与独立编制的城市轨道交通线网规划中的方案应该一致。

在此需要强调的是，在综合交通规划编制过程中需要进行基于交通调查的需求分析，需求分析过程及结果可以作为轨道交通线网布局方案制订的数据支撑，但其分析结果一般不能作为城市轨道规划、建设的审批依据。

3.3　城市轨道交通线网规划与同层规划的关系

3.3.1　交通类专项规划

（1）公共交通专项规划

根据《城市公共交通规划编制指南》（交通运输部，2014 年），在公共交通专项规划中，城市轨道交通线网规划方案分析部分，已有城市轨道交通线网规划的，按照规划结论分析城市轨道交通规划和建设对城市公共交通客流的影响，提出城市公共汽（电）车以及其他城市公共交通方式的配套衔接方案，并对未来城市轨道交通发展提出建议；没有城市轨道交通线网规划的，可分析研究城市轨道交通系统发展的必要性并提出相关建议。

在城市轨道交通线网规划中，应结合城市公共交通系统的构成以及不同公共交通方式的功能定位确定服务方案。例如，对于超大、特大城市，城市轨道交通可以作为中心城区公共交通服务的主体，通过构建"高密度、高客流"的城市轨道交通线网服务城市公共交通出行，而普通公交则主要作为轨道交通的加密和补充进行服务；对于大城市，其人口及就业岗位密度、交通出行特征等因素无法支撑"高密度、高客流"的城市轨道交通线网，城市轨道交通更应注重通道的服务，在公交体系中城市轨道交通的功能也不宜被过度夸大，宜与普通公交共同服务城市。

（2）城市停车设施专项规划

作为与城市轨道交通线网规划同层次的专项规划，其与轨道交通的关系主要体现在轨道站点周边停车场的布设原则。依据不同的城市规模和出行习惯，轨道站点 500m 半径覆盖区域内建筑物停车配建标准可比其他区域进一步降低，也可根据城市布局，在城郊结合部的轨道交通站点根据需求布设 P+R 停车设施。

3.3.2　其他规划

（1）控制性详细规划

控制性详细规划应依照城市总体规划落实基础设施及公共服务设施的用地规模、范围及具体控制要求。总体规划中轨道交通线网规划方案的相关内容，如线路走向、枢纽站点、车辆段场等设施的用地规模、范围及控制也应落实到控制性详细规划中。在轨道交通线网规划指导下编制的后续规划，如轨道交通建设、轨道交通沿线土地利用及轨道交通站点一体化等规划中的控制内容，也应落实到控制性详细规划中去。

（2）城市市政工程规划

不论轨道交通采取何种建设形式，轨道交通与其沿线走廊的城市道路、地下空间、市政管线（包含综合管廊）等都有密切的关系。这类市政工程的现状及规划设计方案会影响到轨道交通线路及车站的选择和布局，在进行轨道交通线网规划的初期就应对其进行分析，以保障编制的轨道交通线网方案具有可实施性。

（3）其他重要规划

在城市轨道交通线网规划中，轨道交通线路的走向及车站的布局还需要考虑历史文化名城保护规划、城市环境保护规划及城市生态保护红线规划等限制性规划内容对其产生的影响和制约。

在《城市轨道交通线网规划标准》中，明确提出了"城市轨道交通线网规划应满足风景名胜区、自然保护区、历史文化遗产、饮用水源保护区、湿地公园、森林公园等保护规划的要求"。同时，还要求"编制城市轨道交通线网规划应收集经济社会、城市规划、交通、环境、管线、构筑物、工程地质等基础资料，基础资料应准确、可靠，具有时效性"。

3.4　城市轨道交通线网规划与其他轨道交通规划的关系

（1）城市轨道交通建设规划

根据《国家发展改革委关于加强城市轨道交通规划建设管理的通知》（发改基础〔2015〕49号），在轨道交通建设规划编制前，要求提前编制线网规划，并以轨道交通线网规划方案为依据编制轨道交通建设规划。

（2）城市轨道交通沿线地区规划

2015年，住房城乡建设部印发了《城市轨道交通沿线地区规划设计导则》（《住房城乡建设部关于印发城市轨道沿线地区规划设计导则的通知》（建规函〔2015〕276号）），明确提出了城市轨道交通沿线地区规划设计分为城市、线路和站点三个层面，在城市轨道交通线网规划阶段，与城市总体规划同步编制时，启动"轨道交通引导城市发展专题研究"；在城市轨道交通建设规划阶段，启动《轨道交通沿线用地调整规划》；在工程可行性研究或初步设计阶段，启动《轨道站点一体化规划设计》。

（3）城市轨道交通用地控制性详细规划

在2008年左右，国家发改委相关部门提出了《城市轨道交通建设规划咨询评估大纲》，在该文件中，明确提出《城市轨道交通建设用地控制性详细规划》作为城市轨道交通建设规划的支撑文件。

目前，很多城市在上报城市轨道交通建设规划时，都针对近期建设项目编制了《城市轨道交通建设用地控制性详细规划》，以明确城市轨道交通线路及相关设施的用地控制规划方案。

第4章 城市轨道交通线网规划范围与服务范围

4.1 城市轨道交通规划范围

在《城市轨道交通线网规划编制标准》(GB/T 50546-2009)正式出台前,国内的城市轨道交通线网规划的规划范围呈现多样化趋势,规划范围的描述可以说是概念层出不穷。

例如,部分城市的报告中出现了"规划范围"或"研究范围"和"重点规划范围"或"重点研究范围"等概念,有些城市还出现了"扩展研究范围"等概念。其中,各城市的规划报告对规划范围的界定也呈现多样化,如"市域""市区""都市区""主城区""中心城区"等。

4.2 城市轨道交通线网规划编制标准要求

《城市轨道交通线网规划编制标准》明确提出"城市轨道交通线网规划的规划范围应与城市总体规划的规划范围一致,城市规划区应为规划编制的重点"。

在标准出台后,大多数城市轨道交通线网规划的规划范围开始按照标准要求,与城市总体规划保持一致,基本可以描述为,规划范围为市域,重点规划范围为规划区。

但由于受到城镇密集区的影响,部分城市的城市轨道交通线网规划的规划范围开始突破城市总体规划范围的约束。例如,西安市的城市轨道交通线网规划向咸阳延伸,其规划范围为西安和咸阳;太原市的城市轨道交通线网规划向晋中延伸;深圳市和东莞市的城市轨道交通线网规划开始相互衔接。

基于此背景,《城市轨道交通线网规划标准》(GB/T 50546-2018)中提出:城市轨道交通线网规划的范围应与城市总体规划的规划范围一致,并应符合下列规定:

①城市规划区应为规划编制的重点范围。

②在市域范围,应结合市域城镇发展和交通需求特征,论证规划建设城市轨道交通系统的必要性,需要规划建设轨道交通系统的城市,规划范围应增加市域层次。市域城镇连绵地区超出城市行政辖区范围的城市,可将城市行政辖区范围以外的城镇连绵地区作为规划编制的协调范围。

在《城市轨道交通线网规划标准》(GB/T 50546-2018)中,强调与城市总体规划的范围一致的同时,继续强调了城市轨道规划区是城市轨道交通线网规划的重点范围,与此同时,增加了对市域范围的要求,要加强市域范围内城市轨道交通建设的必要性分析,而且针对城镇密集区超出市域行政范围的,提出可将城市行政范围外的地区作为城市轨道交通线网规划的协调范围。

协调范围概念的提出，是《城市轨道交通线网规划标准》新增的重要提法之一，完全突破了现有城市规划体系中对规划范围的要求。之所以有此突破，主要是因为城市轨道交通线网规划的体系缺少区域层次，部分地区只有城际轨道交通线网规划，而很少针对城市轨道交通线网开展区域规划，这与其他交通专项规划不同，如公路网规划、铁路网规划等，都存在区域规划。因此，在《城市轨道交通线网规划标准》中，明确提出跨行政区域协调范围的概念是一个符合实际的突破。

4.3 城市规划范围概念解读

4.3.1 市域、规划区和中心城区的关系

为充分掌握城市轨道交通线网规划范围，应了解一下城市总体规划中相关的规划范围概念。

（1）市域

《城市规划基本术语标准》（GB/T 50280-1998）明确提出市域是指"城市行政管辖的全部地域"。

（2）规划区

《城乡规划法》第二条明确提出"规划区，是指城市、镇和村庄的建成区以及因城乡建设和发展需要，必须实行规划控制的区域。规划区的具体范围由有关人民政府在组织编制的城市总体规划、镇总体规划、乡规划和村规划中，根据城乡经济社会发展水平和统筹城乡发展的需要划定"。

划定城乡规划区，要坚持因地制宜、实事求是、城乡统筹和区域协调发展的原则，根据城乡发展的需要与可能，深入研究城镇化和城镇空间扩展的历史规律，科学预测城市未来空间扩展的方向和目标，充分考虑城市周边城乡统筹发展的要求，充分考虑对水源地、生态控制区、区域重大基础设施等城乡发展保障条件的保护要求，充分考虑城乡规划主管部门依法实施城乡规划的必要性与可行性，综合确定规划区范围。

规划区的城乡规划应按照科学性、系统性的原则，统筹兼顾各方要求，采取定性与定量相结合的方式，进行方案比选，听取各方意见，科学论证后最终确定。

近年来，我国的一些中心城市，如北京、天津、上海、重庆、深圳等城市，从加强城乡统筹和区域统筹的需要出发，在编制城市总体规划时，将全市域范围都纳入规划区，加强对市域范围的统一规划和整体协调，是与市域内的各级城乡规划主管部门按照统一的规划实施建设管理。

《城市规划基本术语标准》（GB/T 50280-1998）中明确提出规划区为"城市市区、近郊区以及城市行政区域内其他因城市建设和发展需要实行规划控制的区域"。

（3）中心城区

根据城市总体规划编制办法，中心城区是城市功能的集中承载区，在城市总体规划中应提出中心城区的空间增长边界。

结合对《城乡规划法》和《城市规划编制办法》的理解，市域范围即城市行政辖区范围、城市规划区范围和中心城区用地范围三者的关系应为：市域范围≥规划区范围≥中心城区范围（见图 4-1）。

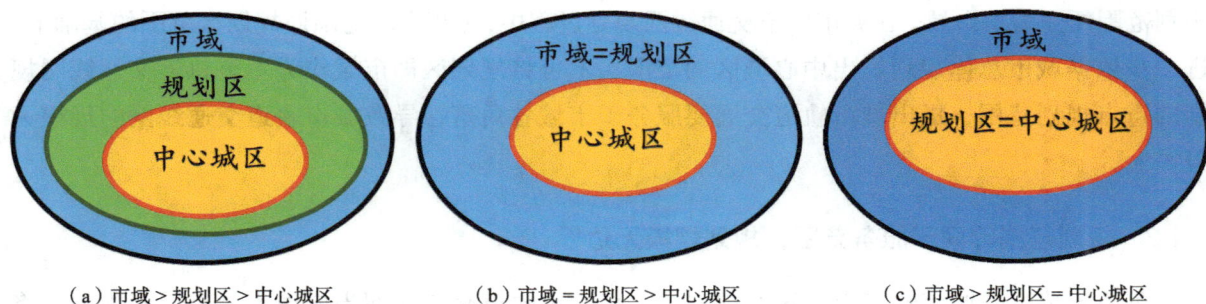

（a）市域＞规划区＞中心城区　　　　（b）市域＝规划区＞中心城区　　　　（c）市域＞规划区＝中心城区

图 4-1　市域、规划区、中心城区的相互关系

4.3.2　其他规划范围

（1）市区

市区范围，在不同的城市，不同的规划中有广义和狭义之分，广义的市区范围是指城市设区的范围的集合，狭义的市区范围是相对于郊区而言的，城市的集中建设区有时等同于中心城区和城区。

（2）都市区

都市区，是国外最常用的城市功能地域概念，它是一个大的人口核心以及与这个核心具有高度的社会经济一体化倾向的邻接社区的组合，一般以县作为基本单元。

都市区与市域的关系通常有两种情况：一种情况是在市域范围内，围绕中心城区形成的都市区，武汉、成都、南宁、合肥、南通等城市都在市域范围内提出过都市区概念；另一种情况为在城市密集地区，由一个或多个中心城区联合周边地区形成的都市区，超越了行政辖区的范围，也就是市域范围，如西安和咸阳、太原和晋中、深莞惠、广佛等。

（3）城镇密集区、城市群

城镇密集区，从字面上理解为城镇密集的地区。它反映了一个区域城镇数量上的集聚程度和质量上的发育程度，某种程度上形象地反映了城市间、城乡间强烈的相互作用、区域一体化的特征。

国内业界的部分专家认为城市群是城镇密集区的一种典型表现，城市群的发达程度高于城镇密集区。

城镇密集区和城市群的范围与行政区域范围无直接关系，主要是基于城乡和城市之间的紧密联系而直接划定范围。

4.4　城市轨道交通线网规划范围新的误解趋势

由上一节可以看出，除了《城市轨道交通线网规划编制标准》确定的市域和城市规划区范围外，在城市总体规划中，还存在其他几个范围概念。由于部分城市轨道交通线网规划的技术人员受专业知识限制，缺少对城市规划的足够理解，从而出现新的误解趋势。

4.4.1　城市轨道交通随规划范围无限扩张

由于部分城市的城市总体规划中，将市域作为规划区范围，因此这些城市的城市轨道交通规划范围便变为了市域。在城市轨道交通线网规划过程中,应在市域范围即规划区范围的基础上,进一步依据城市总体规划提出中心城区的范围,不可将规划区即市域作为城市轨道交通线网规划的重点规划范围,提出城市轨道交通要服务于市域各角落,导致城市轨道交通线网的规模无限扩大。

4.4.2 规划范围等同于服务范围,规划规模无边界

在部分城市的城市轨道交通线网规划中,将城市轨道交通线网当成城市公交线网规划,将城市轨道交通的服务作为均等服务,粗放地认为规划范围内都应当提供城市轨道交通服务,不考虑外围区域的人口、就业密度和交通出行需求,也不考虑外围组团或者乡镇与主城区的交通联系和客流需求,导致城市轨道交通线网起、终点无限延伸,形成数条过长线路,城市轨道交通线网规模无边界。

4.4.3 轨道交通服务对象无条件,规划线路无底限

在城市轨道交通线网规划中,往往受制于相关部门的意见,要求城市轨道交通伸至旅游区、风景区,为旅游景点提供服务;或者要求城市轨道交通线路延伸至某客运量较低的机场,以及某外围产业园区等。从而导致城市轨道交通的服务对象越来越多,缺少必要性分析,导致规划线路的客流量过低,无法保证未来城市轨道交通建成后的客流效益,大大增加了城市资金压力,甚至造成资金浪费。

4.5 城市轨道交通服务范围的必要性和重要性

4.5.1 明确城市轨道交通服务范围的必要性

城市轨道交通由于运量大、建设成本高,其建设的经济性要求较高,基本是达到城市轨道交通客流运能时,才能实现城市轨道交通的经济性,因此城市轨道交通不是普适性的交通出行方式,其不同于综合交通规划中的道路网络和公交网络,道路网络和公交网络是普适性的交通出行方式,是解决基本的交通出行和服务。因此,城市轨道交通并不能按照某一规划范围进行均匀分布,提供均等化服务。只有明确了城市轨道交通服务范围,才能做到有的放矢,在合理范围内做合理的城市轨道交通线网规划方案。

4.5.2 明确城市轨道交通服务范围的重要性

①明确城市轨道交通服务的范围,是降低城市轨道交通建设风险,实现城市轨道交通可持续发展的关键。

②明确城市轨道交通服务的范围,是合理控制城市增长边界,实现城市土地利用集约使用,实现 TOD 综合开发的关键。

③明确城市轨道交通服务的范围,有利于构建合理的城市轨道交通发展模式,有利于构建以城市轨道交通为核心的一体化公共交通体系。

4.6 城市轨道交通线网规划模式

4.6.1 可达性规划模式

可达性规划模式是指，城市轨道交通以提高城市轨道交通站点覆盖率，尽可能地提供交通服务的模式。可达性模式也可以分为高密度、高强度服务模式，高密度、低强度服务模式以及低密度、高强度服务模式。

高密度、高强度的服务模式，是服务于城市核心区，交通需求较大的地区，该地区要求城市轨道交通站点密度要大，同时城市轨道交通线路的服务能力也较大，也就是能够满足高强度的客流需求。

高密度、低强度的服务模式，是服务于城市核心区，或者主要功能区，提高该地区的城市轨道交通站点密度，但是由于该地区的总交通需求并不是非常大，因此客流需求并不是很大，因此只提供大运量或者中运量的城市轨道交通服务即可满足交通需求。

低密度、高强度的服务模式，相对于高密度、低强度的服务模式，主要是考虑到城市轨道交通的经济性，提供高强度的城市轨道交通服务，降低了城市轨道交通站点的密度，但围绕轨道交通站点进行 TOD 的开发，同时构建以轨道交通站点为中心的集散交通体系，为城市轨道交通集散客流，形成比较高的客流强度，从而提供高运量、大运量的城市轨道交通服务。

4.6.2 走廊式规划模式

走廊式规划模式是典型的 TOD 布局模式，主要在客流走廊内，规划城市轨道交通线路，围绕城市轨道交通站点进行 TOD 综合开发，形成典型的珠链式城市发展带（见图 4-2）。

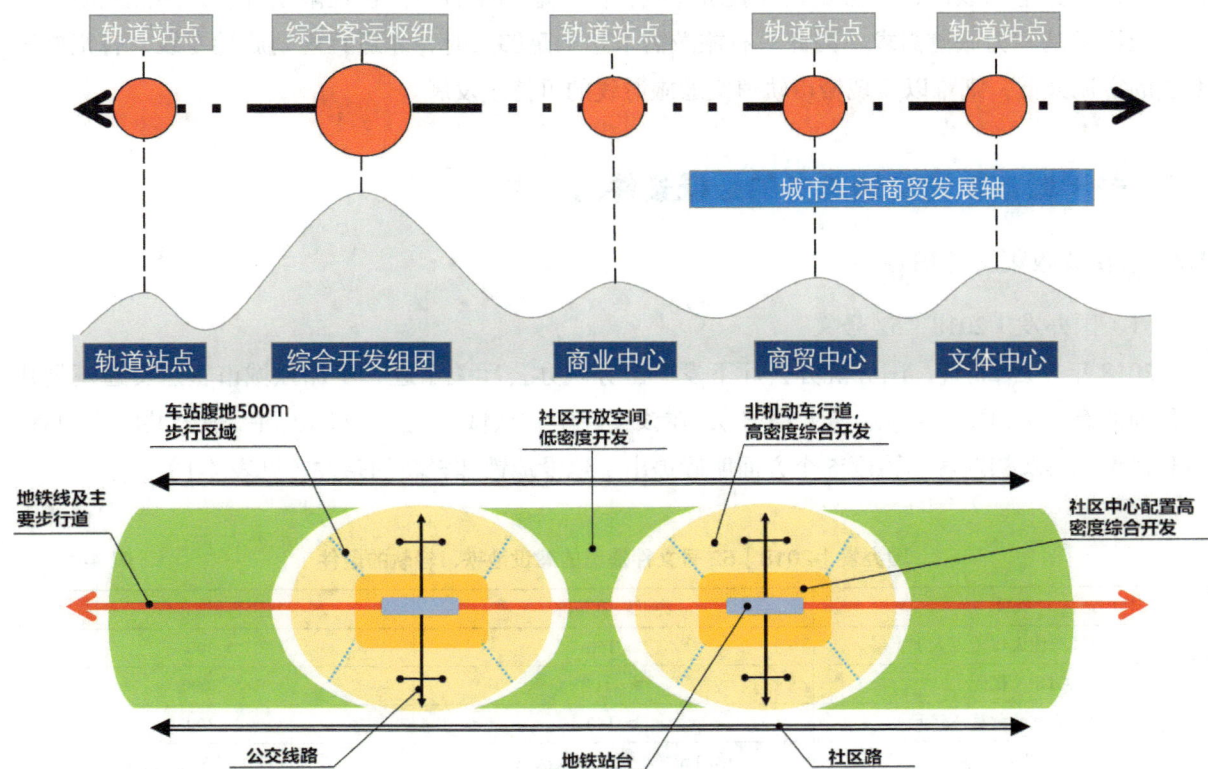

图 4-2 珠链式土地利用模式和 TOD 的社区建设模式

4.6.3 单点式规划模式

单点式规划模式，主要针对主要的一些客流集散点，设置专用线或者延长线进行服务的模式，如机场专用线、旅游专用线等。

在机场专用线方面，很多国家相关文件中提出了相关指引。

①在《国家发展改革委关于加强城市轨道交通规划建设管理的通知》（发改基础〔2015〕49号）的附件《城市轨道交通规划编制和评审要点》中，明确提出：大型铁路客站和机场要规划城市轨道交通引入，规划年发送量2500万人次以上的铁路客站应研究引入多条线路的必要性；衔接普通机场优先考虑复合功能线路，衔接规划年吞吐量超过5000万人次的机场，研究设置专用线路的必要性。

②在国家发展改革委印发的《关于打造现代综合客运枢纽提高旅客出行质量效率的实施意见》（发改基础〔2016〕952号）中，明确提出：日高峰小时旅客发送量超过5000人次的大型高铁车站以及年吞吐量超过1000万人次的机场基本实现城市轨道交通等多种交通方式连接。

③在国务院印发的《"十三五"现代综合交通运输体系发展规划》（国发〔2017〕11号）中，明确提出：基本实现利用城市轨道交通等骨干公交方式连接大、中型高铁车站以及年吞吐量超过1000万人次的机场。

在旅游景区专用线方面，国家相关文件并未做明确指导，但旅游景区线路也可以分为复合功能线路和景区专线，其中复合功能线路通常是在承载城市交通功能的基础上，兼顾了旅游景区的服务，通常旅游景区位于城市轨道交通服务范围内或者服务边缘；而当旅游景区的线路位于城市轨道交通服务范围以外，则需要设置旅游专线，但考虑到旅游景区往往限制开发，因此旅游专线的客流需求基本为旅游需求，因此只有旅游需求达到足够大时，才适宜规划旅游专线，否则旅游专线的客流太低，则难以实现城市轨道交通旅游线的可持续发展。

4.7 关于城市轨道交通服务的最低条件的要求

4.7.1 相关政策文件指导

（1）国办发〔2018〕52号文

2018年6月28日，国务院办公厅下发《国务院办公厅关于进一步加强城市轨道交通规划建设管理的意见》（国办发〔2018〕52号），在该文件中，从城区人口、GDP和一般公共财政预算、远期客流规模及初期客运强度5个方面明确提出了建设地铁和轻轨的条件（见表4-1）。

国办发〔2018〕52号文件提出的建设地铁、轻轨的条件　　　　　　表4-1

项目	建设轻轨条件	建设地铁条件
市区常住人口（万人）	≥ 150	≥ 300
GDP（亿元）	≥ 1500	≥ 3000
一般公共财政预算（亿元）	≥ 150	≥ 300
远期客流规模	单向高峰小时1万人次以上	单向高峰小时3万人次以上
初期客运强度	不低于每日每公里0.4万人次	不低于每日每公里0.7万人次

该文件相比于《国务院办公厅关于加强城市快速轨道交通建设管理的通知》（国办发［2003］81 号），其在 GDP、一般公共财政预算两个层面提高了城市建设轨道交通的门槛，结合提出的客流规模和初期客运强度可以作为城市轨道交通线路建设的底限。

（2）发改基础［2015］49 号文

2015 年 1 月发布了《国家发展改革委关于加强城市轨道交通规划建设管理的通知》（发改基础［2015］49 号），在该文中明确提出了拟建地铁初期负荷强度不低于每日每公里 0.7 万人次，拟建轻轨初期负荷强度不低于每日每公里 0.4 万人次。

在该文件中明确提出的地铁和轻轨的初期负荷强度的建设条件，而建设初期一般是指城市轨道交通线路建成通车的第三年，而地铁和轻轨线路的建设周期目前基本为 5~6 年，因此其初期负荷强度一般是规划至少 10 年左右的线路。

而城市轨道交通线网规划的规划期限一般为 10~20 年，主要与城市总体规划保持一致，目前我国各城市现行城市总体规划的远期规划目标年为 2020 年，而新一轮城市总体规划的远期规划目标年一般为 2035 年。

综合考虑城市轨道交通建设周期和城市轨道交通线网规划的期限，因此可以将国办发［2018］52 号文及发改基础［2015］49 号文提出的初期客运（负荷）强度指标，应用在远期城市轨道交通线路规划的底限。这里提出的远期，对应于城市轨道交通线网规划的远期年限，与城市总体规划的规划年限相一致，并不是城市轨道交通线路建设和设计中提到的城市轨道交通通车后的第 25 年。

4.7.2 《城市轨道交通线网规划标准》（GB/T 50546–2018）

4.7.2.1　城市轨道交通线网密度指引

在《城市轨道交通线网规划标准》（GB/T 50546-2018）编制过程中，为了合理地引导确定各城市的城市轨道交通规模，总结分析了亚洲、欧洲、北美洲等典型城市的轨道交通线网密度与人口、就业岗位的关系，最终发现城市轨道交通线网密度与人口 + 就业岗位的密度的相关性较高，并且最终参考与我国国情基本相当的亚洲典型城市的城市轨道交通线网高密度与居住人口 + 就业岗位密度的关系（见图 4-3），提出了我国大城市中心城区轨道交通线网密度规划指标的建议值（见表 4-2）。

中心城区线网密度规划指标　　　　　　　　　　　　　　　　　　表 4-2

居住人口与就业岗位密度之和（万人 /km²）	线网密度（km/km²）
0.5~1.0	0.25~0.50
1.0~1.5	0.50~0.80
1.5~2.0	0.80~1.00
2.0~2.5	1.00~1.30
≥ 2.5	≥ 1.30

注：表中指标范围不包含上限指标。

《城市轨道交通线网规划标准》提出的城市轨道交通线网密度的指导标准，虽然并不能作为城市轨道交通服务的最低标准，但是值得思考的是，我国大部分城市的中心城区建设用地上的人口 +

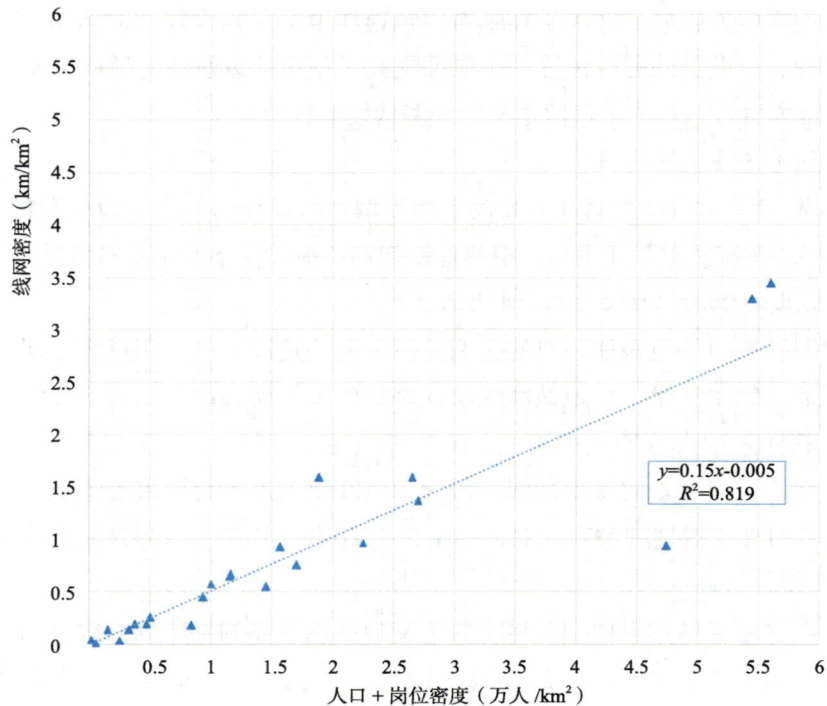

图 4-3　亚洲典型城市分区域居住人口 + 就业岗位密度与线网密度关系

就业密度通常在 1.5 万人 /km² 左右，而在标准中给出的最低档为 0.5 万 ~1.0 万人 /km²（人口 + 就业岗位密度与城市轨道交通线网密度计算中涉及的面积是指中心城区对应的空间区域面积）。该指标对我国目前存在的城市轨道交通规模无限扩大的问题存在一定的指导作用。

4.7.2.2　城市轨道交通服务水平

《城市轨道交通线网规划标准》中从城市轨道交通内部出行时间、换乘时间和车厢舒适度三个层面作为城市轨道交通服务水平的评价要素。

（1）城市轨道交通内部出行时间

城市轨道交通线网规划应保障城市轨道交通出行效率，城市主要功能区之间轨道交通系统内部出行时间应符合下列规定。

①规划人口规模 500 万及以上的城市，中心城区的市级中心与副中心之间不宜大于 30min；150 万 ~500 万的城市，中心城区的市级中心与副中心之间不宜大于 20min。

②中心城区市级中心与外围组团中心之间不宜大于 30min，当两者之间为非通勤客流特征时，其出行时间指标不宜大于 45min。

（2）城市轨道交通换乘时间

城市轨道交通线路与线路之间的换乘应方便、快捷，不同线路站台之间乘客换乘的平均步行时间不宜大于 3min，困难条件下不宜大于 5min。

（3）城市轨道交通车厢舒适度

城市轨道交通车厢舒适度由高到低可分为 A、B、C、D、E 五个等级，各等级车厢舒适度的技术特征指标宜符合表 4-3 的规定。普线平均车厢舒适度不宜低于 C 级，快线平均车厢舒适度不宜低于 B 级。当线路客流方向不均衡系数大于 2.5 时，平均车厢舒适度可适当降低。

轨道交通车厢舒适度　　　　　　　　　　　表 4-3

舒适度等级	车厢站席密度（人 /m²）
A 非常舒适	≤ 3
B 舒适	3~4（含）
C 一般	4~5（含）
D 拥挤	5~6（含）
E 非常拥挤	> 6

注：表中车厢站席密度指标范围不包含下限指标。

4.7.2.3　城市轨道快线客流指标要求

《城市轨道交通线网规划标准》，提出了快线的客流要求为：客流密度不宜小于 10 万人次·km/（km·d）。该指标为城市轨道交通快线的日客运周转量与线路长度的比值。

该指标的提出将有利于指导我国各城市的城市轨道交通快线规划。

4.7.3　《地铁设计规范》（GB 50157-2013）

在《地铁设计规范》（GB 50157-2013）中，明确提出"线路的起、终点不宜设在城区内客流大断面位置，也不宜设置在高峰客流断面小于全线高峰小时单向最大断面客流量 1/4 的位置"。

从该条可以看出，假设城市轨道交通线路的单向最大高峰断面客流为 1 万人次 /h，那么其末端及起、终点附近的高峰小时单向断面客流量应不低于 2500 人次 /h。

4.8　城市轨道交通线网规划的门槛条件建议

4.8.1　我国城镇化发展的趋势

根据《中华人民共和国国民经济和社会发展第十三个五年规划纲要》，我国常住人口城镇化率达到 56.1%。

根据相关研究报告，我国城镇化水平地区差异明显，呈现东高西低特征，"十二五"期间，我国城镇化增长率在每年 1.2% 左右，相对于"十一五"期间的城镇化增长速度，有所下降。从 2000 年至 2015 年，我国年均城镇化增长率约为 1.5%。

根据相关学者研究，我国城镇化率预期会增长至 80% 左右，意味着未来还会有大量的人口向城市集中。

与此同时，以北京、上海为代表的我国一线超大城市，由于人口规模的急剧增加，陆续出现或多或少的"城市病"，目前已经提出了疏解城市功能，控制城市人口规模增长的发展策略。

《中华人民共和国国民经济和社会发展第十三个五年规划纲要》提出：依托中西部城市群，以中小城市为重点，以县城和重点镇为支撑，引导约 1 亿人在中西部地区就近城镇化。

由此可以看出，在未来的城市发展中，我国将逐步引导城市化均衡发展，中西部成为我国城镇化引导发展的重点。

4.8.2 我国城市规模

2014年11月21日，《关于调整城市规模划分标准的通知》明确，新的城市规模划分标准以城区常住人口为统计口径，将城市划分为五类七档：城区常住人口50万以下的城市为小城市，其中20万以上、50万以下的城市为Ⅰ型小城市，20万以下的城市为Ⅱ型小城市；城区常住人口50万以上、100万以下的城市为中等城市；城区常住人口100万以上、500万以下的城市为大城市，其中300万以上、500万以下的城市为Ⅰ型大城市，100万以上、300万以下的城市为Ⅱ型大城市；城区常住人口500万以上、1000万以下的城市为特大城市；城区常住人口1000万以上的城市为超大城市（以上包括本数，以下不包括本数）（见表4-4）。

我国城市规模划分标准　　　　　　　　　　　　　　　　　　表4-4

城市规模大类	城区常住人口规模标准A（万人）	细分级别	城区常住人口规模标准A（万人）
小城市	$A<50$	Ⅰ型小城市	$20 \leq A<50$
		Ⅱ型小城市	<20
中等城市	$50 \leq A<100$	—	—
大城市	$100 \leq A<500$	Ⅰ型大城市	$300 \leq A<500$
		Ⅱ型大城市	$100 \leq A<300$
特大城市	$500 \leq A<1000$	—	—
超大城市	$A \geq 1000$	—	—

《关于调整城市规模划分标准的通知》也明确了城区概念，城区是指在市辖区和不设区的市，区、市政府驻地的实际建设连接到的居民委员会所辖区域和其他区域。常住人口包括：居住在本乡镇街道，且户口在本乡镇街道或户口待定的人；居住在本乡镇街道，且离开户口登记地所在的乡镇街道半年以上的人；户口在本乡镇街道，且外出不满半年或在境外工作学习的人。

根据我国2016年城市建设统计年鉴数据，市区人口大于100万的城市达到224座（其中市区人口达到150万以上的城市有108座），城区人口规模达到100万以上的城市达到76座（其中城区人口达到150万以上的43座城市）。此外，城区人口规模在50万~100万的城市达到103座。

4.8.3 人口规模的一般条件

在国办发〔2003〕81号文中，明确提出了建设轻轨和地铁的城区人口规模的条件，为应达到150万及以上，《城市轨道交通线网规划标准》考虑到城市轨道交通为城市重大基础设施，应加强超前规划，提前做好规划控制，从而有利于降低城市轨道交通的建设成本。

《城市轨道交通线网规划标准》提出"对于规划人口规模不满150万、确有必要发展建设轨道交通的城市，可在城市总体规划中预先安排轨道交通线路，规划预留相关设施建设用地"。

《城市轨道交通线网规划标准》发布不久后，国办发〔2018〕52号文正式发布，将建设城市轨道交通的人口规模条件修改为市区人口规模达到150万及以上。从某种意义上看，人口规模的条件有所降低。

《城市轨道交通线网规划标准》其实并未提出开展城市轨道交通线网规划的门槛，提倡有必要的便可以规划预留，因此并不会受到城市轨道交通建设门槛变化的影响。

4.8.4 地形特殊的城市

由于我国地域辽阔，城市形态各异，并且城市交通特征差别较大，因此对于特殊的山地城市、带状城市、峡谷城市、分散组团城市等，应重点结合交通需求，进行城市轨道交通规划的必要性分析。

例如，受到地形和河流影响，形成的多组团城市，如兰州、西宁（见图4-4）、宝鸡（见图4-5）、绵阳、乐山、泸州等城市，除了以上几个市区人口规模达到百万级别的大城市外，还有个别中等城市，如攀枝花市作为山地城市，不仅受到河流的分割，而且还是典型的带状组团式城市，其道路通道资源有限（见图4-6），因此需要采用运量较高的、集约化的城市轨道交通。

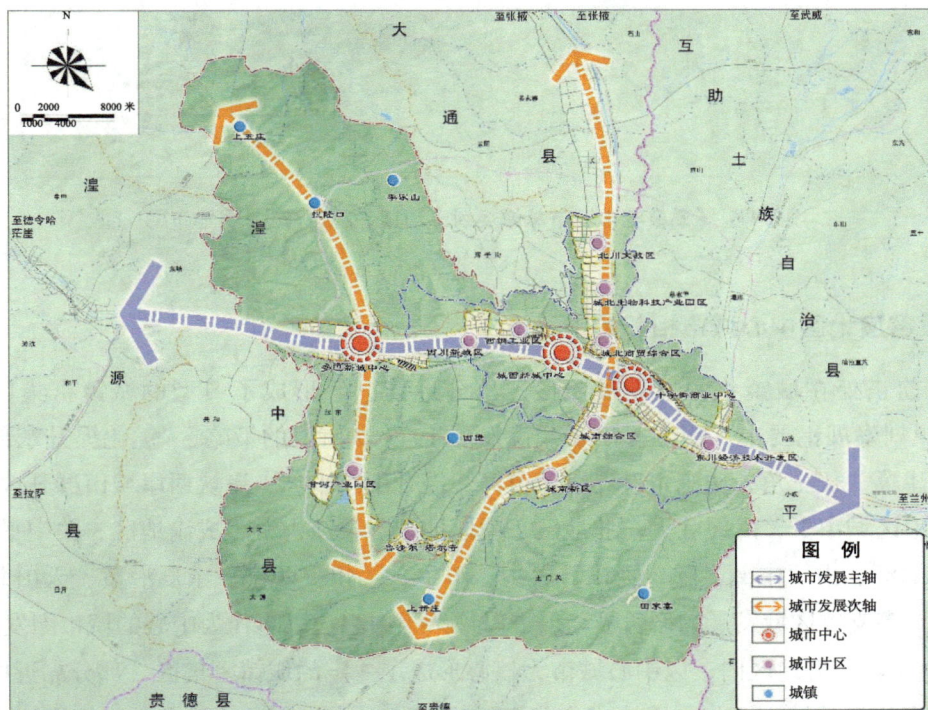

图4-4 《西宁市城市总体规划（2001—2020年）》中的主城区布局结构

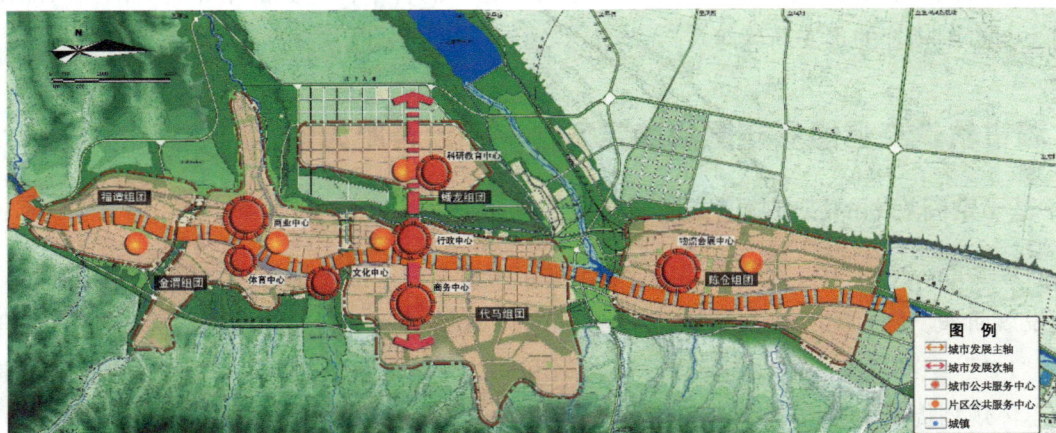

图4-5 《宝鸡市城市总体规划（2010—2020年）》中的中心城区用地结构

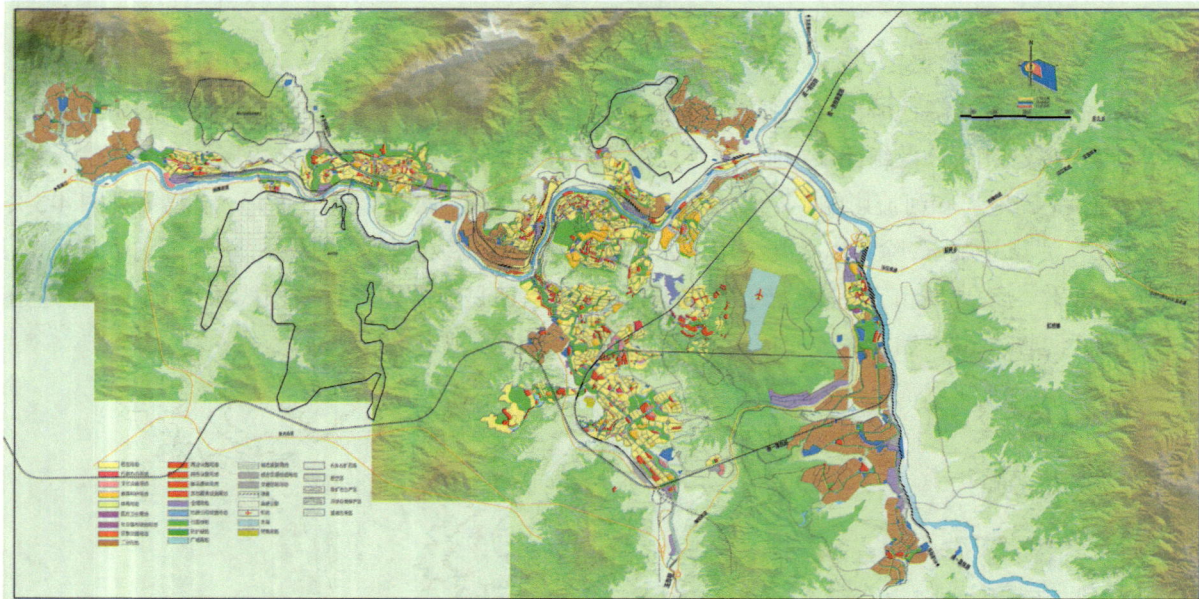

图 4-6 《攀枝花市城市总体规划（2011—2030 年）》用地布局

4.8.5 城镇密度地区中心城市相邻的地级市

我国目前正处在城镇化快速发展阶段，部分地区已经形成了典型的城镇密集区，在我国"十三五"规划发展纲要中，明确提出了建设发展 19 个城市群的策略，"优化提升东部地区城市群，建设京津冀、长三角、珠三角世界级城市群，提升山东半岛、海峡西岸城市群开放竞争水平。培育中西部地区城市群，发展壮大东北地区、中原地区、长江中游、成渝地区、关中平原城市群，规划引导北部湾、山西中部、呼包鄂榆、黔中、滇中、兰州—西宁、宁夏沿黄、天山北坡城市群发展，形成更多支撑区域发展的增长极。促进以拉萨为中心、以喀什为中心的城市圈发展"。

在这 19 个城市群地区内，以中心城市为核心形成了一定的城镇密集区，部分靠近中心城市或者与中心城市相邻的城市，与中心城市之间已经形成了一体化发展的需求，迫切需要实现交通一体化规划，因此这些与中心城市相邻的城市也有必要开展城市轨道交通线网规划。

例如，与西安相邻的咸阳和西咸新区，与太原相邻的晋中，与成都相邻的简阳，与郑州相邻的开封，与贵阳相邻的贵安新区等。

4.9 城市轨道交通服务范围的确定方法——以合肥为例

4.9.1 基于空间规划的城市轨道交通服务范围初步分析

编者在 2006~2008 年负责编制了《合肥市城市轨道交通线网规划》，当时，合肥正处在城市建设快速发展阶段，《合肥市城市总体规划（2006—2020 年）》正处在上报审批过程中，并且合肥市提出了"141"空间发展战略，包括了中心城区和周边管辖的各县区，而"141"的规划范围超越了城市总体规划提出的城市规划区范围。

在此背景下，如何合理界定城市轨道交通的规划范围和服务范围，便成为合肥市城市轨道交通线网规划的重中之重。

4.9.2　交通需求分析

在交通需求分析中，首先会分析各小区的人口和就业密度，然后分析交通生成、吸引密度，进而综合判断出规划范围内不同区域的人口就业密度和交通发生、吸引密度，从而可以判断出不同地区对城市轨道交通的需求。

当然，如果单一地看人口或者就业岗位的密度，很难真实反映交通需求的强弱，因此在《合肥市城市轨道交通线网规划》中，在分析人口和就业密度的基础上，加强了交通生成密度分析，从各小区的交通生成密度的分析，可以明显看出城市不同区域交通需求的分布特点（见图 4-7~图 4-9）。

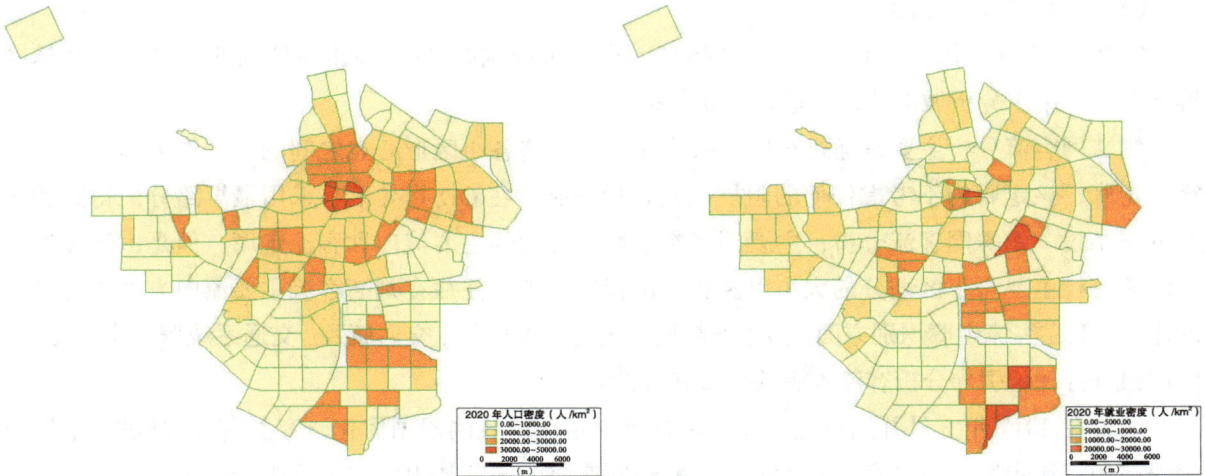

图 4-7　合肥市中心城区 2020 年各小区人口密度分布　　图 4-8　合肥市中心城区 2020 年各小区就业岗位密度分布

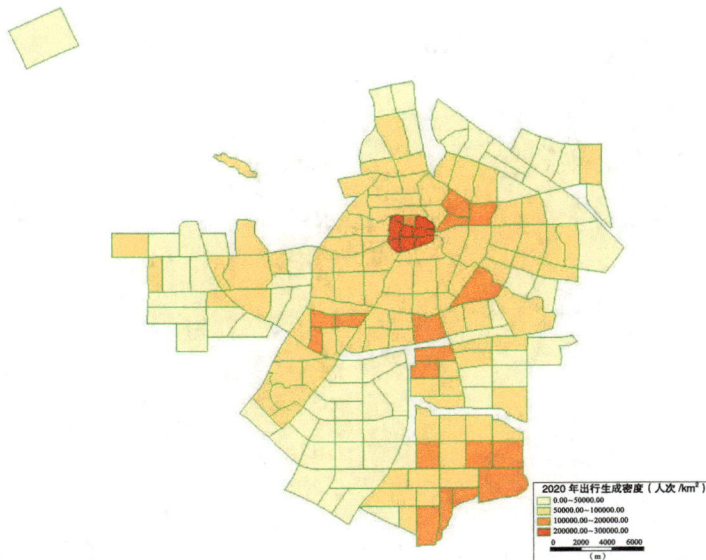

图 4-9　合肥市中心城区 2020 年各小区交通出行生成密度分布

最终合肥市人口和就业密集地区为主城区二环以内以及滨湖新区 CBD 区域，这两个地区的人口密度达到 1 万人 / km² 以上，就业岗位密度达到了 1 万人 / km² 左右，人口及就业岗位之和达到了 2 万人 / km² 以上，最大的内环路地区达到了 4 万人 / km² 以上，其交通生成密度达到了 10 万人次 / km² 以上。

合肥市城市轨道交通线网规划最终确定的远期 2020 年的城市轨道交通的服务范围为中心城区，而不是"141"组团范围，远期 2020 年的重点服务范围为主城区二环内和滨湖新区 CBD 区域。

4.9.3 客运走廊识别

客运走廊的识别方法通常有两种，一种为蜘蛛网客流分析，另一种为公交客流路网分配分析。前者，通常能够反映主要客流走廊的走向，后者通常反映客流分布的特点，由于后者依托了城市道路网络，从而对城市轨道交通线路的走廊选择有较好的指导意义。

（1）蜘蛛网客流分析

2000 年左右，上海市在邀请法国 SYSTRA 公司编制城市轨道交通线网规划时，引入了蜘蛛网客流分析，用于分析城市轨道交通走廊的分布。

蜘蛛网客流分析主要是通过小区形心直接相连，将各小区形心点之间的连杆作为虚拟的公交客流走廊，该走廊内不考虑任何的阻抗以及容量限制，在 OD 指导下，采用最短路分配得到的客流分布结果。蜘蛛网客流分析，主要用来判断城市客运的主要流向和客流走廊。但是由于蜘蛛网客流的分析主要与小区划分的大小以及相对位置等相关，往往在判断客流主要流向方面具有较强的作用，但在客流走廊识别方面，由于蜘蛛网客流与道路网络、交通瓶颈、交通系统服务水平无关，因此很难合理地引导分析客流走廊的分布和特性。

编者在 2017 年 6 月开始负责编制《南通市轨道交通线网规划优化研究》，在编制过程中发现南通市的客流走廊与路网存在较大差异，蜘蛛网客流明确反映出客流走廊为沿江走廊和东西向的走廊，但是南通的城市道路网为典型的组团棋盘状路网，并未形成沿江道路走廊，因此蜘蛛网客流走廊很难真实地反映客流走廊的分布特点（见图 4-10、图 4-11）。

图 4-10　南通市蜘蛛网客流分析

图 4-11 南通市城市道路网分布

考虑到蜘蛛网客流分析的局限性，在笔者负责的项目中，很少采用此方法，而是主要采用了公交客流路网分配的方法，作为客流走廊分析的主要依据。

（2）公交客流路网分配

在《合肥市城市轨道交通线网规划》中，采用了公交客流路网分配，将每一条道路直接作为公交客流走廊，在适当考虑道路等级影响的情况下，不考虑道路容量的基础上，将道路作为公交线路，按照最短路进行分配，从而得到公交客流在路网上的分配。

利用交通分析模型将公交客流在基础路网上进行分配，此种情形下的流量分配结果基本反映原生客流的需求特征，从远期公交客流分布图中可以看出（见图 4-12），公交客流主要集中在主城内部、主城与滨湖之间以及主城与其他组团的联系通道上。全日单向最大断面流量大于 10 万人次的一级公交走廊有：①联系西部组团、主城和东部组团的长江路；②联系主城、经开区和西南组团的金寨路；③联系主城与滨湖新区的徽州大道和马鞍山大道、包河大道；④联系主城与北部组团的阜阳路。

在合肥市城市轨道交通线网规划中，将 10 万人次 / 日作为骨干走廊的断面客流门槛，分析了一级走廊，而一级走廊恰恰为城市轨道交通骨干线路覆盖的走廊。这些一级走廊的高峰小时断面客流量恰恰是符合国办发 ［2003］81 号文提出的 1 万人次 /h 的要求。

在最终确定的推荐方案中，这些走廊均有城市轨道交通线路覆盖，但是由于部分走廊进行了高架路改造，导致城市轨道交通建设工程难度加大，建设成本较高，因此城市轨道交通线路并未选择沿高架道路敷设，而选择了基本与客流走廊平行的相关道路（见图 4-13）。

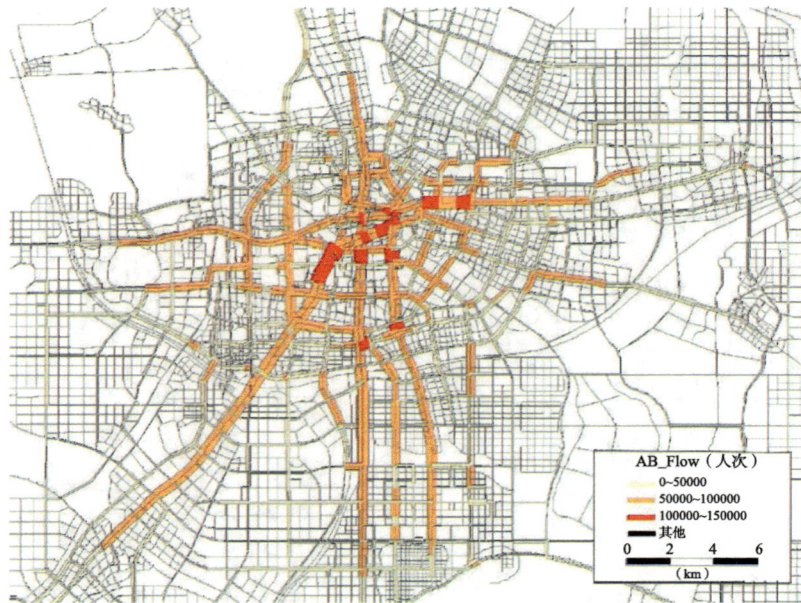

图 4-12　合肥市中心城区远期全天公交客流路网分布

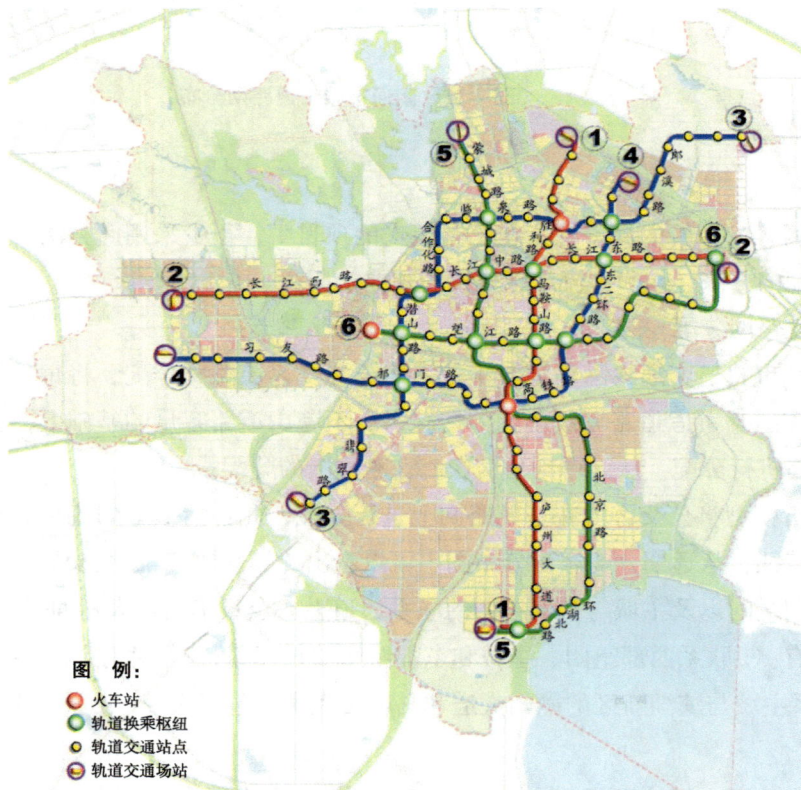

图 4-13　合肥市城市轨道交通线网规划方案

4.9.4　城市轨道交通发展模式与服务范围确定

在《合肥市城市轨道交通线网规划》中，不仅首次提出了城市轨道交通服务范围的概念，同时提出了城市轨道交通的发展模式，可以划分为可达性发展模式和走廊式发展模式两种。

①可达性发展模式是指，在城市交通需求密集地区，依靠提高城市轨道交通线网密度、站点覆盖率，从而保障城市轨道交通的服务水平。

②走廊式发展模式是指，在交通需求一般的地区，形成以中心放射状的、有一定需求的客流走廊，该地区通常采用城市轨道交通走廊式发展模式，即城市轨道交通线路与客流走廊方向一致，但通过其他交通方式加大城市轨道交通对外围地区的服务（见图 4-14）。

在分析合肥市小区人口、就业和交通生成密度的基础上，结合城市轨道交通走廊分布情况，初步将合肥市中心城区划分为三个地区、三种服务模式（见图 4-15）。

①主城区：城市人口、就业以及交通生成需求较大的二环内地区，该地区采用"可达性"的规划思路，即以加大轨道网络的覆盖面、提高轨道网络的服务水平为主。

②滨湖新区：兼顾"可达性"和"走廊"两种发展模式，即在加大轨道网覆盖面的同时，培育轨道交通走廊。

③外围组团：采用"走廊"服务模式，轨道交通主要提供远距离出行服务功能，轨道交通规划应覆盖主城区与外围组团间的主要交通联系走廊，并通过轨道交通与土地利用的互动关系提高走廊的轨道客流。

4.9.5　合肥轨道交通服务范围选取标准

可达性规划模式下，远期城市轨道交通的重点服务范围的选取标准为：人口和就业岗位的密度均在 2 万人 /km² 以上，交通生成密度达到 10 万人次 / km² 以上。

在走廊规划模式下，选取的公交客流走廊的高峰断面的日客运量在 10 万人次 /h 以上，而选取的终点客流在 5 万人次 /h 左右。

在人口和就业以及交通生成密度的分析基础上，最终确定合肥市远期城市轨道交通的服务范围为中心城区范围，重点服务范围为主城区二环内和滨湖新区 CBD 区域以及主城与外围组团的主要客流走廊。

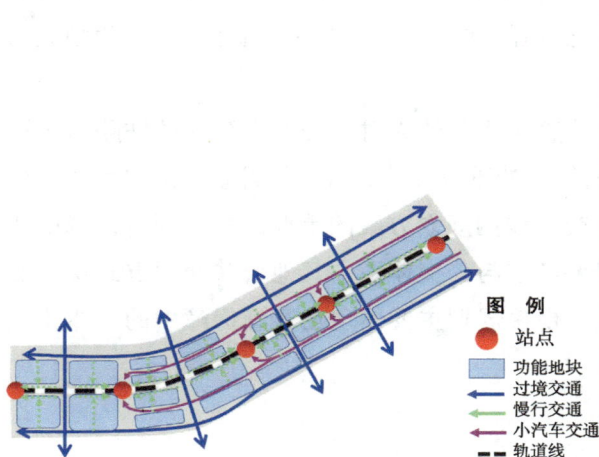

图 4-14　城市轨道交通走廊服务模式

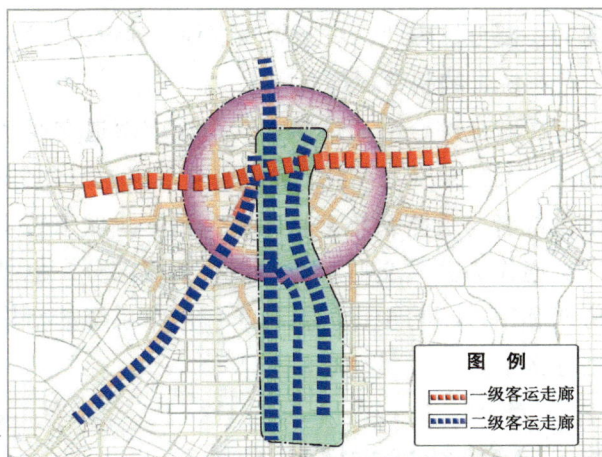

图 4-15　合肥市城市轨道交通服务范围及发展模式分析

第5章 城市轨道交通的功能定位和层次划分

在第2章中，较为系统地介绍了城市轨道交通的分类，明确提出了不同规模的城市轨道交通线网规划，其规划的对象可能有所不同，并且城市轨道交通线网规划也可针对某一层次或者某种城市轨道交通系统，开展专项的线网规划。

本章主要结合城市轨道交通与其他交通方式的不同点，提出我国各城市在编制城市轨道交通线网规划时，城市轨道交通的功能定位和层次划分的建议。

5.1 城市综合交通体系构成

本节重点论述了城市轨道交通系统与公共交通系统中的各种主要组成的关系、城市轨道交通与对外交通系统中铁路的关系以及城市轨道交通系统与城市道路系统的关系。

按照《城市综合交通体系规划编制导则》和《城市综合交通体系规划标准》，城市综合交通体系主要内容应包括对外交通系统、城市道路系统、公共交通系统、步行和自行车系统、客运枢纽、城市停车系统、货运系统、交通管理与交通信息化以及近期规划和规划实施保障措施等。其中，对外交通系统、城市道路系统、公共交通系统、步行和自行车系统、客运枢纽、城市停车系统和货运系统等，是城市综合交通体系构成的主要内容。

城市轨道交通是公共交通系统的重要组成部分，同时当城市轨道交通不再仅仅服务于中心城区范围时，也将承担对外的部分交通功能，因而城市轨道交通在部分城市中也是城市对外交通系统的一部分，因此，对于需要规划、建设城市轨道交通的城市，城市轨道交通系统应作为独立的一个系统，编制专项规划。

在城市综合交通体系中，与城市轨道交通系统直接相关的为对外交通系统中的铁路与客运枢纽以及公共交通系统；城市道路系统是综合交通体系的重要载体，各系统都基于道路系统进行布设或者与道路系统息息相关，是影响城市轨道交通线网规划方案的重要因素。同时，城市轨道交通作为公共交通系统的重要组成部分，也需要考虑与公交体系中其他公共交通方式功能的协调和衔接，与步行和自行车、停车系统的衔接，衔接规划主要体现在实施保障中的一体化规划方案中。

5.2 城市轨道交通与铁路

5.2.1 铁路系统的划分

随着我国高速铁路技术的快速发展，目前国内客运铁路的名词也越来越多，按照线路的所属可以分为国家干线铁路、地方铁路和市郊铁路等，按照速度可以分为高速铁路、快速铁路、普速铁路等，按照铁路的所属和服务范围可以分为国家干线线路、区域城际铁路、地方铁路、市域（郊）铁路和专用铁路等。

高速铁路是指动车组的最高运营速度在 200km/h 以上的铁路，通常为国家干线铁路，主要服务于我国各大城市之间、各地区间的快速客运交通联系；快速铁路通常是指列车的最高运营速度为 120~200km/h 的铁路，快速铁路通常作为国家干线铁路、区域城际铁路和市域（郊）铁路；普速铁路是指列车的最高运营速度在 120km/h 以下的铁路线路，普速铁路通常包括传统的既有国家干线铁路以及地方地铁等，在区域城际铁路和市域（郊）铁路中，很少采用普速铁路。

目前，在国内超大城市和特大城市以及城镇密集地区城市的城市轨道交通线网规划中，都会或多或少地与铁路发生关系，由以前简单的铁路车站枢纽衔接，已经逐步转变为走廊协调、功能互补的相关关系。尤其是与城市轨道交通中市域快速轨道交通系统相近的市域（郊）铁路以及区域城际铁路，在很多超大城市的轨道交通线网规划中，需构建满足城市交通发展需求的一体化轨道交通网络，城市轨道交通线网规划已经不再是以前由单独的城市轨道交通线路构成。

与城市轨道交通功能相近的主要为区域城际铁路和市郊铁路。本节主要分析城市轨道交通与区域城际铁路和市域（郊）铁路的功能区别。

5.2.2　区域城际铁路

随着区域城镇连绵化和机动化的快速发展，城际轨道交通作为促进城市群可持续发展、加强城市群各城镇交通联系的主要快捷交通方式日益受到关注。

编者于 2010 年，结合当时国内批准较早的京津冀城市群、长三角城市群、珠三角城市群、中原城市群和长株潭城市群的城际轨道交通线网规划，对城际轨道交通进行了分析，在《城市交通》杂志上，公开发表了题为"区域城际轨道交通功能定位与建设标准"的文章。

从网络化、服务对象及功能角度分析，可以将我国轨道交通网络划分为国家干线轨道交通网络、区域轨道交通网络和城市轨道交通网络三个层次。既有各城市群规划中的城际轨道交通属于区域轨道交通网络层次，广义的城际轨道交通概念泛指联系各城市之间的轨道交通或者铁路，为了将二者区分开来，可以将各城市群既有规划的城际轨道交通定义为"区域城际轨道交通"，即指在一定区域内（省域范围、城市群、都市圈范围内）的轨道交通，主要功能是承担该区域内各城市、城镇和主要节点之间的客流。

5.2.2.1　区域城际轨道交通与国家干线铁路的区别

我国的干线铁路主要承担各地区之间的中长距离交通需求，区域城际轨道交通主要承担一定区域范围内的中短距离出行需求。干线铁路与区域城际轨道交通的主要区别主要有以下几点：

①总体功能不同。国家干线铁路除了客运专线只承担客运功能外，其他铁路既要承担客运功能，还要承担货运功能，而区域城际轨道交通仅承担客运功能。

②服务范围不同。国家干线铁路的客运服务范围要大于区域城际轨道交通的服务范围，区域城际轨道交通的服务范围通常为城市群或者都市圈范围内，有时也适用于省域范围。

③服务对象不同。国家干线铁路主要服务于各省市之间办公、探亲等中长途客运需求，区域城际轨道交通主要服务于省内或者城市群 / 都市圈内的办公、商务、通勤、探亲、旅游等中短途

客运需求。

④客流需求特征不同。随着经济发展，城市群内各城镇之间的关系日益紧密，导致区域城际轨道交通的日客流强度较大，随着办公、商务和通勤客流的增加，日客流量将形成明显的高峰；国家干线铁路客流受节假日影响较大，在节假日前后形成明显高峰，其他时间客流相对平稳。

⑤列车运营特征不同。客流需求特征不同造成运营特征也不同。为了满足高强度客流，区域城际轨道交通通常开行小编组、高密度的列车，且可根据日客流的变化调整发车间隔；国家干线铁路主要从综合运输角度出发，制定相对固定的列车发车密度，编组较大。

5.2.2.2　区域城际轨道交通与城市轨道交通的区别

相对于城市轨道交通而言，区域城际快速轨道交通客流需求较小、乘客出行距离较长、服务范围较广。

①区域城际轨道交通客流需求较小决定了其运营特征不同于城市轨道交通，其发车频率较低。

②区域城际轨道交通乘客出行距离较长决定了其运行速度应比城市轨道交通更快。

③区域城际轨道交通服务范围较大决定了其站间距较大。

④区域城际快速轨道交通在运营方面，宜考虑开行直达列车和沿途停两种运营方式，以满足不同客流的需要。

5.2.2.3　区域城际轨道交通的功能定位与特征

通过对比分析区域城际轨道交通与城市轨道交通的区别，可以看出区域城际轨道交通具有以下特征：

①服务范围。通常为省域、城市群区域或者都市圈区域，该区域是一个城镇连绵发展、城镇相对密集的区域。

②客流组成及特征。主要服务于省内或城市群/都市圈内的办公、商务、通勤、探亲、旅游等中短距离出行需求；乘客出行距离较长，客流强度随着所在区域城镇连绵程度的加强而提高，客流高峰也逐步明显。

③线路建设标准。区域城际轨道交通没有固定的建设标准，主要根据线路的客流特征和服务水平，从铁路和城市轨道交通的建设标准中进行合理选择。

④运营组织。区域城际轨道交通根据线路的客流特征合理确定发车间隔和运营速度，但是其运营组织较灵活，可以采用铁路大站直达或站站停的模式，也可采用城市轨道交通的单交路或多交路的运营组织方式，此外也可以增加支线。

5.2.2.4　区域城际轨道交通的功能层次划分

（1）区域城际轨道交通分类

既有区域城际轨道交通线网规划功能层次划分受到城市群连绵程度的发展影响较大，缺乏一定的指导性和统一性。区域城际轨道交通的建设标准指标较多，但核心指标主要为速度目标值与站间距。

按照区域城际轨道交通速度目标值的不同，可将区域城际轨道交通划分为高速城际线、快速城际线和普速城际线三类：高速城际线是指线路速度目标值为200km/h以上的区域城际轨道交通线路，快速城际线是指线路速度目标值为120~200km/h的区域城际轨道交通线路，普速城际线是指线路速度目标值为80~120km/h的区域城际轨道交通线路。

（2）合理站间距

在既有规划的城际轨道交通线网中，城际轨道交通线路有采用动车组车辆的，也有采用城市轨道交通车辆的。借鉴相关资料，对不同速度目标值的车辆对应的合理站间距进行分析。

1）动车组车辆

朴爱华在发表的《关于城际轨道交通发展相关问题的探讨》中，分析了动车组车辆最高运行速度对应的一个加减速周期走行的距离，即由静止加速到最高速度后，开始减速到停止，所对应的运行距离，如表 5-1 所示。当区域城际轨道交通采用动车组车辆时，动车组的最高运行速度可看作为区域城际轨道交通线路的速度目标值。由表 5-1 可看出，不同速度目标值对应的走行距离即为最小站间距，也就是说，合理站间距至少应大于其速度目标值对应的一个加减速周期的走行距离。

动车组车辆一个加减速周期走行的距离　　　　　　　　　　　　　　　　表 5-1

项目	最高运行速度（km/h）							
	120	140	160	180	200	220	250	500
平均加速度（m/s²）	0.5	0.4	0.3	0.245	0.215	0.195	0.174	0.155
平均减速度（m/s²）	0.9	0.9	0.9	0.9	0.9	0.9	0.9	0.9
一个加减速周期运行距离（km）	1.7	2.7	4.4	6.5	8.9	11.7	16.5	26.2

2）城市轨道交通车辆

根据《城市轨道交通工程项目建设标准》（建标 104-2008），不同最高速度的轨道车辆在不同站间距下对应的旅行速度不同。对于全封闭的城市轨道交通线路而言，最低旅行速度应不小于 35km/h，因此，不同速度目标值的城市轨道车辆对应的最小站间距应为最低旅行速度对应的站间距（见表 5-2）。

城市轨道交通车辆不同最高速度、站间距对应的旅行速度　　　　　　　　表 5-2

车辆最高速度（km/h）	平均站间距（km）				
	1.0	1.5	2	2.5	3.0
70（动力 50%~75%）	30~33	35	—	—	—
80（动力 50%~75%）	—	38	40	45	50
100（动力 50%~75%）	—	40	45	50	55
120（动力 75%~100%）	—	—	50	55	60

3）区域城际轨道交通线路

根据以上分析得到不同层次区域城际轨道交通线路对应的最小站间距。快速城际线可采用动车组车辆和市域快速轨道交通系统车辆两种建设标准。普速城际线理论上也可以采用一般的城市轨道交通车辆和普速的既有铁路列车两种建设标准，考虑到我国利用既有普速铁路开行区域城际轨道交通的线路较少，而国内的广佛线以及西咸新区的部分线路都采用了普速的城市轨道交通车辆系统制式，因此本书主要针对采用普速城市轨道交通车辆的区域城际轨道交通线路，提出了最小站间距（见表 5-3）。

区域城际轨道交通功能层次与最小站间距　　　　　表 5-3

功能层次	采用车辆	最高速度（km/h）	最小站间距（km）
高速城际线	动车组	>200	>10
快速城际线	动车组	160~200	>5
	动车组	120~160	2~5
	市域快速轨道交通系统车辆	120~160	2~5
普速城际线	普速城市轨道交通车辆	80~120	1.5~3

（3）功能分析

1）高速城际线

为了充分发挥高速城际线的高速优点，其主要功能应为联系城市群以及城镇连绵地区内的主要城市和节点，提供主要城市和节点之间点到点的快速服务。考虑到高速城际线的最佳运营效益、旅客的舒适性以及城市群的空间尺度规模，该线路的适宜长度应在 100km 以上。

2）快速城际线

①采用动车组车辆。从站间距角度分析，采用动车组车辆的快速城际线适用于城镇较为密集、客流需求较大的城镇密集走廊内，主要功能为快速联系城镇密集走廊内的各城镇。考虑到采用动车组车辆的快速城际线的最佳运营效益以及与高速、普速城际线的区别，建议此类快速城际线合理长度在 50km 以上，不宜超过 200km。

②采用市域快速轨道交通系统车辆。市域快速轨道交通系统采用的车辆不同于动车组，其车辆座位率较低，载客量大，发车频率较高，因此，应当覆盖客流需求非常大的城镇密集走廊，主要功能为快速联系城镇密集走廊内的各客流吸引点。考虑采用市域快速轨道交通系统车辆的快速城际线的最佳运营效益以及与采用动车组车辆的高速和快速城际线的区别，建议此类快速城际线合理长度在 35km 以上，不宜超过 100km。

3）普速城际线

普速城际线建设标准与常规的城市轨道交通系统完全相同，并且与城市内部的城市轨道交通承担的功能也相同。普速城际线之所以存在主要是由于城市轨道交通建设规划行政审批具有一定的局限性，跨越行政区进行城市轨道交通的上报，需要走城际轨道交通的上报审批程序，因此对于城镇高度连绵的地区，如广州、佛山之间，虽然规划了城际轨道交通线路，但是由于该地区的客流特征已经接近城市内部客流特征，因此在系统选型上，从服务水平角度出发，选择了城市轨道交通系统制式。

因此，采用城市轨道交通建设标准的普速城际线的客运能力远远大于高速、快速城际线，高峰小时单向最大断面客流量可达到 1 万人次以上，主要适用于城镇高度密集、城市间交通一体化程度较高的走廊内。借鉴城市轨道交通相关标准，该线路的适宜长度不大于 45km。

5.2.3　市域（郊）铁路

5.2.3.1　市域（郊）铁路系统的提出

在 2017 年 6 月 20 日，由国家发展改革委、住房城乡建设部、交通运输部、国家铁路局、中国铁路总公司发布的《关于促进市域（郊）铁路发展的指导意见》（发改基础〔2017〕1173 号）中，明确提出"市域（郊）铁路是城市中心城区连接周边城镇组团及其城镇组团之间的通勤化、快速度、大运量的轨道交通系统，提供城市公共交通服务，是城市综合交通体系的重要组成部分"。

5.2.3.2　城市轨道交通中的快速轨道交通系统

在城市轨道交通各类型中，与市域（郊）铁路存在一定相似性的是市域快速轨道交通系统，在《城市公共交通分类标准》（CJJ/T 114-2007）中，明确提出该系统可采用地铁车辆或专用车辆，而且明确了车辆的最高运行速度为 120~160km/h。

5.2.3.3　市域快速轨道交通系统与市域（郊）铁路

市域快速轨道交通系统是在《城市公共交通分类标准》中（CJJ/T 114-2007）明确提出的，当时国内对城市轨道交通快线的认识也是刚刚起步。而市郊铁路在早期的北京市城市轨道交通线网规划中就有所描述，并且在 2000 年左右，开发区建设背景下，很多城市都还保留有市郊铁路，如天津经济技术开发区开发时，天津市区—塘沽—TEDA 的市郊铁路。而在《关于促进市域（郊）铁路发展的指导意见》（发改基础［2017］1173 号）中，还明确提出了市域铁路的概念，并将市郊铁路和市域铁路统筹为一个概念，并附带了一些典型项目列表（见表 5-4）。

市域（郊）铁路第一批试点项目　　　　　　　　　　　　　　　　表 5–4

序号	项目名称	所在省级行政单位	项目类型	备注
1	副中心线（北京西站—通州站）	北京	利用既有铁路开行列车	正在推进相关工作
2	S5 线（黄土店站—怀柔北站）	北京		正在推进相关工作
3	金山铁路（莘庄站—金山卫站）	上海		试运营
4	天津—蓟州	天津		试运营
5	北京—蓟州	北京、天津		正在推进相关工作
6	天津—于家堡	天津		试运营
7	诸暨—杭州东	浙江		试运营
8	宁波—余姚	浙江		试运营
9	福田—深圳坪山	广东		试运营
10	温州 S1 线一期工程（温州南—半岛）	浙江	利用既有通道线新建铁路	国家批复规划，已开工
11	虹桥机场—浦东机场	上海	新建铁路	拟纳入城市轨道交通建设规划报批后实施

（资料来源：《关于促进市域（郊）铁路发展的指导意见》（发改基础［2017］1173 号））

从广义上看，市域快速轨道交通系统与市域（郊）铁路的本质应当没有区别，同样都是"城市中心城区连接周边城镇组团及其城镇组团之间的通勤化、快速度、大运量的轨道交通系统"，如德国的 S-Bahn 线、法国的 RER 线、日本的 J-R 线等，这些线路在国内案例和经验学习时，基本上可称为市域轨道交通的典型案例。

从狭义上看，主要区别在于铁路和城市轨道交通对应的系统制式、运营管理机构、方式有所不同，市域（郊）铁路从概念上属于铁路系统，采用的车辆、运营管理方式等都为铁路模式；而市域快速轨道交通系统采用的是城市轨道交通车辆，城市轨道交通的运营管理模式。其中，对于车辆制式的问题，其实随着规划对线路功能的重视，车辆制式的区别也将随之逐渐降低，主要的区别还在于运营组织模式和服务的功能以及服务水平等。

（1）术语对比

在《市域快速轨道交通设计规范》（T/CCES 2-2017）中，提出"市域快速轨道交通是一种主要服务于城市郊区和周边新城、城镇与中心城区联系，并具有通勤客运服务功能的中、长距离的大运量城市轨道交通系统。"其运营速度为 120~160km/h。

在浙江省编制的地方标准《市域快速轨道交通设计规范（征求意见稿）》[①] 中，提出"本规范所指的市域铁路是指，在城市行政管辖区域内，为中心城与周边新城或组团之间提供快捷、大容量、公交化公共交通服务的轨道交通系统"。

在《关于促进市域（郊）铁路发展的指导意见》（发改基础〔2017〕1173 号）中，提出"市域（郊）铁路是城市中心城区连接周边城镇组团及其城镇组团之间的通勤化、快速度、大运量的轨道交通系统，提供城市公共交通服务，是城市综合交通体系的重要组成部分。"

虽然，存在以上三个术语描述有所不同，但是从服务对象上看基本一致，为市域范围内的公共交通需求。但在《市域快速轨道交通设计规范》（T/CCES 2-2017）中，更加强调了市域快速轨道交通系统的城市轨道交通系统属性，强调了它与其他城市轨道交通的共同点和不同点，其共同点就是采用城市轨道交通车辆，不同点是服务于中、长距离的通勤出行。

（2）运营组织模式

市域快速轨道交通系统属于城市轨道交通系统，其运营组织模式应按照城市轨道交通系统的运营组织模式，应执行城市轨道交通的相关标准。在《城市轨道交通工程项目建设标准》（建标 104-2008）中，明确提出"初期：高峰时段不宜小于 12 对 /h（5min 间隔），平峰时段宜为 6~10 对 /h（10~6min 间隔）。远期：高峰时段钢轮钢轨全封闭系统应不小于 30 对 /h，单轨胶轮系统不应小于 24 对 /h。平峰时段均不宜小于 10 对 /h。"市域轨道交通系统通常为钢轮钢轨全封闭系统，因此其初期高峰时段不宜小于 12 对 /h（5min 间隔），平峰时段宜为 6~10 对 /h（10~6min 间隔）；远期应不小于 30 对 /h，平峰时段不宜小于 10 对 /h。而在《市域快速轨道交通（120~160km/h）技术规范（送审稿）》中，明确提出"远期高峰小时发车密度控制在 24 对 /h 以内，并留有不小于 10% 余量"。由此可以看出，市域快速轨道交通系统的高峰发车密度比常规的地铁、轻轨系统的发车密度要低一些。

在浙江省编制的地方标准《市域快速轨道交通设计规范（征求意见稿）》中，提出"市域铁路应满足高密度运行的需要，系统远期行车最大通过能力宜按每小时不小于 20 对、不大于 30 对列车设计"，"为保证市域铁路的服务水平，列车初期高峰时段最小运行间隔不宜大于 10min，远期高峰时段系统最小运行间隔不宜大于 3min，平峰时段最小运行间隔不宜大于 10min"。

对比《市域快速轨道交通设计规范》（T/CCES 2-2017）和浙江省《市域快速轨道交通设计规范（征求意见稿）》中对市域快速轨道交通系统以及市域（郊）铁路的运营要求，可以看出，市域轨道交通的运营发车密度应有所控制，应小于常规的地铁、轻轨的发车密度。

（3）运量

虽然在市域轨道交通以及市域（郊）铁路的相关术语描述中，都提到了"大运量"一词，但

---

① 浙江省编制的地方标准《市域快速轨道交通设计规范》适用于"浙江省各都市圈范围内采用市域动车组列车运行、单相工频交流 25kV 电力牵引供电、最高运行速度不大于 160km/h 的钢轮钢轨型轨道交通新建工程的设计。"在该标准征求意见稿中提出：为响应国家发改委、住房和城乡建设部、国家铁路局等三部（委）与浙江省人民政府正式签署的《协同推进市域（郊）铁路示范项目建设合作框架协议》，并积极响应国家号召，协同推进市域（郊）铁路示范项目，按专家反馈的意见，拟将规范名称修改为《市域铁路设计规范》。

在术语概念中的"大运量"一词仅为概述的一种说法，并不是代表客运量要达到 3 万人次 /h 以上。

在浙江省《市域快速轨道交通技术规范（送审稿）》中，提出"市域快轨属于大、中运量轨道交通系统"，意味着市域快速轨道交通的单向运能在 1 万人次 /h 以上或者高峰小时单向客流量大于 1 万人次 /h。

在浙江省地方标准《市域快速轨道交通设计规范》和《关于促进市域（郊）铁路发展的指导意见》中，并未明确提出市域（郊）铁路的运量等级或运能。但根据采用动车组的定员和超员载客量与发车对数可以计算出，市域（郊）铁路的运能可达到 3 万人次 /h 左右，建议市域（郊）铁路在计算其运能时，应当采用站立面积每平方米 4 人的标准，而不宜采用每平方米站立 6 人甚至 8 人的标准（见表 5-5）。

动车组运能计算　　　　　　　　　　　　　　　表 5-5

车型	编组（节 / 列）	定员（人 / 列）	超员（人 / 列）	高峰小时发车对数（对）	高峰小时运能（万人次 /h）
CRH6F	8	1502	1998	20	3.0~4.0
CRH6S	4	765	1322	20	2.6

注：定员按照坐席 + 站立席位计算，站立席位按照每平方米站立 4 人计算；超员按照坐席 + 站立席位计算，站立席位按照每平方米站立 6 人计算。

在《城市综合交通体系规划标准》（GB/T 51328-2018）中，将市域快速轨道交通系统和市域（郊）铁路都划分到了快线的范畴之内，而快线的设置应达到"客流密度不宜小于 10 万人次·km/（km·d）"。

（4）车厢舒适度

在《市域快速轨道交通技术规范（送审稿）》中，提出"市域快轨服务沿线不同的中、长距离通勤客流，车厢站席舒适度标准可按照不超过 4 人 /m² 控制"。

在浙江省住房和城乡建设厅发布的地方标准《市域快速轨道交通设计规范》中，提出"市域铁路列车的旅行速度应根据列车技术性能、线路条件、车站分布和列车开行方案综合确定，在计算旅行速度的基础上留有 8%~10% 的余量，一般不宜低于 50km/h"。在计算列车运能时，提出站站停的定员计算标准为"坐席 +5 人 /m²"，大站直达的定员计算标准为"坐席 +3~4 人 /m²"，超员的计算标准为"坐席 +8 人 /m²"。

在《城市轨道交通线网规划标准》（GB/T 50546-2018）中，将市域快速轨道交通系统和市域（郊）铁路都统称为快线，而快线的车厢舒适度不宜低于 B 级，即 3~4 人 /m²。当快线客流方向不均衡系数大于 2.5 时，车厢舒适度可降低一级，即 4~5 人 /m²（见表 5-6）。

城市轨道交通不同等级车厢舒适度技术特征指标　　　　　　表 5-6

车厢舒适度等级	舒适度	车厢站席密度（人 /m²）
A	非常舒适	≤ 3
B	舒适	3~4
C	一般	4~5
D	拥挤	5~6
E	非常拥挤	> 6

5.2.3.4 小结

在国内目前的城市轨道交通和铁路规划、建设、运营、管理的体制差异下，市域轨道交通系统是城市轨道交通向区域范围的一种服务延伸，其规划理念和本质还是城市轨道交通系统，因此市域轨道交通系统的规划、建设、运营和管理应更加注重城市轨道交通属性，加强与城市轨道交通的衔接，而市域（郊）铁路是铁路系统由大区域的城市间服务向城市市域的服务延伸，其规划、建设、运营和管理在一定时间内还是采用铁路的思想，很难实现与城市轨道交通的完全对接，但建议市域（郊）铁路的规划应当尽可能地向城市轨道交通的规划方法靠拢，尽可能地实现市域（郊）铁路与城市轨道交通线网的融合。

在城市轨道交通线网规划中，应从城市发展和城市交通需求角度出发，合理论证市域轨道交通的必要性，在必要性成立的基础上，再根据城镇空间布局和交通需求，确定市域轨道的走向和站位，至于系统选型，到底是采用城市轨道交通中的市域快速轨道交通系统，还是铁路系统中的市域（郊）铁路，应充分结合市域轨道的客流需求以及该通道内的既有铁路利用的可行性。

在铁路网规划中，虽然以铁路为规划目标，但当涉及市域轨道时，应充分尊重现实的城市发展和交通需求，当规划的市域（郊）铁路要采用城市轨道交通系统制式时，应将其融入当地的城市轨道交通线网规划中。

在市域轨道进行规划建设时，应充分考虑其与其他城市轨道交通的不同特点，提高乘车的舒适度，采用舒服水平较高的车厢站席密度。

此外，在市域轨道交通规划建设时，一定要注意选择合理的旅行速度和站间距，选择合适的最高运营速度对应的车辆制式。

5.3 城市轨道交通与城市快速公交系统

5.3.1 城市快速公交系统

城市快速公交系统（bus rapid transit，BRT），是一种利用大容量公交车辆和现代智能交通技术，运行在公交专用车道或公交优先车道上，并设置专用站台，借鉴轨道交通运营模式特征，一种便捷、安全、舒适、准点的公共交通方式。BRT 系统的运量可以达到中运量城市轨道交通的水平，同时具备普通公交的灵活性、经济性。

城市快速公交系统（BRT）最早兴起于南美等国家和地区，在 2000 年后进入我国，最早在北京得到应用，后来在"十五"期间，在国内迎来了发展高潮，自 2005 年至 2015 年，10 年间，我国已有 20 多座城市建设了 BRT。

在 BRT 进入国内之初，经过了很多的技术探讨，基本上对其在城市公共交通系统中的定位达成了一定共识。通常而言，在特大城市中，BRT 会作为城市轨道交通系统的补充，与城市轨道交通系统一共构成城市公共交通的骨干或主体；在没有城市轨道交通的大城市，BRT 应承担城市公共交通系统的骨干功能。

5.3.2 城市轨道交通与 BRT 的区别

当城市轨道交通和 BRT 共同存在同一座城市中时，两者将共同成为城市公共交通系统的骨干

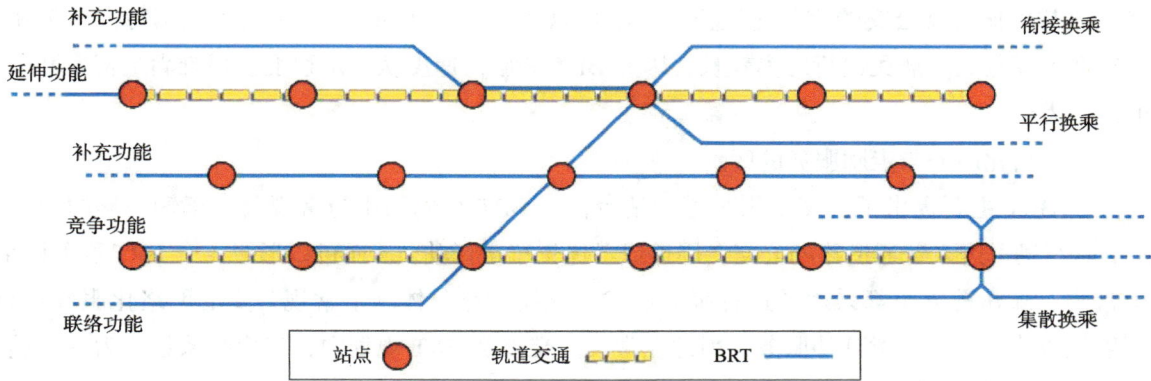

图 5-1　快速公交与轨道交通之间的功能和换乘关系

或者主体，其中 BRT 将作为城市轨道交通补充，对于城市轨道交通而言，具有以下 5 种功能（见图 5-1）。

①延伸功能：外围城市轨道交通线路的延伸衔接。

②补充功能：城市轨道交通覆盖方向补充。

③联络功能：城市轨道交通线路之间的联系。

④"竞争"功能：补充主要客流走廊的公交运力，提高走廊服务水平，此功能主要应用在城市公交客流特别大，城市轨道交通线路无法满足客运交通需求时，通常不建议采用。

⑤过渡功能：近期为城市轨道交通培育客流，远期升级为城市轨道交通线路。

BRT 的典型特征如下。

（1）经济性

BRT 相对于城市轨道交通而言，具有较强的经济性，是我国特大城市、大城市和中等城市优先发展公共交通的不可或缺的一种交通方式。

编者曾在 2006 年左右主持编制过郑州市 BRT 线网规划，并负责策划了郑州市 BRT 的首期工程和近期工程，当时在郑州 GDP 和财政有限的情况下，BRT 和城市轨道交通将一同规划为城市公共交通系统的骨干。在"十五"时期，城市化快速发展，小汽车正处于快速发展初期，机动化交通需求日益高涨，交通供需矛盾逐渐显现，由于城市轨道交通建设投资较大、建设周期较长，并且再加上当时国内城市轨道交通的相关审批周期较长，因此 BRT 成为很多特大城市优先发展公交、缓解交通供需矛盾的首选。

（2）运量受制于行驶空间

BRT 的运能与专用车道形式和数量息息相关，当设置专用行驶车道和超车车道时，其运能将达到中运量级别，但是当单向采用一条专用车道时，其运能将大大降低，仅能达到中低运量水平。因此，BRT 的运能将受制于行驶空间，其从根本上还是一种占用道路资源的道路交通方式，对于我国一些通道资源有限的城市，应充分论证其合理性和必要性。

当特大城市和大城市的主要客流走廊的客流需求达到一定程度时，采用 BRT 系统很难满足需求。

（3）旅行速度较城市轨道交通低

由于 BRT 采用人工驾驶，在道路上运行，其高峰时段的旅行速度受制于各种道路交通的影响因素，通常仅比常规公交的旅行速度快，基本可以达到 25~30km/h。但是由于我国特大城市和大城市空间尺度较大，居民出行距离较长，因此 BRT 的旅行速度从一定程度上很难满足特大城市居民的出行需求。

（4）网络化服务与走廊服务的区别

由于 BRT 主要提供了公交专用车道和站台，当 BRT 车辆采用与常规公交车辆一样的开门方式后，其车辆可进入普通道路的公交专用道或者优先车道行驶，从而可以形成一个 BRT 服务网络，我国常州、郑州等城市都采用了这种服务模式。此模式充分体现了常规公交的网络化服务特点，其可依托道路空间，任意延伸服务，因此在常规公交以及 BRT 规划中，将换乘系数作为一个重要控制指标，尽量减少换乘。

由于城市轨道交通是一种独立的封闭系统，其在规划中主要体现为走廊式服务，并不能设置太多的支线，同时由于城市轨道交通线路的运营密度较大，并且不同的城市轨道交通线路之间的控制信号以及车辆系统制式不同，因此很难实现不同轨道线路之间的互联互通，不可能实现网络化运营，因此城市轨道交通线网客流的换乘系数通常较大，即使在城市轨道交通线网规划中，已经尽可能地将城市轨道交通线路与主要客流走廊相协调，但是不同走廊之间的客流换乘依然存在，因此并不能将换乘系数作为城市轨道交通线网规划的控制因素。

5.4 城市轨道交通与道路网络

早期的城市规划基础理论主要以道路网为基础，依托城市道路组织各种交通方式。城市轨道交通系统是城市交通发展到一定程度，充分集约使用道路走廊空间的一种表现，在城市集中建设区范围内，除了部分河流、绿带走廊外，城市轨道交通系统往往要依托道路空间进行规划建设。只有在城市新区建设时，可考虑城市轨道交通线路、车站可以直接与新城区的地块开发做到同步，从而选择道路走廊以外的空间走廊进行规划建设，但这样一来可能会导致新区可建设用地面积进一步减小，并且会因为城市轨道交通车站偏离了常规的道路交通系统，从而导致该车站的服务范围较小，客流主要为集散客流。

5.5 城市轨道交通的功能定位

5.5.1 相关政策文件和标准规范中的提法

（1）相关政策文件

在《住房城乡建设部关于加强城市轨道交通线网规划编制的通知》（建城〔2014〕169号）中，提出"超大城市和特大城市应积极建设城市轨道交通网络，发挥城市轨道交通在城市公共交通的主体作用；有条件的大城市，建设城市轨道交通，重点发挥城市轨道交通在城市公共交通的骨干作用"。

（2）《城市综合交通体系规划标准》（GB/T 51328-2018）

在《城市综合交通体系规划标准》中，按照城市的人口规模提出了城市综合交通体系的主要构成和功能定位。

①规划人口规模 500 万及以上的城市，应确立大运量城市轨道交通在城市公共交通系统中的主体地位，以中运量及多层次普通运量公交为基础，以个体机动化客运交通方式作为中、长距离客运交通的补充。人口规模达到 1000 万及以上时，应构建快线、干线等多层次大运量城市轨道交通网络。

②规划人口规模 300 万 ~500 万的城市，应确立大运量城市轨道交通在城市公共交通系统中的骨干地位，以中运量及多层次普通运量公交为主体，引导个体机动化交通方式的合理使用。

③规划人口规模 100 万 ~300 万的城市，宜以大、中运量公共交通为城市公共交通的骨干，多层次普通运量公交为主体，引导个体机动化客运交通方式的合理使用。

④规划人口规模 50 万 ~100 万的城市，客运交通体系宜以中运量公共交通为骨干，普通运量公共交通为基础，构建有竞争力的公共交通服务网络。

⑤规划人口规模 50 万以下的城市，客运交通体系应以步行和自行车交通为主体，普通运量公交为基础，鼓励城市公共交通承担中、长距离出行。

由上可以看出，其中人口规模 50 万以上的城市便涉及了中运量公共交通，而城市轨道交通系统的中轻轨、有轨电车等为中运量系统。并且随着人口规模的增加，城市轨道交通的功能将逐渐加强，由公共交通骨干功能提升为公共交通主体功能，从提法上，与《住房城乡建设部关于加强城市轨道交通线网规划编制的通知》（建城［2014］169 号）保持了一致。

（3）《城市轨道交通线网规划标准》（GB/T 50546-2018）

在《城市轨道交通线网规划标准》中，提出"城市轨道交通应在城市公共交通体系中发挥重要作用，中心城区城市轨道交通占城市公共交通出行的比例，规划人口规模 500 万及以上的城市应大于 50%，规划人口规模 300 万 ~500 万的城市宜大于 40%，规划人口规模 100 万 ~300 万的城市宜大于 30%"。

《城市轨道交通线网规划标准》在《住房城乡建设部关于加强城市轨道交通线网规划编制的通知》（建城［2014］169 号）和《城市综合交通体系规划标准》的基础上，进一步提出了定量数据的要求，明确了"骨干""主体"与中心城区城市轨道交通占城市公共交通出行比例的对应关系，即"骨干"对应于 30%~50%，"主体"对应于 50% 以上。

5.5.2　城市轨道交通功能定位相关因素分析

5.5.2.1　城市空间结构

一座城市的城市空间结构的形成必然受多种因素影响，可以分为客观影响因素和主观影响因素，客观影响因素通常为天然的一些因素，如河流、地形、地貌、地质等；主观影响因素包括港口、高铁站、机场等大型区域交通枢纽以及规划的新区等。

城市空间结构中，通常可概括为城市形态、城市布局、城市密度和城市空间尺度等。

（1）城市形态

城市空间形态有团状（集中式）、组团状（分散式）、受地形影响的带状、条状等。按照城市中心的形态，又可以分为单中心和多中心等（见表 5-7）。

城市形态示意　　　　　　　　　　　　　　　　　表 5-7

	分类	主要特征	示意图
单中心	集中式	单中心，以方形或者圆形等形式向外扩张	
	辐射式	单中心，沿城市走廊（主要指交通走廊）由中心向外辐射扩张	
	带形发展	一般为受地形等因素影响，城市发展空间受限，只能沿单轴连续发展	
	组团式发展	城市基于功能组团的分布，在外围形成相对独立的组团状城市用地	
	卫星式发展	卫星式发展是中心与周边城镇的关系不断强化而形成，可以是组团发展成一定规模形成卫星城镇	
多中心	线形发展	一般为重要交通走廊串联的多个中心城市	
	卫星城式发展	由多个功能分工明确的中心城市形成，各中心城市之间衔接紧密，且周边布局有与自身发展关系密切的卫星城	

（2）城市布局与用地布局

城市布局是指，城市公共服务中心和城市用地之间的布局特点，如混合用地布局、单一用地组团布局等，如开发区、高新区等。

城市布局是指城市内部各功能区的分布特征、地理位置以及功能区之间的组合关系的体现，体现了城市用地总体空间布局形态和各类用地的组合关系，是城市功能组织在空间上的投影。由城市布局的定义可以看出，城市布局是与城市形态密切相关的。

城市用地布局则是以城市性质和规模为前提，结合城市构成和城市功能结构分析，确定空间布局形式，落实各项用地安排，在用地布局过程中，要使城市功能活动体现在总体布局中。以城市的功能、结构与形态作为城市总体布局的切入点，才能把握城市发展的内涵，提高城市总体布局的合理性和科学性。

1）城市居住用地

居住生活是城市的主要功能，但随着社会的发展，居住的概念已经远远超出了满足居民居住需求的范畴，提升到人居环境层面，因此，居住用地布局的主旨应该是为城市居民创造良好的居住环境，不断提高生活质量，邻里社区、公交导向、适度就业的功能模式混合已经成为城市在社区组织方面的重要原则，其中的公交导向则主要体现了出行的便捷性，城市发展到不同的规模，需要不同的公交发展进行支撑。

2）公共设施用地

城市公共中心是城市开展政治、经济、文化等公共活动的中心，是城市公共活动最频繁、社会生活最集中的场所。

《城市公共设施规划规范》（GB 50442-2008）中要求城市公共设施用地布局，应根据城市的性质和人口规模、用地和环境条件、设施的功能要求等进行综合协调与统一安排，以满足社会需求和发挥设施效益。

良好的交通条件是城市公共设施用地发挥功能的必要条件，特别是对于有大量交通集散的公共设施，需要从城市布局结构、道路系统、公共交通系统等多个层面考虑其集散交通的组织。

3）商业服务业设施用地

对于各类商业、商务、娱乐康体等商业服务业设施用地均是交通吸引较大的场所，因此，在进行商业服务业设施用地布局时除了考虑设施自身用地需求，还需要充分考虑用地产生交通的组织和集散。

4）城市工业生产用地

工业需要大量的人力资源并产生客货运量，对城市的主要交通流向、流量起到重要作用，因此，新工业的布局（新的产业区、开发区等）和原有工业的调整，可能直接影响到城市功能结构和城市形态，而工业生产用地所产生的客运量达到一定规模后，也需要中、大运量的公共交通方式才能处理好出行供给和需求的关系。

（3）城市密度

在城市规划中，一般会提出不同地区的建设密度不同，通常划分为高密度、中密度和低密度分区。城市密度通常会采用人口或者就业岗位的密度进行划分，不同的城市划分密度的界限或有所不同，但在国内大多数城市的中心城区的人口密度为 1 万人 /km² 左右，而就业人口密度为 0.45 万 ~0.55 万人 /km² 左右。一般特大城市或者大城市的高密度地区的人口密度会达到 3 万 ~4 万人 /km²，但随着我国城市疏解中心区的功能以及老城区的改造，降低高密度地区的人口密度正在逐步。

（4）城市空间尺度

城市空间尺度的大小往往会影响居民出行的交通特征，一方面出行距离会增加，一方面出行强度会降低。当出行距离上升到一定程度后，常规公交、BRT 等依托道路交通的公共交通方式已经难以提供快速、准时的交通服务。因此，当城市空间扩大到一定程度后，城市轨道交通必然成为城市公共交通的重要组成部分。

根据吴子啸等发表的《出行时耗的规律》一文，通常一座城市扩大到一定规模后，居民出行的时耗将保持一定的稳定性。在出行时耗稳定性前提下，居民每天的出行次数、平均出行距离、每次出行时耗三者之间的乘积将保持在一定水平。因此，出行次数、平均出行距离、每次出行时耗三者任意两者之间将成反比。

5.5.2.2　城市道路交通容量

城市道路交通容量是指城区或者部分地区的道路设施可以承载的交通容量，而与城市轨道交通息息相关的通常有三个相关概念，分别为路网容量、关键断面容量、关键走廊容量等。

（1）路网容量

路网容量是指城区或者某一片区的道路网交通承载力，在交通规划中，一般通过道路网高峰小时运行状态反映道路网的容量与实际交通需求之间的关系。通常在综合交通体系规划中或者城市轨道交通线网规划中，采用道路网高峰小时运行状态测试确定未来城市轨道交通应承担的出行比例。

（2）关键断面

关键断面是指在城市地区导致城市用地分割为几个组团或者片区的河流、山体等自然因素以及铁路、高速公路等重要过境交通设施形成的截面。

通常跨截面的交通供需矛盾，会成为城市交通的主要矛盾之一。通常通过分析跨截面的高峰时段交通供需之间的关系，确定城市轨道交通应在跨截面交通出行中承担的比例。

（3）关键走廊

关键走廊是指在城市地区形成方向明显或者分布集中的客流走廊，该走廊可能是由于山体、河流、湖泊等地形、地貌导致形成的主要交通走廊。

关键走廊通常通道资源有限，导致交通供给能力有限，从而使得关键走廊交通供需矛盾突出。通常通过关键走廊的交通供需分析，确定城市轨道交通在关键走廊中承担的出行比例。

城市轨道交通虽然依托城市道路布局，但其运营时不会对原有道路交通运行产生明显影响。因此，在城市出现交通压力过大的问题，且道路交通无法满足的情况时，需要判断需求是否需要大、中运量的公共交通方式提供服务，这种服务既可以是超大、特大城市的高密度服务模式，也可以仅仅是在某些重要走廊上。

5.5.2.3　城市交通出行时间目标

由于城市轨道交通具有旅行速度快、准时、准点等特点，城市轨道交通成为实现交通出行时间目标的主要载体。

城市交通出行时间目标，在城市综合交通体系规划中体现在多个方面，有城市平均出行时间、高峰平均出行时间以及各组团、中心之间的联系时间等。在《城市轨道交通线网规划标准》中，结合《城市综合交通体系规划标准》，提出了居民平均出行时间以及各组团、中心之间的联系时间目标值。

5.5.3　城市轨道交通功能定位及确定方法的建议

城市轨道交通功能定位，即城市轨道交通在城市综合交通体系中的功能，也可以理解为城市轨道交通的基本发展目标或者总体发展目标，是指导城市轨道交通线网规划的重要基础。因此，科学地确定城市轨道交通的功能定位，是做好城市轨道交通线网规划的重要基础。

5.5.3.1　城市轨道交通功能定位建议

在分析了城市轨道交通与其他交通方式存在的异同点后，首先应该清楚地认识到，每种不同的交通方式都有其自身的特点、适用性和使用的经济性，并不能成为万能的交通工具。因此，基于城市轨道交通在国内的发展经验和实际情况，建议城市轨道交通的功能定位分析可以从以下几个方面出发。

（1）在公共交通系统中的功能定位

在公共交通系统中的功能定位，即城市轨道交通在公共交通整体运输体系中承担的角色。在《住房城乡建设部关于加强城市轨道交通线网规划编制的通知》（建城〔2014〕169号）、《城市综合交通体系规划标准》、《城市轨道交通线网规划标准》中，都提出了城市轨道交通在公共交通中承担的功能角色，即"骨干"或者"主体"。

（2）在通勤交通中的功能定位

城市轨道交通在城市交通中，主要功能之一就是缓解高峰时段的城市交通供需矛盾，在工作日的高峰时段，城市交通的主要构成必然为通勤交通，因此，城市轨道交通在通勤交通中的功能定位将更具针对性和目标性。城市轨道交通在通勤交通中功能定位，可以采用通勤交通出行中城市轨道交通出行占比进行功能定位，即通勤交通出行中城市轨道交通所占的比例。

当然，城市交通出行可以划分为通勤交通出行、商务出行、弹性交通出行等，在定位城市轨道交通在通勤交通中的功能定位的同时，也可以定位在商务出行、弹性出行中的比例，但是由于目前的城市综合交通规划和城市轨道交通线网规划还停留在以解决高峰时段交通供需矛盾为基础，因此，城市轨道交通在通勤交通中的出行比例，更有直接的指导意义。

（3）在主要客流走廊中的功能定位

由于城市轨道交通相对于道路交通方式来说，是依托于城市道路的其他交通方式，其运量等级较高，应当规划在城市交通的主要客流走廊上，因此，其在主要客流走廊中的功能定位，也将是城市轨道交通功能定位的一个重要因素。

主要客流走廊是城市轨道交通线网规划的重要分析对象，因此科学地识别主要客流走廊，并分析城市轨道交通在主要客流走廊中的作用，是合理确定城市轨道交通方案的基础。

（4）在主要截面或者瓶颈的功能定位

在很多城市中，尤其是山地城市、沿江城市和传统的铁路枢纽城市，都会形成一些主要交通截面和交通瓶颈，由于跨越交通截面和交通瓶颈，往往受到很多自然或者其他限制条件，很难增加较多的道路交通设施，因此这些交通截面和交通瓶颈往往都是城市交通的堵点，是城市综合交通规划和城市轨道交通线网规划的重要分析对象。

城市轨道交通作为一种立体交通方式，可以沿着有限的通道新增交通走廊，增加交通供给，因此城市轨道交通是缓解主要截面和交通瓶颈的主要选择。城市轨道交通在这些交通截面和交通瓶颈中承担的交通功能，必然成为编制城市轨道交通线网规划的重点之一。

（5）在长距离出行中的功能定位

随着我国各大城市空间形态的不断扩展、城市功能区域的差异化布局，在商品房发展和地租效应的作用下，居民出行距离不断增加。但是随着居民出行距离的增加，居民出行的效率必须有所保障，因此在《交通规划标准》中，就明确提出了居民出行时间的目标值，作为城市综合交通规划的重要参数。

城市轨道交通在城市综合交通体系中，作为承担中、长距离出行的主要交通方式，同时也是保障居民出行时间和效率的主要方式，因此城市轨道交通在中、长距离出行中的功能定位，也应该是城市综合交通体系规划和城市轨道交通线网规划中需要明确的一个重要参数。但是，这一参数目前仅在部分城市轨道交通线网规划客流预测专题中有所体现，而在城市综合交通体系规划和城市轨道交通线网规划中很少直接提及。

（6）其他功能定位

城市轨道交通作为一种大运量的城市公共交通方式，除了应用在城市综合交通体系中，可应用在机场或者枢纽的专用接驳线上，也可应用在旅游景区或者特殊区域的客运组织上。这种具有一定专用功能的城市轨道交通线路，虽然也是城市轨道交通线网规划考虑的重要内容之一，但是由于其功能专一，往往在城市综合交通体系规划和城市轨道交通线网规划中，作为一个较为独立的章节，开展针对性研究。

在开展针对性的专项研究中，往往便会提出城市轨道交通在专项交通中的功能定位，如机场线在机场集散交通中功能定位等。

5.5.3.2 城市轨道交通功能定位确定方法

（1）经验借鉴法

根据不同城市的特点，选择交通现状特征与规划发展趋势相近，已经建成城市轨道交通的城市，作为参考对象，从而借鉴其城市轨道交通的发展目标和定位。

目前看，国内很多城市的城市轨道交通线网规划都采用了此种方法，有些超大和特大城市借鉴了东京、香港、北京、上海、广州、深圳等城市案例，由于我国各城市的基本情况与国外主要城市的案例存在较大不同，因此在国外案例上，借鉴东京的都较多。但是对于一些特大城市和大城市而言，由于类似的城市轨道交通借鉴案例较少，因此很难采用这种方法科学地确定城市轨道交通的功能定位。

（2）目标导向法

以实现城市综合交通发展目标为导向，确定城市轨道交通在一定范围内和特定走廊内的功能定位。

这种方法是以城市综合交通体系规划为基础，通常在城市综合体系规划中，针对不同区域或者不同走廊内的交通设施供需关系，提出城市轨道交通在不同区域或不同走廊内的定位。这种方法需要站在城市综合交通体系规划的角度，结合城市综合交通政策、设施供给等进行综合分析。目前，采用此方法的城市轨道交通线网规划较少。

在笔者2003年参与的《东莞市轨道交通网络规划》中，便是同步开展《东莞市域交通发展规划》，站在城市综合交通规划角度，按照城市综合交通发展目标，提出了城市轨道交通的功能定位（见图 5-2~图 5-4）。

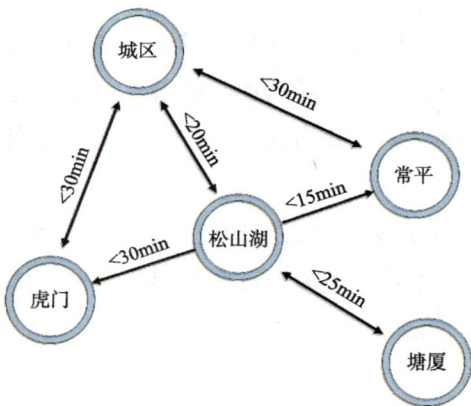

图 5-2 《东莞市域交通发展规划》
提出的时间目标

复合中心空间结构
市域客运交通发展模式

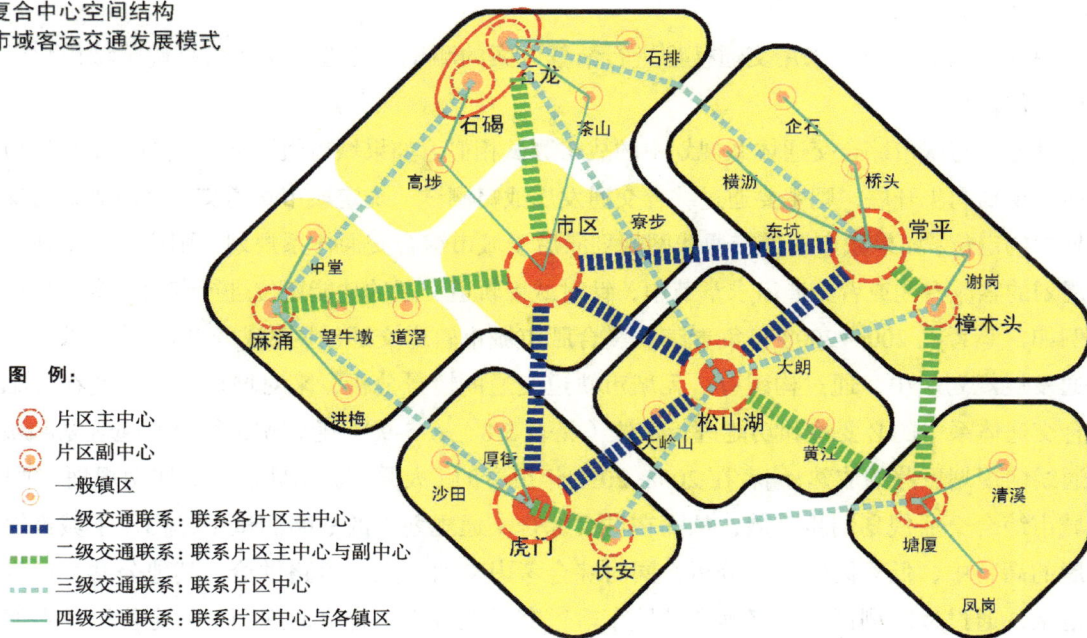

图 5-3 《东莞市域交通发展规划》提出的市域客运交通发展模式

图 5-4 《东莞市轨道交通网络规划》提出的市域轨道交通框架方案

在该规划中,为了促进东莞市域空间城镇体系的构建,提出了"内聚外联"的综合交通发展目标,并提出了市域各片区中心之间的时间出行目标和市域客运交通发展模式。并在此基础上进一步提出了明确的城市轨道交通的功能定位:"内聚外联",即加强各片区之间的快速联系,同时加强与周边城市轨道交通的衔接,从而提出了城市轨道交通为市域快速轨道交通系统,是市域客运交通的骨干,覆盖市域主要客流走廊,服务于中、长距离出行。

（3）情景假设法

构建几种情景假设，采用交通模型进行情景方案的测试和比选，从而最终确定城市轨道交通的功能定位。

这种方法与城市综合交通体系规划中的战略测试相似，如果城市轨道交通线网规划与城市综合交通体系规划同步开展，则主要通过综合交通发展战略测试，确定城市轨道交通在城市综合交通体系规划中的定位；如果城市轨道交通线网规划滞后于城市综合交通体系规划，则应在城市轨道交通线网规划的客流专题或者交通需求章节中，针对城市轨道交通的功能定位进行专门的章节分析。

例如，笔者在2006~2008年负责编制《合肥市城市轨道交通线网规划》时，就要求在《合肥市交通发展规划》中，通过构建有、无城市轨道交通的情景分析，来对城市轨道交通在合肥市城市综合交通体系中的必要性和功能进行定位（见表5-8、表5-9）。随着城市综合交通规划和城市轨道交通线网规划思路的成熟，编者在2008~2010年负责的《太原市城市轨道交通线网规划》项目中，便与城市综合交通规划同步开展，从而在城市综合交通规划中的战略测试中，构建了城市轨道交通发展的高、中、低不同的情景分析，同时综合考虑交通政策、道路供给、其他公共交通供给等不同情景，通过战略测试，最终确定了城市轨道交通在城市综合交通规划中的定位以及在城市主要走廊和截面上的功能定位（见表5-10~表5-12）。

《合肥市交通发展规划》中战略测试方案构建　　　　　　　　　　　　　表5-8

项目	方案一（无轨道）	方案二	方案三
核心思想	无轨道，常规公交优先	无轨道，BRT优先	有轨道，BRT作为轨道交通的补充
总体战略	以快速机动化支撑组团发展，公共交通的发展依附于道路系统的完善	组团间客运走廊优先发展快速公交系统，私人机动化适度发展	以轨道交通建设促进城市空间布局的实现，多种客运方式协调发展
组团间交通战略	以城市快速路系统为建设重点，以快速机动化实现组团间的可达性和辐射效应，支撑组团空间布局	以快速公交系统为建设重点，组团间长距离客运走廊优先发展快速公交系统，支撑城市空间布局调整	以城市轨道交通建设落实TOD发展模式，以快速轨道交通支撑城市空间框架，发挥城市核心的职能和地位，促进各组团的集约开发土地模式
公共交通战略	实行有条件的公交优先措施；注重公交线网的整合和优化，组团间开行大站快线公交线路，中心城区主要客运走廊上积极设置公交专用车道	发展以快速公交为骨架、常规公交为主体的公交优先系统，提高公交服务水平；中心城区注重公交线网的优化，系统布设公交专用车道，改善公交换乘条件，提高公交整体竞争力；组团间依托城市快速路开行快速公交，实现城市功能区的可达性和辐射效应	大力推进公交优先发展，建立多层次、高效率的公共交通系统构架；积极建设城市轨道交通系统，覆盖主要组团间的重要客运走廊，构成公共交通系统骨架；快速公交系统作为轨道交通的有力补充，覆盖中心城区主要功能区之间的客流通道，并在外围组团对轨道交通进行延伸和客流喂给；各组团内部围绕骨干公交线路，整合常规公交线网，提高公交运营效率和服务水平
交通政策	维持现有的城市交通管理政策	合理引导私人机动化的发展，外围低密度开发组团适应机动化的发展需求，形成机动化适度发展的环境	实行有效的交通需求管理，对私人交通发展采取合理引导和控制，通过优质公交服务的良性竞争，降低私人机动车的使用频率

《合肥市交通发展规划》中的战略测试结果　　　　　　　　　　　　　表5-9

测试指标		方案一	方案二	方案三（推荐方案）
城市轨道交通	分担率（占公交）	—	—	39.13%
	分担率（占全方式）	—	—	15.95%
快速公交	分担率（占公交）	—	39.34%	17.12%
	分担率（占全方式）	—	13.22%	6.98%

《太原市交通发展规划》中的战略测试方案构建　　　　　　表 5-10

	战略方案一	战略方案二	战略方案三（推荐方案）	战略方案四
战略思想	无轨道交通，大力建设快速公交及常规公交	轨道交通保守建设，快速公交协调发展	轨道交通积极建设，快速公交协调发展	轨道交通大力发展，快速公交协调发展
支撑城市空间布局	城市功能中心的可达性主要通过骨干道路实现	核心职能中心的可达性通过轨道交通实现	主要职能中心的可达性通过轨道交通实现	城市功能中心的可达性主要依靠轨道交通实现
骨干道路系统	"五纵六横，四放射"，路网规模210km	"五纵六横，四放射"，路网规模210km	"五纵六横，四放射"，路网规模210km	"五纵六横，四放射"，路网规模210km
骨干公交系统	无轨道交通；"八横七纵"的快速公交走廊，233km	2条轨道交通线路，71km；"七横六纵"的快速公交走廊，168km	3条轨道交通线路，93km；"六横六纵"的快速公交走廊，161km	5条轨道交通线路，161km；"三横四纵"的快速公交走廊，95km
交通需求管理政策	停车高收费策略，重点地区拥堵收费	分区域停车收费策略，必要的交通需求管理政策	分区域停车收费策略，必要的交通需求管理政策	分区域停车收费策略，必要的交通需求管理政策

《太原市交通发展规划》关键截面出行方式结构比较（单位：%）　　　　　　表 5-11

截面	出行方式	方案一	方案二	方案三	方案四
汾河截面	公共交通	55.2	59.6	65.8	74.2
	小汽车	37.9	34.2	28.5	21.5
	自行车	6.2	5.5	5.1	3.8
	步行	0.7	0.7	0.6	0.5
	合计	100	100	100.0	100
同蒲铁路截面	公共交通	49.0	52.4	55.2	60.2
	小汽车	36.8	33.5	31.4	27.6
	自行车	12.3	12.2	11.6	10.5
	步行	2.0	1.8	1.7	1.7
	合计	100	100	100.0	100
小店截面	公共交通	53.7	62.3	70.0	74.8
	小汽车	39.3	31.1	24.4	20.8
	自行车	6.6	6.2	5.3	4.2
	步行	0.4	0.4	0.3	0.3
	合计	100	100	100.0	100

不同战略方案的骨干客运系统指标　　　　　　表 5-12

测试指标		方案一	方案二	方案三	方案四
总客运量（万人次/日）		109	159	188	217
轨道	客运量（万人次/日）	—	80	110	183
	分担率（占公交）（%）	—	23.3	28.3	41.8
	分担率（占全方式）（%）	—	6.0	8.2	13.3
	负荷强度（万人次/(km·日))	—	1.12	1.19	1.16
BRT	客运量（万人次/日）	109	80	77	34
	分担率（占公交）（%）	36.5	23.4	19.8	7.7
	分担率（占全方式）（%）	8.3	6.0	5.7	2.5
	负荷强度（万人次/(km·日))	0.47	0.48	0.48	0.36

在滞后于城市综合交通体系规划或者没有城市综合交通体系规划指导的前提下，在城市轨道交通线网规划中，合理地论证城市轨道交通的功能定位，必须要通过合理的交通需求进行分析。

例如，在编者 2016 年负责编制的《攀枝花市城市轨道交通线网规划》中，城市综合交通规划中没有提出城市轨道交通的发展目标，因此，在开展城市轨道交通线网规划中，就通过开展交通调查，掌握现状交通特征，构建交通需求分析模型，结合攀枝花市山地、带状、多组团的城市特点，通过假设各组团的不同职住平衡率，分析各主要走廊和关键截面的交通供需关系，明确提出了城市轨道交通的必要性以及在主要走廊、截面和城市公共交通系统中的功能定位（见图 5-5~ 图 5-7、表 5-13）。

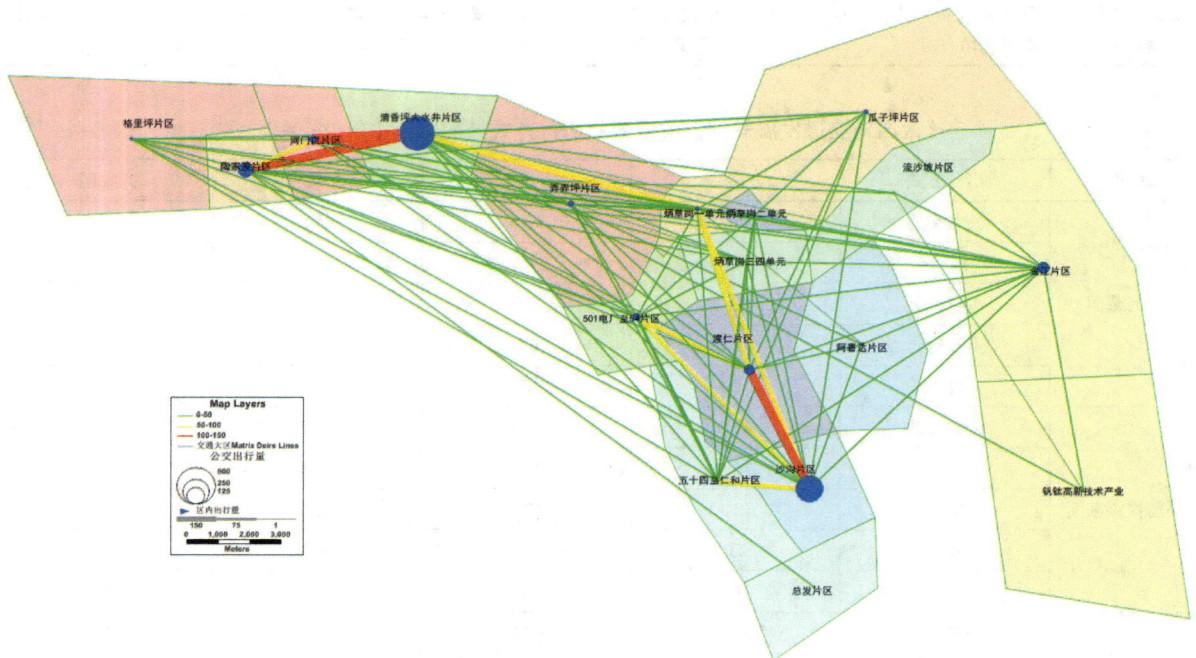

图 5-5 《攀枝花市轨道交通线网规划》中现状公交 OD 期望线分析

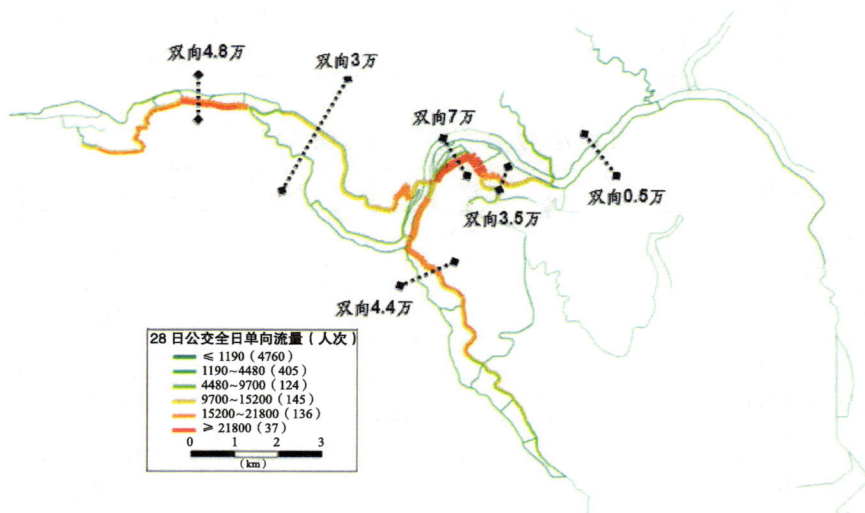

图 5-6 《攀枝花市轨道交通线网规划》中现状公交全日客流走廊分布

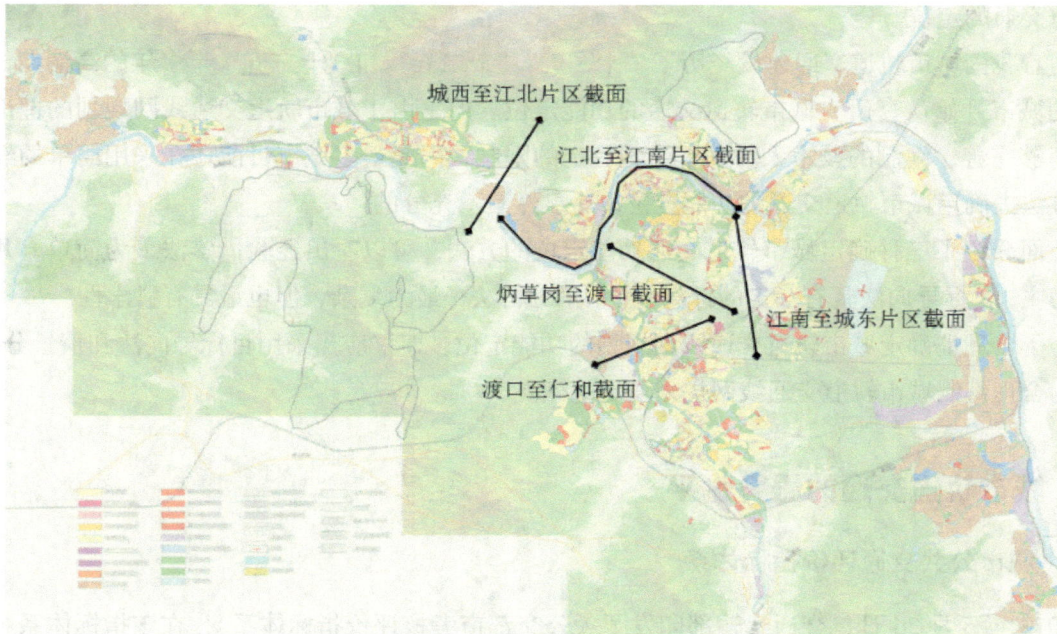

图 5-7　《攀枝花市轨道交通线网规划》中的主要交通截面划分

2030 年无轨道情况下主要截面高峰小时交通供需分析（单位：pcu/h）　　　　表 5–13

主要截面	道路供给能力	战略一 道路需求	战略二 道路需求	战略三 道路需求
城西片区—江北片区截面	5500	2703	5407	11398
江北片区—江南片区截面	7000	20577	23666	29379
江北片区—城东片区截面	1500	620	852	1007
江南片区—城东片区截面	4000	1534	2045	2702
炳草岗—渡口片区截面	7000	8604	13943	16455
渡口—仁和片区截面	13500	14723	22179	25717

注：战略一到战略三，假设的组团内的职住平衡率逐步降低。

　　在分析了城市轨道交通必要性的基础上，针对组团出行，提出内部职住平衡率不同假设，从而分析主要截面的交通供需特点，最终确定将攀枝花市轨道交通定位为城市公共交通的骨干，承担城市公共交通客运量的 40%~50%，在主要走廊以及关键截面上，承担公共交通客运量的 70% 左右（见表 5-14）。

《攀枝花市轨道交通线网规划》中规划 2030 年公共交通运量预测　　　　表 5–14

时期	人口（万人）	公交车（标台）	普通公交运量（人次／日）	公共交通总运量（人次／日）	轨道交通运量（人次／日）
现状	70	538	30 万	30 万	—
规划 2030 年	109	1090	55 万 ~60 万	95 万 ~110 万	40 万 ~50 万

5.5.4　小结

　　由于城市轨道交通线网规划发展至今才经历了 20 年左右的历史，其理论还未完善，主要采用经验借鉴的方法，因此很多早期的城市轨道交通线网规划中，都较多地采用了定性分析来确定城市轨道交通的定位。

随着我国城市轨道交通建设经历了"十一五""十二五"和"十三五"十多年的高潮期,越来越多的城市开始认真研究城市轨道交通的功能定位。但是由于城市轨道交通线网规划的理论和方法还不够完善,编制的技术人员水平受到一定的限制,因此很多城市目前还在采用简单的经验借鉴的方法去确定城市轨道交通的功能定位,这显然是不充分的。

上面介绍了三种确定城市轨道交通功能定位的方法,可以看出经验借鉴法最为简单,几乎以定性为主;目标导向法具有一定的针对性;情景分析法,最为复杂,但也最具有科学性。

为了合理地确定城市轨道交通线网规划的功能定位,建议应当采用目标导向法和情景分析法,从而为合理编制城市轨道交通线网规划奠定基础。

5.6 城市轨道交通的服务水平

5.6.1 城市公共交通评价指标体系

2013 年 6 月 24 日,交通运输部印发了《公交都市考核评价指标体系》,在该指标体系中共设置指标 30 个,分为考核指标和参考指标,其中考核指标 20 个,是考核评价公交都市的约束性指标;参考指标 10 个,是考核评价公交都市的重要参考依据(见表 5-15)。

公交都市考核评价指标体系   表 5-15

序号	指标名称	指标类型	序号	指标名称	指标类型
1	公共交通机动化出行分担率	考核指标	16	公共交通乘车一卡通使用率	考核指标
2	公共汽电车线路网比率	考核指标	17	公共交通一卡通跨省市互联互通	考核指标
3	公共交通站点 500m 覆盖率	考核指标	18	公共交通智能化系统建设和运行情况	考核指标
4	万人公共交通车辆保有量	考核指标	19	城市公共交通规划编制和实施情况	考核指标
5	公共交通正点率	考核指标	20	建设项目交通影响评价实施情况	考核指标
6	早晚高峰时段公共汽电车平均运营时速	考核指标	21	公共交通出行分担率(不含步行)	参考指标
7	早晚高峰时段公共交通平均拥挤度	考核指标	22	公共交通人均日出行次数	参考指标
8	公共交通乘客满意度	考核指标	23	公共汽电车线路网密度	参考指标
9	公共汽电车进场率	考核指标	24	公共汽电车平均车龄	参考指标
10	公交专用车道设置率	考核指标	25	公共交通投诉处理完结率	参考指标
11	绿色公共交通车辆比率	考核指标	26	公共汽电车车均场站面积	参考指标
12	公共汽电车责任事故死亡率	考核指标	27	公共汽电车港湾式停靠站设置率	参考指标
13	轨道交通责任事故死亡率	考核指标	28	公交优先通行交叉口比率	参考指标
14	城乡客运线路公交化运营比率	考核指标	29	公共交通职工收入水平	参考指标
15	公共交通运营补贴制度及到位率	考核指标	30	公共交通优先发展配套政策制定情况	参考指标

《公交都市考核评价指标体系》基本概括了城市公共交通规划和运营管理的所有指标,其中除个别指标是专门针对公共汽电车外,大部分指标都与城市轨道交通相关,但是并未明确针对城市轨道交通提出专门的指标,具体指标内容及计算方法参见"关于《公交都市考核评价指标体系》的说明"。

5.6.2 城市轨道交通评价指标体系

在城市轨道交通线网规划编制过程中，评价指标体系通常包括城市轨道交通与城市协调发展、城市轨道交通线网规划设施供给水平、客流效果、工程难度、经济性等多个层面。

《城市轨道交通线网规划标准》通过总结国内各单位编制的城市轨道交通线网规划报告，在"综合评价"中，明确提出"综合评价的主要内容应包括与城市规划及城市综合交通体系规划的协调性、服务水平与客运效果、工程可实施性和社会效益等方面"。

其中，服务水平与客运效果作为一项重要内容被提出，通常服务水平的高低主要通过便捷性、舒适性、时效性、经济性、安全性五个方面来评价。

①便捷性指标：主要反映乘客选择轨道交通出行的便利性相关指标，如线网覆盖率、换乘距离（换乘时间）、换乘系数、行车密度（行车间隔）、步行至车站时间、候车时间等。

②舒适性指标：主要反映乘车、候车环境的相关指标，如车厢座席比例、站席密度、满载率、排队长度、站台人流密度、车厢与站内温度、空气质量等。

③时效性指标：主要反映城市轨道交通的快速以及准点的指标，如运行速度、乘车时间、准点率、轨道交通出行时间、轨道交通时间目标等。

④经济性指标：主要反映乘客选择城市轨道交通出行的费用和成本指标，如票价、票制、换乘费用、时间成本效益等。

⑤安全性指标：主要是指城市轨道交通乘客的安全保障水平，如事故率、准点率、站内犯罪率、应急处理能力等。

5.6.3 《城市轨道交通线网规划标准》（GB/Y 50546–2018）提出的服务水平要求

在《城市轨道交通线网规划标准》修编的过程中，充分认识到在我国城市轨道交通线网规划缺乏完整的服务水平体系，城市轨道交通的规划建设缺乏服务水平方面的技术指标指导，部分城市的线网服务时效性较差，出行时间长，城市运转效率不高；部分城市由于线网规划衔接不顺，或为了节省工程建设投资等多种因素，牺牲了线网为乘客服务的便捷性；部分城市的轨道交通车厢拥挤不堪，舒适度较低，与日益提高的城市经济发展水平和居民收入水平不相适应。很多城市的城市轨道交通的服务水平与小汽车出行相比缺乏优势，甚至处于劣势，难以真正发挥城市轨道交通引领城市公共交通发展，带动城市交通可持续发展的作用。

经过几次讨论和聚焦后，最终提出"城市轨道交通服务水平应以交通需求特征为依据，研究确定不同空间层次轨道交通服务时效性、便捷性和舒适性等服务水平指标，并提出与之相适应的技术标准"。也就是说，在城市轨道交通线网规划中，应基于交通需求分析，确定不同的城市规划空间体系中城市轨道交通应具有的服务水平，并要求从时效性、便捷性和舒适性单个方面进行量化，并提出相应的技术标准。

（1）时效性服务水平指标要求

《城市轨道交通线网规划标准》针对目前我国超、特大城市中的城市轨道交通与城市空间发展不协调，并且与小汽车出行相比不具优势的现象，为提升我国城市轨道交通出行效率，结合我国城市空间布局的特点，将城市主要功能区之间城市轨道交通系统内部出行时间作为时效性服务水平指标，提出了具体的规划要求。

①规划人口规模 500 万及以上的城市，中心城区的市级中心与副中心之间不宜大于 30 min；150 万~500 万的城市，中心城区的市级中心与副中心之间不宜大于 20 min。

②中心城区市级中心与外围组团中心之间不宜大于 30 min，当两者之间为非通勤客流特征时，其出行时间指标不宜大于 45min。

《城市轨道交通线网规划标准》明确提出时效性指标为轨道交通内部出行时间，该定义可以理解为进入轨道交通车站到离开轨道交通车站的时间，完全是一个城市轨道交通系统内部可以掌握的时间。如果在城市交通出行过程中有换乘，那么该时间应该也应包括城市轨道交通之间的换乘时间。

在《城市轨道交通线网规划标准》条文说明中，阐述了为什么将内部时间目标值定为 30min，20min 以及非通勤情况下的 45min。

（2）便捷性服务水平指标要求

由于先期我国超大城市和特大城市的城市轨道交通线网规划缺乏足够的前瞻性，前期已经建成运营的城市轨道交通线路没有预留换乘条件，后期规划建设的线路接入时，大多从工程难度、施工进度要求等方面出发，采用通道换乘的形式，部分换乘车站的换乘通道较长，导致换乘条件较差，步行距离太长，换乘时间相应也长，从而影响了城市轨道交通出行效率。

为进一步提高城市轨道交通的便捷性，指导城市轨道交通的规划和建设，在城市轨道交通系统内部出行时间的基础上，进一步选取了换乘时间作为便捷性服务水平指标，并明确提出"城市轨道交通线路与线路之间的换乘应方便、快捷，不同线路站台之间乘客换乘的平均步行时间不宜大于 3min，困难条件下不宜大于 5min"。

在《城市轨道交通线网规划标准》的条文说明中，将时间目标对应的 3min 进一步转换为 200m 的步行距离。

这一条看似简单的对换乘时间的要求，其实从侧面要求线网规划在方案研究阶段，应充分重视换乘车站的规划，并应适当加强换乘车站的工程方案研究。而换乘车站的工程方案研究，应在城市用地和规划的基础上，综合考虑不同换乘线路的系统制式、敷设方式以及换乘客流规模等因素。

通常情况下，换乘车站应该避免不同方式之间的换乘，但是由于系统制式的不同，导致在不同线路敷设方式之间换乘时，应该通过加强垂直空间的乘客运输速度，从而保障换乘时间目标值的实现。

（3）舒适性服务水平目标要求

虽然我国地铁建设历史已有半个世纪之久，但是由于早期的城市轨道交通建设的主要目标主要停留在运输旅客角度，并未考虑居民生活水平日益提高后，对改善城市交通需求的要求，因此在早期的城市轨道交通建设标准中，通常沿用了公共汽（电）车的满载率指标，确定了城市轨道交通的站席密度指标。

随着我国城市化进程的快速发展以及超大、特大城市的城市轨道交通线路的增加，城市轨道交通的客流快速增加，很多城市在早高峰不得已都采取了限流措施，而城市轨道交通车站内的乘客也出现了多次候车才能上车的现象，并且车厢内的拥挤度已经让人难以忍受，导致城市轨道交通的舒适度大幅降低，难以与小汽车等私人交通方式和其他公共交通方式相比。

《城市轨道交通线网规划标准》为了提高城市轨道交通线路的服务水平，特意选取了站席密度作为城市轨道交通舒适性服务水平的指标。

在《城市轨道交通线网规划标准》的条文说明中，阐述了城市轨道交通的车厢舒适度的指标选取以及分级的原因。

《城市轨道交通线网规划标准》借鉴中国城市轨道交通协会 2015 年承担完成的"地铁列车定员、车站规模动态计算方法及其标准研究"科研成果，明确提出城市轨道交通车厢舒适度由高到低可分为 A、B、C、D、E 五个等级。同时，要求"普线平均车厢舒适度不宜低于 C 级，快线平均车厢舒适度不宜低于 B 级。当线路客流方向不均衡系数大于 2.5 时，平均车厢舒适度可适当降低"（见表 5-16）。

城市轨道交通不同等级车厢舒适度技术特征指标　　　　　表 5-16

舒适度等级	车厢站席密度（人/㎡）
A 非常舒适	≤ 3
B 舒适	3~4（含）
C 一般	4~5（含）
D 拥挤	5~6（含）
E 非常拥挤	>6

5.7　城市轨道交通的层次划分

5.7.1　相关规划规范

5.7.1.1　《城市综合交通体系规划标准》（GB/T 51328-2018）

在《城市综合交通体系规划标准》中，以城市轨道交通线路的运送速度作为功能层次划分标准，将城市轨道交通划分为快线和干线，并在快线和干线中进一步划分为 A 和 B 两个小类（见表 5-17）。

《交通规划标准》中城市轨道交通线路功能层次划分　　　　　表 5-17

大类	小类	运送速度（km/h）
快线	A	≥ 65
	B	45-60
干线	A	30-40
	B	20-30（不含）

在《城市综合交通体系规划标准》和《城市轨道交通线网规划标准》编制过程中，争论最多的是大类名称如何命名和运送速度分类要不要连续的问题，其关键点在于城市轨道交通运送速度的划分，该指标代表了城市轨道交通服务水平的高低，代表了与其他交通方式之间竞争力的高低。

其实在《城市综合交通体系规划标准》编制过程中，提出了很多代表服务水平的指标，最终之所以仅保留了运送速度这一个指标，其关键就是该指标是代表城市轨道交通服务水平高低的基本指标，并且在该指标背后有很多潜在的指标，如决定运送速度的最高运行速度和站间距以及决定运送速度的居民出行距离和居民出行时间目标等。

5.7.1.2 《城市轨道交通线网规划标准》（GB/T 50546-2018）

《城市轨道交通线网规划标准》与《城市综合交通体系规划标准》（GB/T 51328-2018）同步编制，因此在《城市轨道交通线网规划标准》中，也按照城市轨道交通的运送速度将城市轨道交通的功能层次划分为两大类，只不过将名称调整为快线和普线（见表5-18）。

城市轨道交通不同速度等级技术特征指标 　　　　　　　　　　　　　表 5-18

速度等级	旅行速度（km/h）	服务功能
快线 A	>65	服务于市域，商务、通勤、旅游等多种目的
快线 B	45~60	服务于市域城镇连绵地区或城区，以通勤为主等多种目的
普线	<40	服务于城区，以通勤为主等多种目的

在《城市轨道交通线网规划标准》中，还提出了按照城市轨道交通线路的运量划分为大运量、中运量两个等级。按照城市轨道交通线路的运量进行功能层次划分，与按照城市轨道交通线路的运能划分城市轨道交通系统分类有点类似，但是两者之间有一定的差别（见表5-19）。

城市轨道交通不同运量等级技术特征指标 　　　　　　　　　　　　　表 5-19

运量等级	单向客运量（万人次/h）	线路形式
大运量	≥ 3	全封闭
中运量	1~3（不含）	全封闭或部分平交道口

此外，在《城市轨道交通线网规划标准》GB/T 50546-2018 中，还提出了"城市轨道交通线网应按照不同空间层次交通需求构成特征和服务水平要求，研究确定不同技术标准级配组合而成的线网功能层次结构"。

其实，在《城市轨道交通线网规划标准》GB/T 50546-2018 编制过程中，提出了城市轨道交通的功能层次划分，但是考虑到我国城市数量众多，各种类型的城市其交通需求不同，对城市轨道交通的要求也不同，如果在标准规范中规定的功能层次过细、过多，可能会存在一定的误导，因此，最终在《城市轨道交通线网规划标准》GB/T 50546-2018 中只保留了按照运送速度和单向运能划分的两种功能层次分类，同时在速度方面只提出了快线和普线两个层次。

5.7.1.3 《城市轨道交通规划技术导则》（RISN-TG015-2014）

《城市轨道交通规划技术导则》提出"轨道交通线网应根据城市用地布局的差别及不同区域交通出行特征分为不同功能层次，应包括市区轨道交通、市域轨道交通和区域轨道交通"。

"市区轨道交通主要服务于大城市的中心城区；市中心区、副中心应适当提高线网密度，适当增加车站数量；中心城区其他区域轨道交通线路平均站间距可选 1km 左右，不宜超过 1.5km"。

"市域轨道交通主要为郊区与中心城区提供服务，应以放射线为主，可通过设支线的方式提高服务水平。市域轨道交通线路的平均站间距不宜低于 3km，旅行速度不宜低于 65km/h。市域轨道交通线路可结合速度目标和发车间隔的要求，规划设置有到发线的车站"。

"区域轨道交通宜包括各类城际客运铁路、郊区铁路，既为大都市圈的各类城际交通提供服务，同时也为市域交通提供有限服务。城市轨道交通应做好与区域城际轨道交通的衔接"。

《城市轨道交通规划技术导则》在总结了国内超大城市轨道交通线网规划经验的基础上，明确提出了按照城市轨道交通的服务范围，提出城市轨道交通的功能层次，并明确提出了城市轨道交通不同功能层次所对应的站间距、旅行速度和客运功能等。

5.7.1.4　其他功能层次划分

（1）按照城市轨道交通线网结构功能

当城市轨道交通线网线路条数众多时，城市轨道交通线网看似复杂，但是其必然具有基本的线网结构形态，而构成基本线网结构形态的线路可以称为骨干线路。而与骨干线路相对，有部分线路承担了加密或辅助功能，因此可称为加密线路或辅助线路。

（2）按照服务对象划分

按照城市轨道交通的服务对象分为通勤线路、商务线路、混合线路、专用线路（旅游专线、机场专线）等。

通勤线路，通常是指主要服务于通勤交通的线路，主要特点为具有较为明确的通勤高峰。

商务线路，通常是指主要服务于商务出行的线路，承担少量的通勤客流，但是上下班客流高峰不明显。

专用线路，是指服务于某种特殊交通出行的线路，如服务于机场的线路为机场专用线、服务于旅游的线路为旅游专线等。

5.7.1.5　小结

以上列举了五种城市轨道交通的功能层次划分标准，此外还有一些与这五种功能层次划分相近的案例，在此不再一一描述。

上述五种功能层次划分方法具有一定的相关性，如在《城市轨道交通规划技术导则》（RISN-TG015-2014）中，提出的市域线也要求旅行速度不宜低于 65km/h，按照《城市综合交通体系规划标准》和《城市轨道交通线网规划标准》，市域线应对应与快线 A 级别；但同时从这五种分类标准中也可以看出分类标准相对独立，如按照运送速度划分为快线和干线，其中快线可服务于市域，也可以服务中心城区，因此快线可分为市域快线和市区快线，也可以分为骨干线和辅助线。

5.7.2　功能层次划分建议

5.7.2.1　功能层次划分原则

城市轨道交通功能层次划分应充分结合城市轨道交通的需求，以城市轨道交通规划目标为导向，综合考虑服务范围、服务对象、客运量、系统选型、运营组织等因素，构建多层次的功能体系。

城市轨道交通功能定位应明确两个关键原则，一为因城而异，二为多层次。

（1）因城而异

不同的城市，对城市轨道交通的需求不同；甚至于同一城市，不同地区、不同走廊对城市轨道交通的需求也不同；更甚于同一座城市，在不同的时期对城市轨道交通的需求也有所不同。

不同的城市对城市轨道交通的需求不同，是因为不同的城市具有不同的交通环境和交通行为特征及习惯，因此不同的城市，其对城市轨道交通的功能定位不同，对城市轨道交通的需求不同。

当城市发展到一定规模，形成超大城市或者形成以中心城区或者多个中心为中心的都市区、城镇密集区,当城市轨道交通线网规划范围超出一定范围后,不同的地区可能呈现不同的交通特征,因而城市轨道交通在不同地区所承担的功能必然有所不同。当一座城市处在快速城镇化发展时期,不同时期的城市发展要求和交通需求不同,对城市轨道交通的需求也必然不同,因此不同时期的城市对城市轨道交通的功能层次也必定有所不同。

（2）多层次

由于城市交通需求具有多样化发展特征,为了充分满足交通需求,城市轨道交通必然也需要适应多样化的各种交通需求,当然,城市轨道交通并不是完全满足多样化的交通需求,而是在综合交通体系规划指导下,满足一定的多样化的交通需求,如大运量的客流走廊、中长距离的出行、出行时间目标的实现等。

城市轨道交通功能层次划分的标准既相关,又相对独立。为了适应城市交通的多样化需求,城市轨道交通功能层次划分不应拘泥于按照单一标准划分的功能层次,而应根据城市轨道的功能定位和需求,构建多层次的功能层次划分,尤其是对于超大、特大城市等由多样化交通复杂构成的城市。

5.7.2.2　按照服务水平进行功能层次划分

（1）关于服务水平的参数选择

城市轨道交通的服务水平指标,通常包括运送速度、拥挤度等指标,但不同的服务对象和服务范围,其要求的服务水平的指标应有所不同。

在《城市综合交通体系规划标准》和《城市轨道交通线网规划标准》编制过程中,经过多次讨论后,确定选取了运送速度作为代表城市轨道交通服务水平的参数,进行了功能层次划分。

目前,在国内各城市的城市轨道交通线网规划中,大多数都已经将运送速度作为服务水平的重要指标,而拥挤度或者称为舒适度并未作为服务水平的指标。

目前国内的超大城市中的城市轨道交通线路拥挤度太高,不排除在不远的将来,由于国内的城市轨道交通拥挤度日益严重,排队时间不停加长,城市轨道交通必然会丧失与小汽车的竞争优势。因此,为保障城市轨道交通的服务水平,应将反映城市轨道交通拥挤度的指标作为一个关键因素,在《城市轨道交通线网规划标准》中,便明确提出了舒适度的要求,将城市轨道交通的车厢舒适度由高到低分为 A、B、C、D、E 五个等级;并且明确提出普线车厢舒适度不宜低于 C 级,快线车厢舒适度不宜低于 B 级。

在此次《城市轨道交通线网规划标准》中提出的车厢站席密度指标值要比《地铁设计规范》（GB 50157-2013）中要求的车厢有效空余地板面积上,每平方米站立乘客 5~6 人的标准要有所提高。虽然这两个指标看似相同,但实际用途有所不同,两个指标值虽然不同,但在实际应用效果相同。

（2）按照运送速度进行功能层次划分

在《城市综合交通体系规划标准》和《城市轨道交通线网规划标准》中,按照运送速度（旅行速度）将城市轨道交通划分为两大层次,具体的称呼虽然有所不同,但是选取的指标值相同。

城市轨道交通运送速度通常由城市轨道交通车辆的最高运营速度和平均站间距所决定。在《城市轨道交通工程项目建设标准》（建标 104-2008）中,便给出了城市轨道交通车辆最高速度对应不同站间距的旅行速度（见表 5-20）。

不同车辆最高速度下不同站间距的旅行速度（单位：km/h） 表 5-20

车辆最高速度 \ 站间距（km）	1.0	1.5	2.0	2.5	3.0
70（动力 50%~75%）	30~33	35			
80（动力 50%~75%）		38	40	45	50
100（动力 50%~75%）		40	45	50	55
120（动力 75%~100%）			50	55	60

在城市轨道交通线网规划实际工作中，可在以运送速度为标准划分功能层次的基础上，结合城市客流走廊的城市轨道交通需求，进一步详细提出车辆最高运营速度和平均站间距等指标。

当车辆最高速度越高、站间距越大时，旅行速度越高，但在旅行速度有一定要求的情况下，其车辆最高运行速度的选择应根据客流走廊站点的需求而确定，如同样要求 50km/h 的旅行速度时，城市轨道交通车辆可以选择 80km/h、100km/h 和 120km/h 三种最高速度，平均站间距应分别对应于 3.0km、2.5km 和 2.0km。而平均站间距直接决定了城市轨道交通的站点覆盖率，将直接影响城市轨道交通服务水平的高低，因此在城市轨道交通线网规划中，应对城市轨道交通的功能层次指标进一步细化。

同时，由于不同城市的道路交通状况有所不同，城市轨道交通相对于道路交通的竞争背景不同。在进行功能层次划分时，其运送速度的标准值可能会发生变化。例如，部分已经具有 BRT 的城市，其 BRT 旅行速度已经达到 25km/h 时，再提出城市轨道交通的干线 B 或者普线 B 层次，便存在竞争优势不明显的情况，因而在这样的城市，干线 B 的存在性便需要进一步论证。

在《城市轨道交通线网规划标准》编制过程中，以北京、上海、广州、深圳等一线特大城市为研究对象，总结分析了城市发展形成的交通圈层结构，然后针对城市轨道交通服务的 30~50km 交通圈，以 30min 出行时间目标和 60min 最大通勤轨道交通通勤时间为目标，提出运行速度目标值。当超大城市或者特大城市的交通圈层结构发生变化时，同样可以对快线 A 和快线 B 的划分标准进行适当调整。

此外，从目前已经运营的城市轨道交通线路来看，城市轨道交通的运送速度基本为 30~40km，快速城市轨道交通线路的运送速度在 50~60km/h，部分特殊的采用既有铁路和动车组运营的线路，其运送速度较高，达到 65km/h 以上。

（3）按照舒适度进行功能层次划分

将运送速度（旅行速度）作为反映城市轨道交通系统服务水平的重要指标，已经成为共识。城市轨道交通与其他交通方式在服务水平竞争方面，除了速度外，还有舒适度和乘车环境等。只有当城市轨道交通的舒适度和乘车环境也具有与小汽车一样的竞争力后，城市轨道交通才能成为有吸引力的交通方式。

在《城市轨道交通线网规划标准》编制过程中，已经意识到了舒适度是保障城市轨道交通服务水平的重要指标，因而提出了城市轨道交通车厢舒适度技术特征指标，并对舒适度进行了层次划分。

借鉴《城市轨道交通线网规划标准》提出的舒适度层次划分，建议可将城市轨道交通分为四个层次（见表 5-21）。

按照舒适度进行功能层次划分建议   表 5-21

服务水平功能层次	车厢舒适度等级	舒适度	车厢站席密度（人/㎡）	服务水平描述
优	A+	—	—	大多数就座，少量站立
	A	非常舒适	≤3	站立乘客具有较大的自由空间，非常宽松
良	B	舒适	3~4（含）	站立乘客之间具有较大空隙
中	C	一般	4~5（含）	站立乘客之间具有一定空隙
差	D	拥挤	5~6（含）	站立乘客之间空隙很小
	E	非常拥挤	>6	站立乘客之间接触

在《城市轨道交通线网规划标准》提出的舒适度分级基础上，考虑到居民中、长距离的出行，选择城市快速轨道交通的时间较长，为充分体现城市轨道交通的舒适度，建议增加舒适度为 A+ 的级别，大多数乘客就座，也就是为乘客提供较高的座位率。如天津的 9 号线（津滨快轨）、北京机场线、长沙中低速磁浮等城市轨道交通线路以及利用既有铁路采用动车组开行的市郊铁路等。

5.7.2.3 按照系统特征进行功能层次划分

在《城市轨道交通线网规划标准》中，提出了按照城市轨道交通的运量进行功能层次划分，并提出了对应的路权形式。

城市轨道交通的系统特征主要包括线路运量（运能）、系统选型、路权形式、敷设方式等，其中最重要的为运量，因为运量基本决定了系统选型和路权形式，但运量并不能直接决定敷设方式，因为敷设方式是由城市轨道交通沿线道路以及用地条件和系统选型决定的。

因此，在城市轨道交通功能层次划分时，可将运量作为最主要的指标，然后结合路权进行功能层次划分，而系统选型和敷设方式暂不列入城市轨道交通功能层次划分的指标。但当该城市涉及钢轮钢轨和跨座式单轨时，应当在功能层次中适当考虑系统选型和敷设方式。

因为对于单轨系统而言，其敷设方式很难由运量和路权形式决定，必须由系统选型决定，其系统特征决定了敷设方式应以高架为主。高架的单轨系统的城市轨道交通线路选线和规划思路与传统的钢轮、钢轨系统有所不同，因此如果能在城市轨道交通线网规划的功能层次中便提前有所考虑，将有利于城市轨道交通线网规划方案的合理提出。

此外，我国还有广大的二、三线城市，其往往面临的是有城市轨道交通需求，但是财政基础较差，在这样的情况下，不能将一线城市对地下线的偏爱复制到二、三线城市中。只有在城市轨道交通线网规划方案之前，充分考虑到城市轨道交通的经济性，鼓励高架敷设方式，降低投资和运营成本，才能更好地实现城市轨道交通与城市协调发展。因此，敷设方式对于二、三线城市而言，应在城市轨道交通功能层次中有所考虑。

5.7.2.4 按照服务范围进行划分

本书在城市轨道交通线网规划范围的基础上，进一步提出了研究城市轨道交通服务范围的重要性。当城市轨道交通的服务范围较大时，城市轨道交通的功能层次可按照《城市轨道交通规划技术导则》（RISN-TG015-2014）提出的区域线、市域线、市区线进行功能层次划分。

区域线、市域线和市区线之间，最明显的差别特征是线路长度，同时区域线和市域线通常也可以采用运营速度进一步划分为快线和普线。在《城市轨道交通线网规划标准》中，寄希望于区域线和快线可以进行快、慢车混合运营或者快线和慢线共走廊布局。就目前国内各大城市的城市轨道交通发展来看，虽然在规划上希望能够实现快、慢线混合运营，但是往往受制于客流需求，规划中的区域线本来是想作为快线，不得已随着客流需求，不断增加车站，从而变成了一条慢线，如果在该走廊内再建设一条快线，则投资和造价还不如在另外的道路通道上新建一条线路。

在国外大都市区大家可以找到快、慢混合运行的区域城市轨道交通线路，但是其实质是多线运营，并且客流需求并不像国内那样明显。

5.7.2.5　按照速度进行功能层次划分

在《城市综合交通体系规划标准》和《城市轨道交通线网规划标准》中，都明确提出了按照运送速度（旅行速度）将城市轨道交通划分为四个层次，虽然四个层次的名称稍有不同，但是速度标准相同。由于这两个标准充分结合了我国北京、上海、广州、深圳等一线超大城市的城市轨道交通需求，提出了快线 A、快线 B 和干线（普线）的区别，这两个标准的分类适合我国一线超大城市，而且其选取的速度目标值也具有一定的实践意义，对我国城市轨道交通线网规划中的功能层次划分具有指导意义。

建议可按照《城市综合交通体系规划标准》和《城市轨道交通线网规划标准》提出的功能层次划分，将城市轨道交通划分为快线、普线，其中快线进一步划分为快线 A 和快线 B，普线可划分为普线 A 和普线 B，其中快线 A 又可通俗称为高速线，普线 B 又可称为慢线。

但是由于我国一线超大城市或者特大城市，对城市轨道交通的需求具有多样化的特点，因此，在开展城市轨道交通线网规划中，并不能教条地选用这两个标准提出的功能层次划分标准值，应该充分结合不同城市对不同层次的城市轨道交通的需求，而选择相应的功能层次划分标准值。

此外，一条线路也可以通过规划控制或者运营组织分段实现不同的功能，如一条线路服务于组团内时，也许是普线，但是服务于组团间时，可能就是快线 B，也就是说，同一条线路在不同的区段可能承担不同的功能。

5.7.3　功能层次划分注意事项

（1）注重城市轨道交通与铁路系统之间的功能异同点

在前面已经描述过市郊铁路、城际铁路与市域快速轨道交通系统的区别，虽然三者是不同的系统制式，在一定程度上可以提供区域内各组团间的快速联系，但在运营组织管理以及服务水平上还是存在一定的差异。因此，在面对特大城市的轨道交通线网规划时，一定要首先分析区域铁路网的功能和特点，在此基础上，提出区域层面的城市轨道交通的功能定位。

目前，有个别城市在编制城市轨道交通线网规划时，将城际轨道交通作为区域的主要轨道交通功能层次，并作为城市轨道交通线路进行规划，虽然从轨道交通整体系统来看是可行的，但还是有不妥之处，值得继续思考。

在城市轨道交通线网规划中，可以对不同的层次进行线网构建，但是前提是不同层次的线网应当是一个整体，并不是像综合交通系统规划中的高速公路网和城市道路网。

（2）注重实际需求划分功能层次

城市轨道交通的基本需求是运量的需求，其次是服务水平和运营速度的需求。在城市轨道交通线网规划中，应当注重实际需求，并不一定非要采用某个固定的标准进行单一的功能层次划分，可采用多种划分方法，对城市轨道交通的功能层次进行分层次划分。

当然，部分城市的城市轨道交通需求除了运量的要求外，可能也会存在经济性的要求，尤其是目前我国大量的二、三线城市，部分城市交通需求方面，城市轨道交通势在必行，但是由于受制于政策门槛或者经济条件，只能选择建设成本较低的城市轨道交通，因此在这些城市进行城市轨道交通线网规划的功能层次划分时，应当充分考虑经济性。

此外，对于一些超大城市和特大城市也存在城市轨道交通可持续发展的要求，并不能盲目地追求"高大上"的地铁系统，全线网都采用高造价的系统，也需要考虑一下城市轨道交通的经济性，因此在功能层次划分中也应考虑经济性的因素。

（3）注重不同系统制式带来的差异性

城市轨道交通的系统制式选择，也是城市轨道交通功能层次划分的一个重要因素，而不同的系统制式直接影响城市轨道交通的运量等级、服务水平、敷设方式等。

因此，在划分一座城市的城市轨道交通功能层次时，应当在功能层次划分的基础上，尽量确定好每种功能层次所选用的系统制式，以及各种系统制式的应用特点，以指导城市轨道交通线网方案的构建。

第6章 城市轨道交通线网规模论证

6.1 城市轨道交通规模论证的方法与存在的问题

城市轨道交通规模论证是在城市轨道交通功能定位与功能层次划分的基础上，综合考虑城市发展需要、城市交通需求以及城市社会经济条件等因素，结合城市轨道交通服务范围与轨道交通发展模式，提出城市轨道交通线网规划的总体规模。城市轨道交通线网规模论证是指导城市轨道交通线网构建的基础，是城市轨道交通线网的总量控制指标。

城市轨道交通线网规模论证常用的方法有交通需求分析法、社会经济分析法、服务水平分析法、分层次分析法等多种方法。

6.1.1 交通需求整体分析法

交通需求法，通常是在城市总体规划确定的人口规模的基础上，根据居民出行强度估算居民出行总量，然后以城市综合交通规划提出的公共交通发展目标为指导，计算公共交通出行总量以及城市轨道交通出行总量，最后借鉴国内相关城市轨道交通客流经验，选取适当的换乘系数、负荷强度，从而计算城市轨道交通线网规模（见表6-1）。

某城市采用交通需求整体分析法计算轨道交通线网规模　　　　表6-1

项目	中心城区	都市区
人口规模（万人）	425	800
出行总量（万人次/日）	1203	2540
公共交通出行比例（%）	35	40
公共交通出行量（万人次/日）	421.1	1031
轨道交通占公交的出行比例（%）	40	40~45
轨道交通出行量（万人次/日）	168.4	412~463
换乘系数	1.3~1.4	1.3~1.4
轨道交通客运量（万人次/日）	220-235	590
负荷强度（万人次/(km·日)）	1.5~2.5	1.5~2.0
线网长度（km）	140~160	235~395

6.1.2 服务水平分析法

服务水平分析法主要是借鉴类似城市的城市轨道交通线网密度以及万人拥有水平指标，根据城市的人口规模进行计算。此种方法往往比较简单，但测算规模的差异较大。

6.1.3 社会经济法

按照城市的 GDP 以及财政实力，根据城市轨道交通的建设成本以及运营维护成本，测算城市可建设的城市轨道交通规模，此种方法目前较多地应用在城市轨道交通近期建设规划中，而在城市轨道交通线网规划中较少应用，主要原因在于：一方面，一、二线大城市的城市轨道交通线网规划往往滞后于城市发展需要，尤其是普遍滞后于上一轮城市总体规划（2020 年版总体规划）；另一方面，城市轨道交通设施作为大型基础设施，应当适当超前地做好规划控制，因此在城市轨道交通线网规划中，强调的是规划控制。

6.1.4 交通需求分层次分析法

交通需求分层次分析法，主要是在交通需求分析法的基础上，根据城市空间特点，将城市划分为若干个组团，根据不同组团的不同交通强度，确定不同组团的城市轨道交通线网负荷强度，然后根据各组团的城市轨道交通需求确定城市轨道交通线网规模（见表 6-2）。

某城市采用服务水平分层次分析法计算城市轨道交通线网规模　　　　　表 6-2

组团	交通生成量 （万人次 / 日）	交通强度 （万人次 /km²）	线网负荷强度 万人次 /（km·日）	轨道客流量 （万人次 / 日）	轨道线网长度（km）
中心组团	1145.9	10.3	2.5	249.3	99.7
南部组团	393	4.7	1.5	51.3	34.2
北部组团	763.8	4.9	1.5	99.7	66.5
东部组团	228.7	2.7	0.8	12.4	15.6
西南组团	602.9	4	1	61.2	61.2
西部组团	225.6	3.3	1	14.3	14.3
合计	3360	5.2	平均核算：1.7	488.2	291.5

6.1.5 服务水平分层次分析法

服务水平分层次分析法，主要是借鉴交通需求分层次分析法，根据城市空间特点，将城市划分为若干个组团，根据不同组团的不同交通强度，提出不同组团的城市轨道交通线网密度以及万人拥有水平，然后根据各组团面积和人口确定各组团的城市轨道交通线网规模，从而得到城市轨道交通线网规模（见表 6-3）。

某城市采用服务水平分层次分析法计算城市轨道交通线网规模　　　　　表 6-3

组团	交通强度 （万人次 /km²）	线网密度法		轨道线网拥有率法	
		线网密度（km/km²）	轨道线网长度（km）	万人拥有率（km/100 万人）	轨道线网长度（km）
中心组团	10.3	0.8	89.2	70	143.2
南部组团	4.7	0.4	33.5	35	24.6
北部组团	4.9	0.4	62.5	35	47.7
东部组团	2.7	0.2	16.7	20	8.2
西南组团	4	0.3	44.9	30	32.3

续表

组团	交通强度（万人次/km²）	线网密度法		轨道线网拥有率法	
		线网密度（km/km²）	轨道线网长度（km）	万人拥有率（km/100万人）	轨道线网长度（km）
西部组团	3.3	0.2	13.6	20	8.1
平均校核	5.2	0.4	—	44	—
线网规模	—	—	260.3	—	264.1

6.1.6 存在的问题

这几种分析方法在论证城市轨道交通线网规模时，交通需求分析法需要先定性判断城市轨道交通线网的负荷强度、换乘系数等指标，社会经济分析法需要先定性判断城市轨道交通的平均造价，服务水平法需要先定性判断城市轨道交通的线网密度和万人拥有率等，分层次分析法是将交通需求分析法和服务水平分析法相结合，也需要先预测城市轨道交通的负荷强度和线网密度、万人拥有率等指标。

由此看出，这几种常用的方法都需要根据经验先判断城市轨道交通线网的特征参数，而这些特征参数与城市轨道交通功能定位和功能层次划分以及城市轨道交通发展模式等都有直接的关系。这些参数的大小将直接影响城市轨道交通线网规模论证的大小，必然难以发挥对城市轨道交通线网方案的总量控制作用。

此外，以上这几种方法只能应用在人口相对集中的中心城区内的城市轨道交通线网的规模论证，而难以应用到市域范围。因为在市域范围内，城市轨道交通的线网规模与市域空间形态、市域交通特征等直接相关，很难通过以上几种常用方法论证。

6.2 《城市轨道交通线网规划标准》中的相关内容

在《城市轨道交通线网规划标准》（GB/T 50546-2018）的基本规定中，提出"城市轨道交通线网规模、服务水平应与城市规模和经济社会发展水平相适应，并应符合城市综合交通体系规划的目标要求"。

在其条文说明中，提出"城市轨道交通系统是城市重要基础设施，具有投资大、建设周期长、运营成本高等特点，在建成后相当长的运营期是亏损的，需要城市政府提供财政补贴。城市轨道交通线网建设规模过大，将对城市财政形成负担，不利于城市经济社会的健康发展，建设规模过小将难以满足未来城市发展和交通需求。因此，城市轨道交通线网规模不仅要满足城市发展和综合交通的需求，同时还要考虑城市经济社会发展水平和相应的财政承受能力，使城市轨道交通建设能够与城市经济社会发展水平相适应，促进城市轨道交通可持续发展"。

此外，在《城市轨道交通线网规划标准》编制过程中，为了指导我国城市轨道交通建设规模发展，在同步开展的"轨道交通线网规划技术研究"课题中，针对国外典型城市的城市轨道交通线网密度开展了专题研究，最终选择与我国国情基本类似的亚洲典型城市的线网密度和人口与就业岗位之间的对应关系，作为我国城市轨道交通线网的密度指标的指导，并且最终纳入了《城市轨道交通线网规划标准》中，作为中心城区的城市轨道交通线网密度的指导，并且提出"为了体现线网在城市不同开发强度功能片区的差异化服务",可采用该指标测算中心城区线网规模在城市各功能片区的空间分布。

6.3 规模论证指导原则

合理论证城市轨道交通线网规模应与城市轨道交通功能定位和层次划分、城市轨道交通服务范围分析、城市轨道交通发展模式相结合,采用多种方法,从多层次、多范围、多角度,有针对性地分析城市轨道交通线网规模。

①多层次:主要指城市轨道交通的功能层次,不同层次的城市轨道交通的系统参数不同,其服务范围和发展模式也不同。

②多范围:主要指不同强度的地区,城市轨道交通的发展模式和服务水平也不同。

③多角度:主要指要综合考虑城市空间布局特征、交通需求特征、环境与财政可承受能力以及经济性等,与城市轨道交通规模相关的各因素。

6.4 中心城区轨道交通线网规模论证方法建议

6.4.1 综合交通发展战略分析法

在城市轨道交通功能定位分析中,提出了采用综合交通发展战略分析法,该方法也是一种城市轨道交通规模论证的方法。但是该方法需要根据经验,构筑不同城市轨道交通规模的线网方案,分别纳入不同的城市综合交通战略测试方案,然后经过战略比选确定合理的城市轨道交通线网规模。

综合交通发展战略分析法需要建立交通需求分析模型,过程较复杂,并且与城市轨道交通线网方案构筑的合理性有关,城市轨道交通线网方案的合理性在一定程度上将直接影响城市综合交通战略比选的结果。

因此,综合交通发展战略分析法的应用需要建立在具有丰富城市轨道交通线网规划经验的基础上,并且需要城市轨道交通线网规划与城市综合交通体系规划同步进行。

6.4.2 采用分层次轨道交通服务水平法

在《城市轨道交通线网规划标准》提出的线网密度的指标基础上,结合城市空间布局,分析各组团的人口、就业岗位密度,按照中心城区线网密度指导表,确定城市轨道交通线网规划密度,从而根据各组团面积计算城市轨道交通线网规模。

6.5 市域轨道线网规模论证方法建议

6.5.1 市域轨道线的必要性论证

市域轨道交通线网规模论证,不同于中心城区范围的城市轨道交通线网规模论证,首先要论证市域线存在的必要性,在《城市轨道交通线网规划标准》中,明确提出"在市域范围,应结合市域城镇发展和交通需求特征,论证规划建设城市轨道交通系统的必要性,需要规划建设轨道交通系统的城市，规划范围应增加市域层次"。

在市域轨道线路的必要性方面，《城市轨道交通线网规划标准》明确提出了两个定量指标，一个是"快线客流密度不宜小于 10 万人·km/（km·d）"，另一个是"中心城区以外的城市轨道交通车站周边 1000m 半径用地范围内，规划的人口与就业岗位密度之和，快线不宜小于 1.0 万人 /km²"。

此外，《城市轨道交通线网规划标准》还从城市轨道交通与城市空间布局协调发展方面，提出了城市轨道交通的时间服务水平指标。城市轨道交通线网规划应保障城市轨道交通出行效率，城市主要功能区之间轨道交通系统内部出行时间应符合下列规定：

①规划人口规模 500 万及以上的城市，中心城区的市级中心与副中心之间不宜大于 30min；150 万 ~500 万的城市，中心城区的市级中心与副中心之间不宜大于 20min。

②中心城区市级中心与外围组团中心之间不宜大于 30min，当两者之间为非通勤客流特征时，其出行时间指标不宜大于 45min。

当城市空间达到一定尺度，中心城区与外围组团距离较远时，从城市轨道交通的服务水平角度出发，需要市域轨道线路服务，但是前提是达到了城市轨道交通客流需求的基本要求。

6.5.2　市域轨道线的规模论证方法

（1）时空分析法

时空分析法，是在城市空间布局的基础上，以保障城市轨道交通运行效率为目标，在出行时间目标的基础上，进行城市轨道交通的必要性分析，如果必要，则应考虑设置城市轨道交通快线。这种时空分析法可应用于高度城镇连绵地区或者城镇走廊内，但这种方法还应结合交通需求或者人口就业岗位等定量指标，进行最终的必要性分析。

在珠三角城镇的重要节点城市东莞境内，已经形成了明显的城镇发展带，并且呈现出多中心的市域空间布局，在 2003 年编制城市轨道交通线网规划时，便立足促进市域城镇空间协调发展，保障各中心之间的快速联系，提出了由快线组成的市域轨道交通线网方案。

（2）交通需求分析法

选取中心城区与外围组团之间的主要走廊或者关键截面进行需求分析，判断城市轨道交通的必要性，若必要，则根据中心城区与外围组团之间的空间距离，可测算市域城市轨道交通线路的规模。

大多数城市都会面临市域轨道交通线网规划规模的困惑，有些城市只要外围有组团，就必须规划有一条城市轨道交通线路，有时甚至于纳入近期建设项目，必然导致城市轨道交通运营亏损。在《城市轨道交通线网规划标准》中，明确提出市域轨道线路沿线人口和就业岗位密度以及客流密度的基本标准，有利于合理引导市域城市轨道交通线路的合理规划和建设。

在市域线的必要性分析中，应真正从交通需求出发，不要盲目跟风，在符合标准的基础上，根据中心城区或中心组团与外围组团之间的通道交通需求，确定是否需要城市轨道交通（见图 6-1）。通道需求分析中，单向最大断面高峰小时轨道交通需求达到 1 万人次 /h 及以上时，

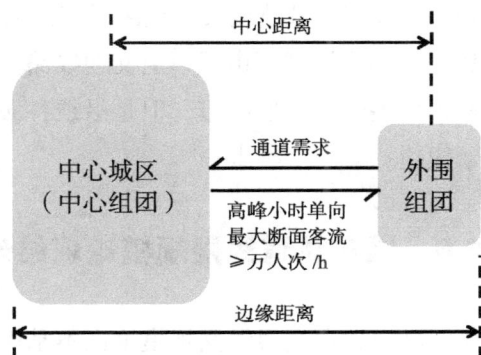

图 6-1　中心组团与外围联系

才规划市域轨道交通线路，如果在规划期内达不到，远景达到则只能作为远景市域轨道交通通道，作为远期规划的预留通道，纳入规划控制，如果连远景也达不到此标准，则建议仅作为远景预留通道，或者采用非城市轨道交通系统制式的市域铁路（市郊铁路）。

此外，在此需要注意的是，城市轨道交通线网规划在规划市域轨道交通网络时，是可以提出市郊铁路规划方案的，但有时市郊铁路规划方案需要纳入地方铁路网规划才能履行建设程序，因此，在城市轨道交通线网规划中，可以提出市郊铁路规划方案，但是仅作为规划建议，而不作为城市轨道交通线网规划方案中的组成。

当中心城区与外围组团的需求达到标准后，则按照组团中心距离和边缘距离纳入市域轨道线网的规模测算中。之所以将两个距离都纳入城市轨道交通线网规模，主要考虑到市域轨道线路的布局模式，可采用换乘模式，也可以采用贯穿模式，在线网规模测算阶段，很难确定采用哪种模式，因此将两个距离的范围值纳入城市轨道交通线网规模中。

（3）城镇布局空间定性分析法

市域城市轨道交通最重要的服务水平指标就是旅行速度或运营速度，而该指标主要取决于市域轨道车辆的最高运行速度和平均站间距。在《城市综合交通体系规划标准》和《城市轨道交通线网规划标准》中，提出了快线主要分为两个层次（见表6-4）。

快线的功能层次 表6-4

速度等级	旅行速度（km/h）	服务功能
快线 A	>65	服务于区域、市域，商务、通勤、旅游等多种目的
快线 B	45~60	服务于市域城镇连绵地区或部分城市的城区，以通勤为主等多种目的

快线 B 往往是采用市域快速轨道交通系统，一般采用最高运行速度为 120~160km/h 的城市轨道交通车辆，对应于 45~60km/h 的旅行速度，一般平均站间距为 2-5km。

快线 A 往往采用动车组，一般最高运行速度在 160~200km/h，对应 65km/h 的旅行速度，其平均站间距应该在 5km 以上。

根据城市空间布局，从城镇发展带中的沿线各城镇分布角度可以看出各城镇之间的距离，从而根据地方的交通特征以及各城镇的成长历史，定性地分析各城镇之间的联系程度，从而定性地判断该城镇带中是否需要市域轨道交通。

通常当城镇带之间城镇用地间隔较大，各城镇平均间距大于 3~5 倍市域轨道交通的平均站间距后，设置市域轨道交通线路就应该慎重，若各城镇相对自我较为完善，各城镇之间的联系较少，那么就不应该规划市域轨道交通线路。尤其是，当城镇距离主城区较远，虽然市域空间布局中有城镇发展轴或者发展带，但是沿线各城镇规模较小，在这种情况下，一定要谨慎规划市域轨道交通线路。

6.6 城市轨道线网规模论证结论

城市轨道交通线网规模论证不是简单的一种数字规模的测算，而是反映城市轨道交通发展目标、功能定位、发展模式以及与城市空间协调发展的综合体现的结论，同时在一定程度上也反映了城市轨道交通未来服务水平和运营效益的预期目标。

　　此章节虽然提出了几种城市轨道交通线网规模的论证方法，并且在《城市轨道交通线网规划标准》中，也给出了城市轨道交通线网密度的指导要求，由于我国城市的规模、经济可承受力、城市空间布局以及城市交通特征等差异较大，如何正确地建立因城而异的城市轨道交通发展目标、功能定位、发展模式等，还缺乏足够的经验，因此在城市轨道交通规模论证方面，还未形成比较系统的科学论证方法，只能按照现有的城市轨道交通规划和建设经验，不断地完善相关预测指标，通过定量和定性的方法综合得出城市轨道交通线网规划的规模。

第7章　城市轨道交通线网组织与布局

7.1　线网组织与布局的原则和基础

7.1.1　规划原则

《城市轨道交通线网规划标准》明确提出城市轨道交通线网组织与布局的基本原则包括以下内容：

①与城市空间布局结构契合。城市轨道交通线网应根据城市空间组织、交通发展目标和空间客流特征进行合理组织，线网布局应与城市空间结构、交通走廊分布契合。线网组织与布局必须结合城市空间组织，形成的线网布局应与城市空间结构相契合。

②与交通走廊分布契合。线网规划应在交通发展目标和空间客流特征的基础上进行合理组织，形成的线网布局应与城市走廊分布相契合。

③与沿线土地使用功能相协调。城市轨道交通线网布局应与沿线土地使用功能相协调，应优先与居住用地、公共管理与公共服务用地、商业服务设施用地、客运交通用地相结合，不宜临近物流仓储用地、货运交通用地、大型市政公用设施用地及非建设用地。

7.1.2　规划基本要求

（1）合理组织换乘

在2009年发布的《城市轨道交通线网规划编制标准》（GB/T 50546-2009）中，便提出了"线网方案应确定换乘车站的规划布局，明确各换乘车站的功能定位。线网方案应处理好城市轨道交通线路之间的换乘关系，以及城市轨道交通系统与其他交通方式的衔接，并应提出换乘车站的设施控制条件"。

在《城市轨道交通线网规划标准》中，针对部分城市轨道交通之间的换乘距离过长、换乘效率低下，导致城市轨道交通服务水平较低的现象，同时为了加强城市轨道交通换乘车站与城市空间的协调关系，将原条文修改为"线网规划应合理组织换乘功能，处理好城市轨道交通线路间以及与其他交通方式的换乘衔接关系，有效控制换乘衔接空间，并应提出换乘设施的规划控制条件"。

（2）合理配置资源

线网应根据城市各功能片区开发强度的高低提供差异化服务，线网配置标准应与人口及就业岗位密度分布、客运系统功能分工、客运交通需求、道路交通容量相匹配。城市高强度开发的功能片区应提高线网配置标准。

"线网配置标准"是《城市轨道交通线网规划标准》提出的重要内容之一，在条文说明中解释为"线网配置标准主要指线网规模或线网密度"，但实际上还蕴含了运能配置的内涵，在本章中增加了一节"运能配置"内容，结合城市轨道交通的服务水平要求，提出基于运能配置的一些规划要求。

（3）合理制定线网建设时序

《城市轨道交通线网规划标准》继承了《城市轨道交通线网规划编制标准》中的"线网规划应根据城市与交通发展进程提出线网分期建设时序"。

在大多数的线网规划报告中，线网建设时序都是作为实施规划的重要内容之一，在本次规划标准修编过程中，针对部分城市轨道交通超前建设导致客流不足等问题，为了强调城市轨道交通建设与城市建设相协调的重要性，将线网建设时序纳入到"线网组织与布局"中。

7.1.3　规划基础

（1）城市总体规划

城市总体规划是城市轨道交通线网规划的重要依据，需要对城市总体规划中市域城镇体系规划、中心城区（集中建设区）空间布局以及相关的都市区等城市空间布局进行分析和解读，了解各城镇、各组团、各片区、各级中心的相互关系，以及居住、工业、公共管理与公共服务、商业等用地的布局特点和开发强度分区规划等。此外，还要关注城市旧城改造、城市更新规划等，必要时，应收集各片区的控制性详细规划，进一步了解用地现状与开发的情况。

（2）城市综合交通体系规划

城市综合交通体系规划是城市轨道交通线网规划的依据，在城市综合交通体系规划中，交通发展战略、交通发展目标都是制定城市轨道交通线网规划目标和战略的重要依据，其中综合交通体系组织是直接指导城市轨道交通线网规划的重要内容。由于城市综合交通体系规划和城市轨道交通线网规划同为城市总体规划的重要专项规划，有时综合交通体系规划并不能真正发挥指导城市轨道交通线网规划的作用。因此，城市轨道交通线网规划应与城市综合交通体系规划进行同步编制并相互反馈，从而协调一致。

在城市综合交通体系规划中，各交通系统的布局方案也是城市轨道交通线网规划应该考虑的主要内容，其中对外交通体系、枢纽体系、道路交通体系等，都可直接作为城市轨道交通线网规划的主要依据，但是由于公共交通体系多以城市轨道交通为骨干，因此综合交通体系规划中的公共交通体系规划应以城市轨道交通线网规划为依据，进行必要的相互反馈，从而达到协调一致。此外，在必要时，综合交通体系规划中的道路网体系，也有可能随着城市轨道交通线网规划而发生必要的调整。

（3）交通需求分析

交通需求分析是综合交通体系规划中的重要内容，同时也是城市轨道交通线网规划的重要基础，因此单独列出强调其重要性。

交通需求分析包括居民出行特征分析、公共交通特征分析、道路交通分析、对外交通分析以及交通枢纽特征分析等，必要时应针对性地增加组团间交通分析、关键截面交通分析以及主要走廊交通分析等。

在交通需求分析过程中，如前面所述，人口和就业岗位密度分析、交通生成密度分析以及 OD

分析、蜘蛛网交通分布、客流路网分布等，都会更直观地反映交通需求的特征。

（4）其他相关因素

城市轨道交通线网规划组织中，除了城市规划、交通规划和交通需求三个重要的基础外，还应该考虑生态保护红线规划以及地质地貌等因素。

生态保护红线规划中，划定的禁止开发区域应作为城市轨道交通线网规划的限制条件，在城市轨道交通线网规划组织中，应明确哪些是城市轨道交通可以穿越设置车站的，哪些是有条件穿越不能设置车站的，哪些是根本不能穿越的。通常生态保护红线规划中，主要包括国家级、省级自然保护区、森林公园、风景名胜区、世界文化自然遗产、地质公园以及水源保护区等。

地质地貌中，主要考虑的是河流、湖泊以及重要的地质灾害地区，如地震断裂带、矿藏地区、采空区（沉陷区）、喀斯特地形等。

7.2　城市轨道交通线网组织

7.2.1　线网组织的内涵

城市轨道交通线网组织是指部分城市轨道交通线网规划报告中的城市轨道交通线网的构架研究或轨道交通线网结构分析，主要是提出城市轨道交通线网的整体布局结构，反映线网布局主要的规划思路。

在已正式发布的相关规范、标准中，将"组织"一词应用在交通规划层面，最早见于《城市综合交通体系规划导则》中的"综合交通体系组织"，但在该导则中，"综合交通体系组织"主要内容是"依据城市综合交通体系总体发展目标和交通资源配置策略，统筹城市综合交通体系功能组织，提出规划布局原则和要求"，在公共交通方面，主要是"论证公共交通系统构成和功能等级，分析城市轨道交通和大运量快速公共交通系统规划建设的必要性、可行性。"如果按照《城市综合交通体系规划导则》中对综合交通体系组织的概念和要求，城市轨道交通的组织也就是提出城市轨道交通的功能层次，以及建设的必要性和可行性即可。但是由于城市轨道交通系统为城市综合客运系统中的骨干，而且为满足多样化的交通需求，城市轨道交通的功能层次、系统制式、运能等也出现了多样化的趋势。因此，《城市轨道交通线网规划标准》的编制中，结合目前城市轨道交通线网规划中的线网构架研究的主要内容，希望在线网构架时，便能够充分考虑城市轨道交通的功能层次、系统制式以及运能等，为城市轨道交通方案的提出提供基础。

因此，《城市轨道交通线网规划标准》提出的城市轨道交通线网组织，不仅仅局限在城市轨道交通线网构架，既包括城市轨道交通设施空间布局的组织，还包括建设和运营管理的理念，同时提出线网组织还应合理组织换乘功能、线网配置。

7.2.2　线网组织的内容

《城市轨道交通线网规划标准》明确提出线网组织的内容为"应合理利用客运通道资源，对线网的功能层次、换乘站布局、线网与对外交通系统换乘衔接以及线路空间规划等进行合理安排"。

（1）不同层次轨道交通线网的组织

随着我国各大城市的城市轨道交通逐步成网，在北京、上海、广州、深圳等超大城市中，城市轨道交通快线的通道资源日益稀少，甚至没有，导致城市轨道交通快线的建设难度较大、建设成本巨大，因此《城市轨道交通线网规划标准》在明确了城市轨道交通功能层次后，为了保障城市轨道交通各层次的线网衔接，提出了不同层次轨道线网的组织内容和要求。

由于现有的城市规划和建设基本都是基于道路交通设施开展的，因此在城市轨道交通建设过程中，为了不割裂现有的城市地块，只能选择道路设施空间作为城市轨道交通空间的重要载体。随着我国各大城市的快速发展，在城市轨道交通建设初期，大多数的道路资源已经被城市轨道交通干线占用，导致快线很难找到合适的通道。为了避免后续各城市的城市轨道交通建设重蹈覆辙，本次《城市轨道交通线网规划标准》特别强调了"合理利用客运通道资源"，对线网的功能层次进行合理安排。

此外，部分特殊地形的城市，其客运通道资源有限，不可避免地存在快线、干线共走廊的需要，针对此现象，《城市轨道交通线网规划标准》在线网布局中专门提出了相关要求和指引。

（2）换乘站布局

换乘站是城市轨道交通系统发挥网络效应、提高系统运输效率的关键，是城市公共交通网络中的重要节点，是一体化城市公共交通系统建设的关键。

《城市轨道交通线网规划标准》在《城市轨道交通线网规划编制标准》的基础上，进一步强调了换乘站布局的重要性，同时提出了换乘站的设置要求。

（3）对外交通系统的衔接

针对各大城市的机场、高铁站等区域交通枢纽与城市轨道交通的衔接需要，《城市轨道交通线网规划标准》强调了城市轨道交通与对外交通系统的衔接，并将其作为线网组织的重要内容之一。

（4）线路的空间规划

线路的空间规划是指，城市轨道交通线路在空间上的线网组织、布局形态等，通常包括线路间距、线路走向、相互关系、线网形态等。线路的空间规划，其实与线网布局的内容基本一致。

7.2.3　线网组织的要求

7.2.3.1　换乘站组织要求

《城市轨道交通线网规划标准》为了加强城市换乘枢纽与城市空间布局的吻合，提出"换乘站布局应符合城市客流特征与城市轨道交通系统组织要求，并应与城市主要公共服务中心、主要客运枢纽结合布置，换乘站距离市级中心、副中心核心区域的距离不宜大于300m"，"中心城区单一层次的线网，线路与线路之间的换乘站应优先与城市重要公共服务中心结合设置；2个及以上层次的线网，各层次线网之间的换乘站应优先与城市主要公共服务中心结合设置"。

本次《城市轨道交通线网规划标准》明确提出了换乘车站与城市中心的距离控制指标，该指标是按照《住房城乡建设部关于印发〈城市轨道沿线地区规划设计导则〉的通知》（建规函［2015］276号）关于车站核心圈层300~500m的要求确定的，而300m相当于步行5min左右。

在线网规划阶段很难确定具体的车站位置以及城市中心的具体位置，这里提出的300m的概念，主要用来强调空间上的吻合性，是大致的距离控制指标，指的是空间上换乘站至城市公共服务中心核心区域的直线距离。而城市公共服务中心核心区域指的是具有该核心区代表性或标志性的建筑，或建筑群区域范围内。

7.2.3.2 快线网组织要求

目前在国内快线网规划工程中,存在很多种快线组织的模式,有直径线式（贯穿式）、半径线式、切线式、环放式、衔接式等（见图7-1）,在早期的线网规划报告中，由于受制于工程建设、运营管理等，在对城市空间扩展缺乏系统的认识条件下，很多城市在提出的市域线中都采用了衔接式或者切线式，而目前，随着我国城市轨道交通建设经验的积累，以及对城市规划和交通规划的深入了解，越来越多的城市开始提倡贯穿式、半径线式，环放式目前应用还很少，但在部分城市的城际轨道交通线网规划中可以看到环放式的布局模式。

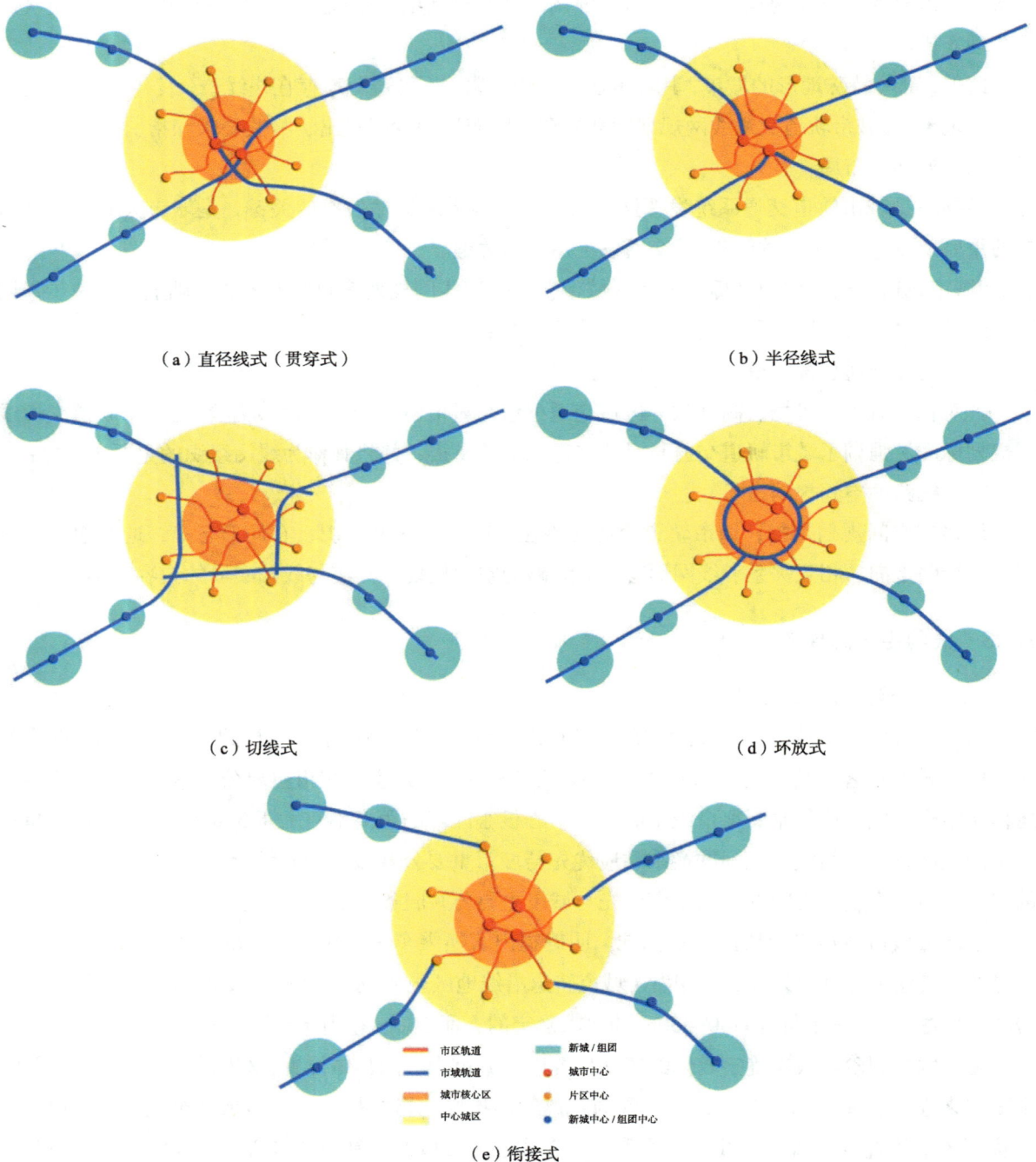

（a）直径线式（贯穿式）　　　　　　　　（b）半径线式

（c）切线式　　　　　　　　（d）环放式

（e）衔接式

图 7-1　快线衔接模式

目前，城市快线网与中心城区普线网换乘衔接的问题较多，一些城市的快线与普线采用端点式衔接，造成换乘客流极大，乘客出行不便，时空效率低下。因此，《城市轨道交通线网规划标准》明确提出"外围组团与中心城区联系的快线宜进入中心城区"，从而鼓励快线采用贯穿式和半径线式。

此外，为了保持快线与城市空间的吻合性，还提出快线"与中心城区线网的换乘站应优先与具有市域服务职能的市级中心、副中心、城市主要客运枢纽结合设置"。

此外，《城市轨道交通线网规划标准》还要求"快线网在中心城区的换乘站布局应满足客流空间分布重心均衡服务要求"，强调快线网换乘站的布局应当结合城市空间、市区干线网络布局，均衡布局。

7.2.3.3 对外交通枢纽的城市轨道交通组织要求

（1）铁路车站的衔接

随着我国干线铁路网的建设，铁路枢纽已经成为城市重要的对外交通枢纽，并且大多数城市的铁路枢纽周边已经建设成为城市的中心。

为科学指导城市轨道交通衔接铁路车站，在《国家发展和改革委员会关于加强城市轨道交通规划建设管理的通知》（发改基础［2015］49 号）中，提出"规划年发送量大于 2500 万人次的铁路客运站应研究引入多条线路的必要性"。

《城市轨道交通线网规划标准》结合《城市对外交通规划规范》（GB 50925-2013）提出的铁路客运场站分级标准：铁路客运站按照高峰小时旅客发送量划分为特大型、大型和中小型客运站，对应的高峰小时旅客发送量规模分别为大于 10000 人次、3000~10000 人次、600~3000 人次。明确提出"规划高峰小时旅客发送量大于或等于 1 万人次的特大型铁路客运站应设置城市轨道交通进行接驳，规划高峰小时旅客发送量大于或等于 3000 人次且小于 1 万人次的大型铁路客运站宜设置城市轨道交通进行接驳"。

加强城市轨道交通与铁路枢纽的衔接，已经成为各大城市交通一体化的重要内容，但是部分城市在铁路车站建设时，未充分预留城市轨道交通的衔接条件，因此导致部分城市的城市轨道交通无法与铁路车站实现一体化换乘，为了保障城市轨道交通与铁路的换乘一体化，《城市轨道交通线网规划标准》明确提出"城市轨道交通车站应与铁路客运站结合设置，不能结合设置的，换乘距离不应大于 300m"。

（2）机场轨道交通

机场线在我国城市轨道交通建设中存在一定的争议或者误区，部分城市不管机场的客运吞吐量大小，有无城市轨道交通接入需求，都要求各种城市轨道交通设施接入机场，为了合理引导机场线的规划和建设，在《国家发展改革委关于加强城市轨道交通规划建设管理的通知》（发改基础［2015］49 号）中，提出"衔接普通机场优先考虑复合功能线路，衔接规划年吞吐量超过 5000 万人次的机场，研究设置专用线路的必要性"。

《城市轨道交通线网规划标准》结合《民用机场总体规划规范（征求意见稿）》中基于航站区的分类指标提出"规划年旅客吞吐量大于或等于 4000 万人次的机场应设置城市轨道交通进行接驳，大于或等于 1000 万人次且小于 4000 万人次的机场宜设置城市轨道交通进行接驳"（见表 7-1）。

此外，为了加强机场线的服务效率，提出"机场与城市主中心之间轨道交通内部出行时间不

《民用机场总体规划规范（征求意见稿）》航站区指标划分　　　　表 7-1

航站区指标	年旅客吞吐量（用 P 表示）（万人次）
1	$P<50$
2	$50 \leqslant P<200$
3	$200 \leqslant P<1000$
4	$1000 \leqslant P<2000$
5	$2000 \leqslant P \leqslant 4000$
6	$P>4000$

宜大于 40min"。

对于机场线而言，应当鼓励复合线路，可以是干线或者快线衔接机场，在服务于城市客流的同时，服务于机场。只有机场规模达到一定程度，并且复合线路已经难以满足机场的快速服务需求时，才研究设置机场专用线。

（3）铁路枢纽与机场间的轨道交通联系

在很多区域中心城市中，其机场的辐射范围较大，往往覆盖以中心城市为核心的城镇密集区、城市群范围，在此情况下，铁路与机场的衔接尤为重要。国内虹桥枢纽的成功经验，便证明了机场与铁路衔接的重要性。

但是很多中心城市的机场分布在城市外围，铁路枢纽大多位于城市中心区，虹桥枢纽的经验很难复制，即使很多城市目前在不断尝试，也很难将铁路客运站与机场衔接在一起，如广州白云机场与广州北站、郑州新郑机场与郑州南站。

《城市轨道交通线网规划标准》明确提出"规划人口规模 500 万及以上城市的轨道交通线网规划应研究主要铁路客运站和机场之间设置轨道交通线路的必要性和需求，确需轨道交通线路进行衔接的，两者之间轨道交通系统内部出行时间宜控制在 30min 内，且不应大于 45min"。

在此需要注意以下几点：

①规划人口规模达到 500 万及以上的城市，应研究城市轨道交通衔接机场与铁路枢纽之间的必要性和需求，其他规模的城市也可以研究其必要性和需求；只有确定需要城市轨道交通衔接时，才规划这样的线路。

②一座城市往往拥有几个铁路客运站，并且各铁路客运站的功能有所不同，在研究必要性和交通需求时，应当结合铁路客运站的功能进行分析，并不是所有的铁路客运站都应当衔接机场。

③机场与铁路客运站有必要衔接时，《城市轨道交通线网规划标准》提出"两者之间轨道交通系统内部出行时间宜控制在 30min 内，且不应大于 45min"，这里其实重点强调了交通运输一体化衔接的效率，以及保持城市轨道交通与其他交通方式的时间竞争优势。

④此外，铁路客运站地区往往会发展成为城市的中心区，因此对此条的理解不应仅仅局限在对外交通枢纽的衔接，在研究铁路客运站与机场的协调必要性和需求时，还应统筹考虑铁路枢纽地区的交通需求，避免由于多条城市轨道交通线路集中在枢纽核心区，而导致铁路枢纽周边的站点覆盖率降低。

7.3　城市轨道交通线网布局

7.3.1　城市轨道交通布局的基础

《城市轨道交通线网规划标准》提出"线网布局方案应在分析城市空间结构、用地布局、客运交通走廊分布、重要客运枢纽和大型客流集散点分布的基础上研究确定"。

《城市轨道交通线网规划标准》明确了线网布局的研究基础，只有在客观分析城市空间结构、用地布局、客运交通走廊分布、重要客运枢纽和大型客流集散点分布的基础上，才能开展线网布局的研究，并确定线网布局。

如何合理确定城市轨道交通的线网布局，是线网规划的重要内容之一。在很多城市的城市轨道交通线网规划过程中，都对线网布局方案产生过不同程度的疑惑和讨论，尤其是有环和无环的讨论。

在《城市轨道交通线网规划标准》的征求意见稿中，针对环线还提出了设置环线宜具有下列特征条件：

①强中心布局，环线沿线走廊的居住人口与就业岗位集中、客流分布较为均衡。

②从环内、环上向外放射的半径线宜为 8 条及以上。

③放射线在环外长度之和与环内长度之和的比值不宜小于 2。

虽然由于环线设置条件的个别定量规定存在一定异议，因此最终未纳入标准，但是在这里需要强调的是，很多城市设置环线与否都会成为线网规划的重要问题之一。

结合笔者的实际规划经验，建议在线网规划中应客观、合理地对环线加强分析。

首先，辨别城市空间布局形态，在经历过单中心圈层发展的城市，或者具有环放状路网的城市，应当研究环线布局的必要性；当城市已经围绕环形道路或者具有成环可能的多中心布局时，应当研究联系多中心环线的必要性。

其次，要认识到真正的环线应当是具有环形客流走廊，在该走廊内，客流相对较为均匀，找不到明显的断点；同时，环线的功能，也可通过两条环环相扣的线路来实现，当环形客流走廊不存在时，宜选用此模式。

再次，环线的大小尺度应该适宜，不应过长，目前北京建成的 10 号线是最长的环线，其实在 10 号线实际运营中，根据不均衡的客流，采用了多种运营组织方案。

最后，环线承担换乘组织功能，其放射线条数应该足够多，通常会认为应该在 3 条直径线以上。

最终如何确定是否有环线，可以通过构建不同的线网初始方案，经过综合比选后，确定环线的必要性以及环线的布局方案。

7.3.2　城市轨道交通布局形式

城市轨道交通线网的布局形态，通常分为中心放射式、棋盘式和其他形态三大类（见图 7-2），其中中心放射式分为有环和无环放射，棋盘式又分为方格网式、菱形等，其他形式主要是结合特殊的城市空间布局形成的典型的城市轨道交通线网布局形态，其中"五星"形布局形态，主要代表了多中心的布局结构下，城市中心之间两两互联的布局形态。

（a）中心放射式线网形态布局

（b）棋盘式线网形态布局

（c）其他形态布局

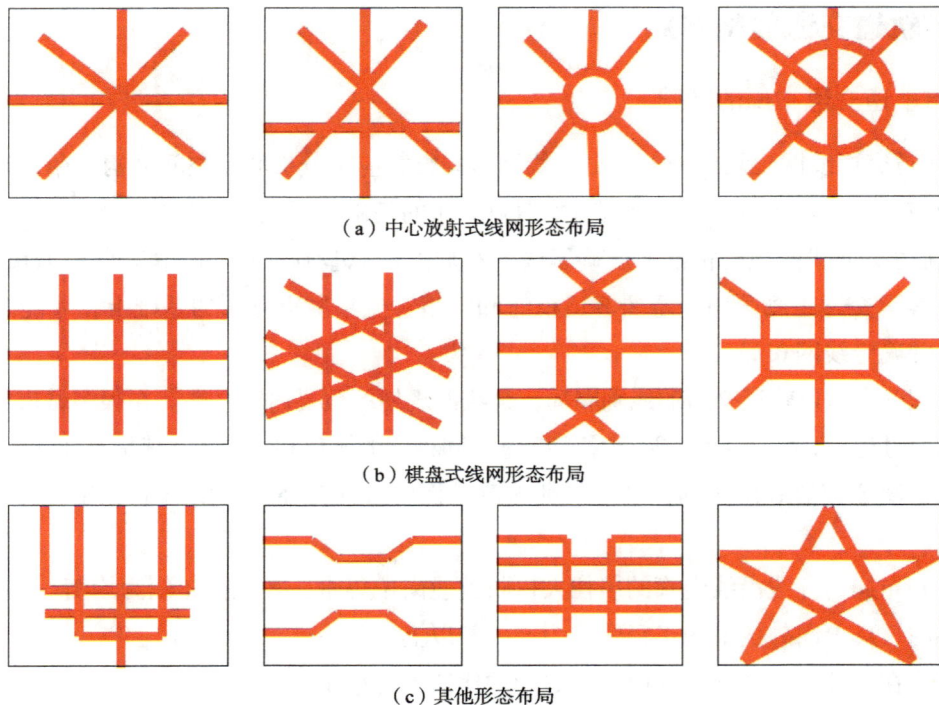

图 7-2　城市轨道交通布局形态

7.3.3　中心城区城市轨道交通线路布局要求

（1）与城市空间布局的协调性要求

《城市轨道交通线网规划标准》首先提出了中心城区线网与城市空间的布局吻合性的要求。

中心城区线网布局应与中心城区空间结构形态、主要公共服务中心布局、主要客流走廊分布相吻合，并应符合下列规定：

①线网应布设在主要客流走廊上，线路高峰小时单向最大断面客流量不应小于 1 万人次 /h。

②线网应衔接大型商业商务中心、行政中心、城市及对外客运枢纽、会展中心、体育中心、城市人口与就业密集区等公共服务设施和地区。

③线网应提高沿客流主导方向的直达客流联系，降低线网换乘客流量和换乘系数。

第①条提出的"线路高峰小时单向最大断面客流量不应小于 1 万人次 /h"，对应于《城市轨道交通线网规划标准》的适用范围，应该确定是中运量以上的线路，在条文说明中，明确提出应该是远景的客流指标，如果远景的线路高峰小时单向最大断面客流量小于 1 万人次 /h，则"属于低运量系统范畴，不需要布设大、中运量城市轨道交通系统"。

第②条指出了城市轨道交通线网布局中，应该衔接的主要客流集散点，其中对外客运枢纽的衔接应结合城市轨道交通需求进行分析，部分城市的公路客运站虽然也是主要的对外客运枢纽，但是由于偏离了城市客运走廊，并且周边地区交通需求较低，这样的情况下很难衔接客运站，可以通过规划调整场站选址解决该问题。在早期很多城市的第一轮线网规划中，都存在这样的问题。部分城市在线网规划方案确定后，结合城市轨道交通线网规划方案，通过调整对外公路客运站的布局，从而实现公路客运枢纽与城市轨道交通的一体化衔接；也有部分城市，通过与城市轨道交通线网规划同步编制综合交通体系规划、公路客运枢纽规划等，从而实现城市客运枢纽和城市轨道交通的一体化衔接。

第③条要求城市轨道交通线路走向应该与主要客流走向相一致，应该尽可能地降低换乘客流比例，提高直达客流的比例，从而提高城市轨道交通的服务水平。通常在客流走廊判断时，采用蜘蛛客流分析，可以判断客流走廊的主要走向；在线网初始方案比选中，可以通过换乘系数的大小确定城市轨道交通线路服务的便捷性。

（2）中心城区线网密度指标要求

《城市轨道交通线网规划标准》在总结了"轨道交通线网规划技术研究"课题的研究结论，对应于不同城市不同地区的人口和就业岗位密度，提出了我国各城市中心城区的线网密度指标（见表7-2）。

中心城区线网密度规划指标　　　　　　　表7-2

人口与就业岗位密度之和（万人/km²）	线网密度（km/km²）
0.5（含）~1.0	0.25（含）~0.50
1.0（含）~1.5	0.50（含）~0.80
1.5（含）~2.0	0.80（含）~1.00
2.0（含）~2.5	1.00（含）~1.30
≥2.5	≥1.30

而在条文说明中，针对人口与就业岗位密度大于2.5万人/km²的情况，进一步给出了线网密度指标（见表7-3）。

人口与就业岗位密度之和与线网密度的关系　　　　　　　表7-3

人口与就业岗位密度之和（万人/km²）	线网密度（km/km²）
2.5（含）~3.0	1.30（含）~1.55
3.0（含）~3.5	1.55（含）~1.80
≥3.5	≥1.8

在这里需要指出的是，该指标并不能作为分析城市轨道交通必要性的依据，在使用时，应该首先分析城市轨道交通的必要性，只有在必要性成立的基础上，才可借鉴该指标进行城市轨道交通线网的规模分析以及方案评价。并不能因为某一座城市的核心区，其局部人口和就业岗位密度较高，就认为应该有城市轨道交通服务。

（3）市级中心的城市轨道交通服务要求

为了加强城市轨道交通与城市空间的协调布局，在提出城市轨道交通与城市中心布局距离要求的基础上，进一步对市级中心提出了运能配置的要求。

《城市轨道交通线网规划标准》提出"以商业商务服务或就业为主的市级中心，规划人口规模500万人及以上的城市应由2条及以上的轨道交通线路服务，规划人口规模150万~500万的城市宜由2条及以上的轨道交通线路服务。在市级中心区域应形成线网换乘站，有条件时宜形成具有多站换乘功能的枢纽地区"。

在这里主要强调的线网布局中，应将城市的市级中心作为重要的服务对象，并加强服务，同时针对多条线路在市级中心区域换乘时，建议形成多站换乘，而不是多条线路一站换乘，从而达到对市级中心的均衡服务。

在部分城市的城市轨道交通线网编制过程中都会遇到多线换乘的情况，主要考虑的问题是，三线换乘是否设置在一座车站。其实，当多条线路要经过城市中心区时，建议形成多点换乘，当然多点换乘带来的问题也许是换乘客流较大，但是换乘站的服务范围进一步加大，或者说市级中心的城市轨道交通站点数量增多，服务水平从而提高。

7.3.4　市域城市轨道交通线路布局基本原则和技术要求

《城市轨道交通线网规划标准》明确提出了快线层次，并且对市域快线的布局提出了基本要求："市域线网布局应与市域城镇空间结构形态、主要公共服务中心布局、市域客流走廊分布相吻合，线路应沿市域城镇主要客流走廊布设"；同时，对市域范围内布置快线提出了具体规定：

①快线应串联沿线主要客流集散点，在外围可设支线增加其覆盖范围。

②快线客流密度不宜小于 10 万人·km/（km·d）。

③快线在中心城区与普线宜采用多线多点换乘方式，不宜与普线采用端点衔接方式。

④当多条快线在中心城区布局时，应满足快线之间换乘需求的便捷性，并应结合交通需求分布特征研究互联互通的必要性。

第①条，其实是在鼓励快线设置支线，毕竟城市轨道交通的建设成本较高，在市域范围内，规划快线时，不能按照城市道路、公路、常规公交等规划提出的镇镇通、村村通的思路。在前面已经明确过，设置市域快线，首先研究其必要性，即使是必要的，也应该充分考虑城市轨道交通的建设和运营成本，因此在外围偏离主要城镇走廊或客流走廊的城镇需要设置快线时，可通过设置支线的方式提供服务，从而避免增加新线路。

第②条，明确提出了快线设置的定量指标。在《城市轨道交通线网规划标准》明编制过程中，结合案例城市预测快线远景客流密度的实际情况，按照实现快线保本运营理想模式的分析结果，考虑政策性补贴因素以及广告及其他收益等，快线的客流密度不宜低于 10 万人·km/（km·d）。该指标是客流密度指标，不同于市区普线常见的断面客流和负荷强度指标，当然就目前而言，如果要建设市域轨道交通线路，也应该按照《国务院办公厅关于进一步加强城市轨道交通规划建设管理的意见》（国办发［2018］52 号）的要求，在满足客流密度指标的基础上，还应满足相应的客流以及负荷强度指标。

第③条，明确提出了快线与普线的衔接模式应该是多点换乘，同时也不提倡端点换乘衔接的组织模式，在条文说明中，明确提出了"应优先考虑贯穿式和半径线式模式"，"特别是贯穿式运输直达性好、换乘少，对于强化卫星城与中心城的联系、引导中心城人口和职能的有机疏散、促进城乡统筹发展较为有利，是应该优先考虑的规划布局模式"。《城市轨道交通线网规划标准》在鼓励贯穿式的同时，也强调"在采用贯穿布局模式时，应审慎选择在城区的通道，避免城区内、外客流特征差异太大，从而导致运营组织的困难"。因此，在市域快线布局时，应适当考虑快线客流需求，开行大小交路、"穿袖子"等运营组织方式。

第④条，是结合我国城市轨道交通的发展趋势，鼓励快线应互联互通，从而实现一体化运营。

7.3.5 中心城区外设置轨道交通的基本要求

《城市轨道交通线网规划标准》结合城市轨道交通站点周边的人口和就业岗位密度的研究，明确提出了设置城市轨道交通车站的基本要求：中心城区以外的城市轨道交通车站周边 1000m 半径用地范围内，规划的人口与就业岗位密度之和，快线不宜小于 1.0 万人 /km²，普线不宜小于 1.5 万人 /km²。

在第 6 章规模论证中，便说明了该指标的重要指导作用。该指标的提出，从某种意义上主要是防止在规划市域轨道交通线网过程中，不考虑基本交通需求，在未充分论证市域线必要性的前提下，比较随意地规划市域轨道交通线路。

7.3.6 快线和普线共走廊布局要求

随着我国特大城市、超大城市的城市轨道交通的快速建设，城市轨道交通网络已经初具规模，各城市的城市轨道交通快线已经成为现在或未来一段时间需要考虑的重要问题。

但是由于在早期的城市轨道交通线网规划和建设过程中，未能较好地规划预留城市轨道交通快线的走廊，从而导致快线和普线共走廊建设的问题，针对此问题，《城市轨道交通线网规划标准》明确提出：城市客流走廊可根据客流规模、交通需求特征、出行时间目标要求等设置轨道交通快线、普线共用走廊。同时，提出两种情况下宜共用走廊。

1）城市客流走廊上布设普线，其负荷强度不小于 3 万人次 /（km·d），且该走廊上多个主要功能区之间选择普线出行时间超出本标准第 5.1.2 条的规定。

2）城市客流走廊内道路交通空间资源紧张，在该走廊内需要布设普线、快线。

第 1）种情况，是针对已经规划有普线的情况下，并且普线的客流较高，其负荷强度不小于 3 万人次 /（km·d），并且城市主要功能区之间的城市轨道交通内部出行时间超出以下规定时应设置快线。

①规划人口规模 500 万及以上的城市，中心城区的市级中心与副中心之间不宜大于 30min；150 万 ~500 万的城市，中心城区的市级中心与副中心之间不宜大于 20min。

②中心城区市级中心与外围组团中心之间不宜大于 30min，当两者之间为非通勤客流特征时，其出行时间指标不宜大于 45min。

《城市轨道交通线网规划标准》提出的时间目标值作为城市轨道交通服务水平保障的基本要求，是保持城市轨道交通竞争力的关键。

而对于普线 3 万人次 /（km·d）的指标，其实在《城市轨道交通线网规划标准》编制过程中也是经历过多次讨论，一开始尝试按照断面客流量提出指标，后来考虑到线路的长度以及利用普线设置快、慢线运营的可能性，因此提出该指标，也就是说，当普线的负荷强度达到 3 万人次 /（km·d）以上时，普线已经很难通过局部车站改造实现快、慢线共线运营。

《城市轨道交通线网规划标准》提出"当快线、普线共用走廊时，快线与普线应独立设置。如快线、普线的运输能力富裕可共轨时，共轨后各自线路的旅行速度应满足各层次的技术指标要求，各自线路的运能应满足该走廊交通需求的基本要求"。

7.3.7 城镇连绵区城市轨道交通布局要求

在我国一些城镇连绵地区，不同行政区之间的交通出行日益增加，交通出行特征表现出对行政区界限的淡化，形成跨行政区的城镇连绵地区。

由于城市规划管理以及城市轨道交通建设的政策原因，目前我国城市轨道交通线网规划的规划范围只能限定在本行政区范围内，跨行政区的轨道交通线网规划需要国家或省级主管部门组织编制。

针对此现象，《城市轨道交通线网规划标准》提出"城镇连绵地区超出市域行政辖区范围的城市，城市轨道交通线网应在跨行政区的城镇连绵地区统筹规划，与相邻行政区城市轨道交通线网应密切协调与对接"。

7.3.8 联络线布局要求

联络线是保障不同城市轨道交通线路之间联系的基础设施，同时随着未来城市轨道交通互联互通的发展趋势，联络线也将成为城市轨道交通跨线运营的基本保障。《城市轨道交通线网规划标准》在保留《城市轨道交通线网规划编制标准》中对联络线相关要求的基础上，增加了对运营组织的要求：城市轨道交通线网规划应研究线网联络线设置方案，满足车辆基地资源共享以及运营组织等需要。联络线设置方案应满足车辆过轨条件。

7.4 城市轨道交通运能配置

在《城市轨道交通线网规划标准》编制过程中，为保障城市轨道交通运营的服务水平，增加了运能配置的相关要求和内容。

7.4.1 运能配置的基本要求

多年来，城市轨道交通系统的运输能力在线网规划阶段没有技术规定要求，设计阶段的运输能力往往为系统极限运输能力。由于城市发展规模主导的客流预测结果存在变化的客观因素，设计运输能力难以适应日益增长的客流需求，导致部分城市轨道交通建成通车后，系统运输能力不足，乘客在上下班高峰时间乘车排队滞留时间较长，车厢拥挤或极度拥挤现象普遍，舒适度服务水平低下。

《城市轨道交通线网规划标准》针对此现象提出：城市轨道交通运能配置应在分析预测客流数据的基础上，根据线路功能定位、速度目标、客流变化风险等因素综合确定。线网运能应满足城市远景发展要求。

在线网规划阶段，应根据客流敏感性分析，提高城市轨道交通运能配置，为远景预留一定的弹性。

7.4.2 线路运能配置要求

为保障城市轨道交通乘坐的舒适度，全面提升城市轨道交通的竞争力，《城市轨道交通线网规划标准》在提出服务水平标准的同时，结合运能配置，提出"对既有运营线路，当列车在正常运行下，线路某一断面平均车厢舒适度低于本标准第 5.1.4 条规定的等级水平的时间之和大于一天总运营时间的 15% 时，应增加运能供给，改善车厢舒适度"。

《城市轨道交通线网规划标准》的第 5.1.4 条规定，普线的舒适度等级不宜低于 C 级，即站席密度不宜大于 5 人 /m²；快线的舒适度等级不宜低于 B 级，即站席密度不宜大于 4 人 /m²。

表面上看，这一条的内容在线网规划阶段很难落实，但是在线网规划修编过程中，在对既有线网评估时，应当对已经运营的线路加强服务水平分析，如果达不到要求，则应增加运能，假如已经难以通过运能增加来保障服务水平的情况下，应该通过增加平行线路的方法，增加城市轨道交通运能或者采用其他方式，降低城市轨道交通客流需求。

这一条将"列车在正常运行下某一断面车厢平均舒适度低于规定要求的时间之和与一天总运营时间的比值"作为一个界限条件指标，在条文说明中提出"该指标的含义为：在一天总运营时间中，若干个区间断面中会出现一个或多个不符合车厢舒适度规定要求的区间断面，在某一个区间断面上，一天会出现若干个不符合规定要求的时段，如早高峰时段、晚高峰时段或其他时段，这些不符合规定要求的时段是间断的、不连续的，这些间断的多个时段的时间之和与一天总运营时间的比值"。

而《城市轨道交通线网规划标准》选取了"15%"作为界限标准，主要考虑允许早高峰和晚高峰各 1h 左右出现适当拥挤，因此全天允许 2~2.5h 的拥挤。而根据 2017 年城市轨道交通统计公报，全国的城市轨道交通平均运营服务时间为 16.8h，部分城市运营时间在 18h 左右，因此提出了 15% 的界限标准。

7.4.3 既有线网运能配置影响分析与对策

线网规划修编时，应充分考虑对既有运营线路的影响，《城市轨道交通线网规划标准》提出"当规划线路与既有运营线路换乘时，应通过对既有运营线路的客流冲击影响进行评价，合理确定换乘站布局方案。当既有运营线路或车站设施运能不足时，应提出既有运营线路扩能措施或线网运能分流方案"。

在线网修编时，可能存在由于线路的增加，城市轨道交通服务范围加大，部分已经运营的线路客流需求也会相应增加，因此，需要作规划线路对已经运营的线路的影响分析，确定既有运营线路能否满足新增线路后的运能配置要求，不能满足的应该采取相应的规划措施。

7.4.4 对外客运枢纽衔接运能配置

目前国内部分高铁站内设置的城市轨道交通车站，由于运能不足，导致车站内乘客排队较长，等候几辆车后才能上车，针对此现象，为保障城市对外客运枢纽衔接线路的运能配置，《城市轨道交通线网规划标准》结合《住房城乡建设部关于印发城市轨道沿线地区规划设计导则的通知》，提出"与铁路客运站、长途汽车站衔接的城市轨道交通车站，其提供的运能宜达到其接驳对外客运枢纽客运发送量的 50% 以上"。

7.5 城市轨道交通线网组织与布局的案例

本节主要以编者负责的《合肥市城市轨道交通线网规划》及《太原市城市轨道交通线网规划》两个项目作为案例进行说明。

7.5.1 合肥市城市轨道交通线网规划

7.5.1.1 规划背景

在编制《城市轨道交通线网规划标准》过程中，线网构架研究或者线网布局结构研究是确定城市轨道交通线网基本布局形态，是线网规划方案的重要内容。《城市轨道交通线网规划标准》提出"应根据城市空间组织、交通发展目标和空间客流特征进行合理组织，线网布局应与城市空间结构、交通走廊分布契合"，但是如何认定合适的线网构架即布局形态，需要通过初始方案进行综合评价。

在第一轮《合肥市城市轨道交通线网规划》编制时，合肥市城市总体规划正在修编，现状的城市空间布局依然呈现以老城为市级中心的强中心布局结构，路网也呈现环放状布局，而正在编制的城市总体规划提出疏解老城建设新城，形成多中心的城市空间布局，市级中心由单一的老城中心，转变为三个市级中心，而在同步编制的《合肥市交通发展规划》中，也提出将路网由环放状路网转变为棋盘放射状路网。

当时，合肥市刚刚开始研究城市轨道交通线网规划，在不同规划、不同时期，出现过很多不同版本的线网，而线网的布局也有所不同，有环放状布局的线网，也有井字形棋盘状的布局和井字形 + 环形的线网布局（见图 7-3）。

在 2006 年底启动《合肥市城市轨道交通线网规划》时，由于城市综合交通体系规划已经编制完成，为了较为系统地研究城市轨道交通在城市综合交通体系中的功能定位、发展目标，并加强与其他交通方式的一体化衔接，同步启动了《合肥市城市交通发展规划》。此外，为加快推进合肥市城市轨道交通的建设，还同步启动了《合肥市城市轨道交通近期建设规划》《合肥市城市轨道交通近期建设规划客流预测》《合肥市近期城市轨道交通线路沿线土地利用控制性详细规划》以及《合肥市近期城市轨道交通建设线路预可行性研究》等项目。

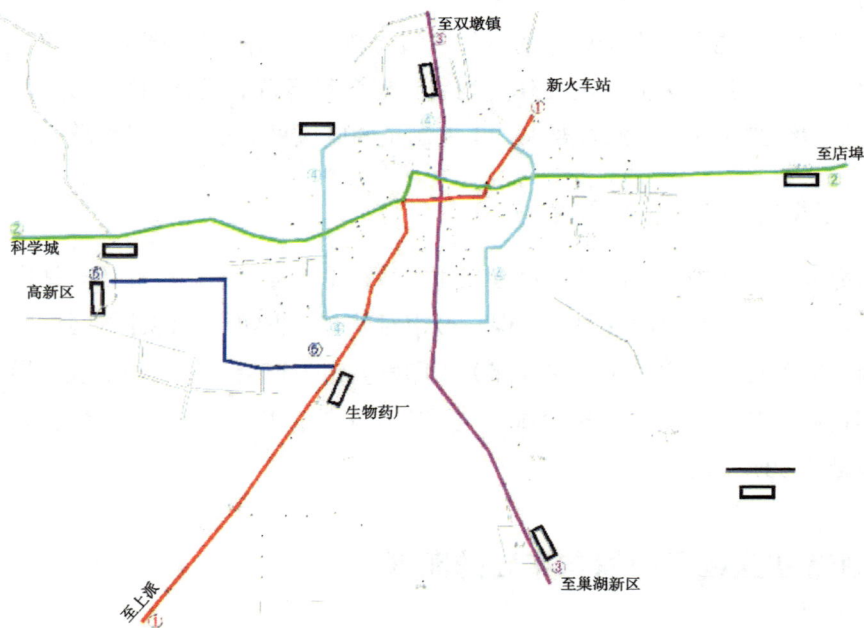

（a）2004 年版线网规划方案研究提出的线网方案

图 7-3　合肥市早期出现的城市轨道交通线网规划方案（一）

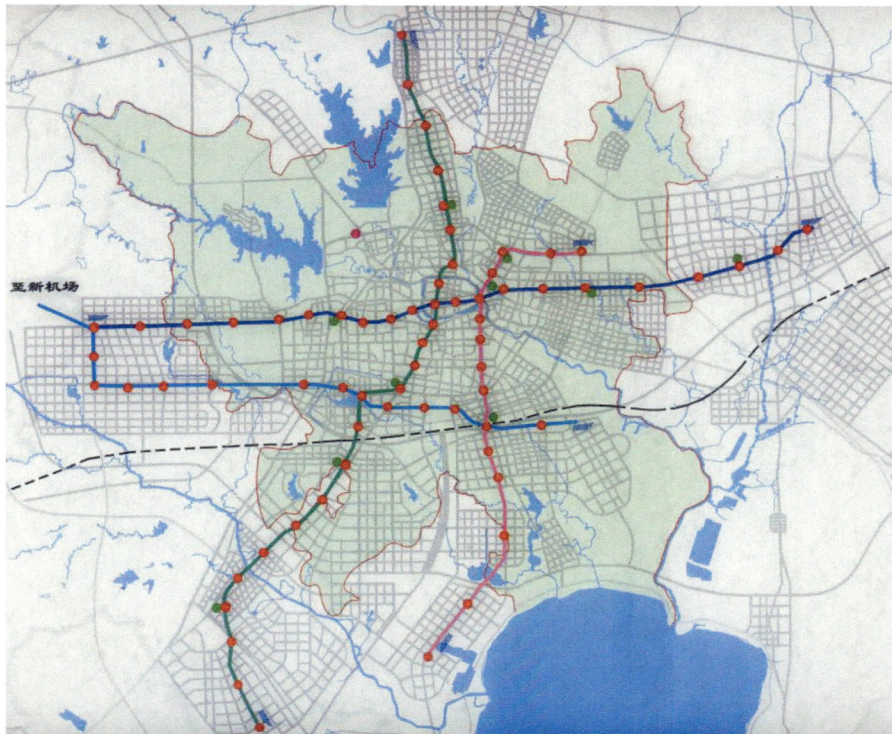

（b）2005 年版城市综合交通规划提出的线网规划方案

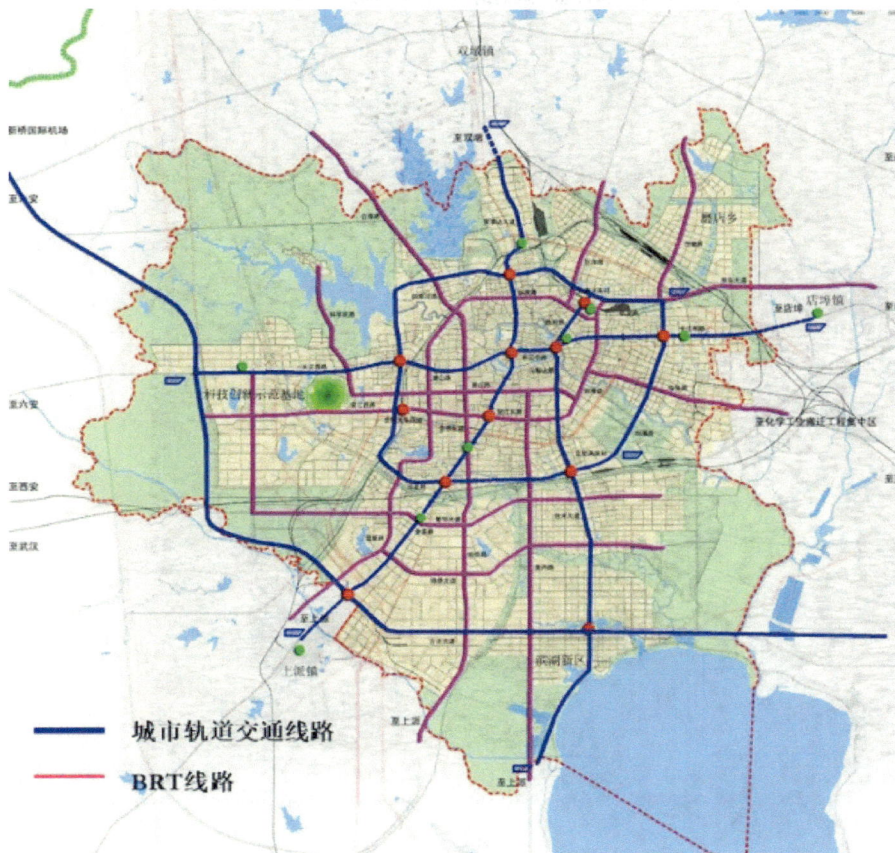

━━━ 城市轨道交通线路

━━━ BRT线路

（c）2006 年版城市总体规划纲要成果后的城市轨道线网规划方案

图 7-3　合肥市早期出现的城市轨道交通线网规划方案（二）

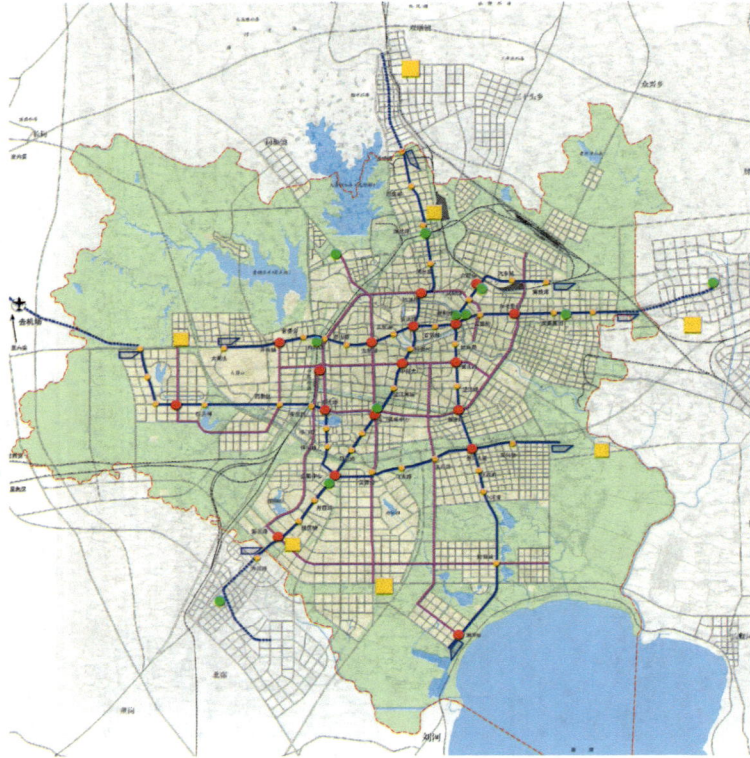

（d）2006年版城市总体规划纲要中的城市轨道线网规划方案

（e）2006年公共交通规划中的城市轨道交通线网规划方案

图 7-3 合肥市早期出现的城市轨道交通线网规划方案（三）

在《合肥市城市轨道交通线网规划》研究过程中，首先基于城市空间和交通需求分析，提出了城市轨道交通不同时期的城市轨道交通线网总体布局方案以及不同地区的城市轨道交通线网布局模式，然后针对已经出现的城市轨道交通线网规划方案，在线网总体布局的基础上，构建了不同布局形态的城市轨道交通线网方案，通过初始方案的综合评价，从而确定合适的城市轨道交通线网布局。

7.5.1.2　线网构架过程

（1）从城市空间布局定性分析

1）从"141"组团整体布局出发

从"141"组团的整体布局来看，合肥市空间发展将按照 1 个主城、4 个外围城市组团、1 个滨湖新区的规划思路，建成以主城区、滨湖新区为中心，向 4 个外围组团辐射的双中心组团放射式的空间发展战略（见图 7-4）。

根据"141"组团的空间布局分析，合肥市城市轨道交通走廊应首先加强主城区与滨湖新区之间的联系，建立主城区与滨湖新区之间的轨道快速通道。其次，城市轨道交通走廊应以主城为中心，向 4 个外围组团放射，联系主城区与 4 个外围组团。最后，城市轨道交通走廊应以滨湖新区为中心，向 4 个外围城市组团放射，联系滨湖新区与 4 个外围组团。

2）从中心城区城市空间布局定性分析

根据合肥市城市总体规划，合肥市规划 3 个市级中心，分别是位于主城区的老城中心、滨湖中心和政务文化中心。各城市组团设若干个组团中心和组团分中心，构成中心网络（见图 7-5）。

根据中心城区空间布局规划，轨道交通走廊可以分为一级走廊和二级走廊，一级走廊主要联系三个市级公共服务中心，兼顾组团中心，二级走廊主要联系市级中心与组团中心。

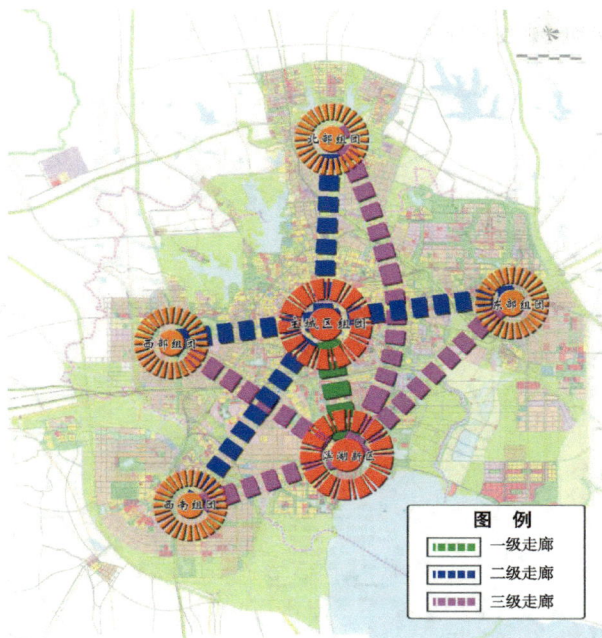

图 7-4　基于"141"组团空间布局的轨道走廊分析　　图 7-5　基于中心城区城市空间布局的轨道走廊分析

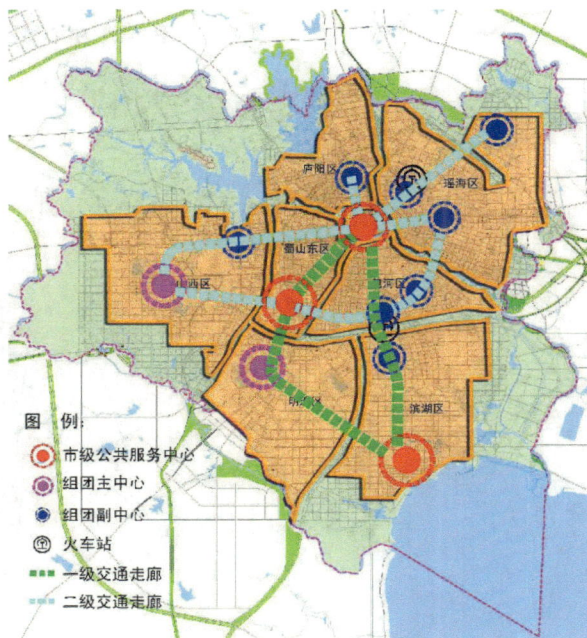

（2）从客流分布定量分析

1）"141"组团OD定量分析

根据合肥市"141"组团的空间发展战略，采用定量的方法，以主城区中心、滨湖新区中心，以及各外围组团中心为各组团中心，利用远期以及远景规划OD数据，应用Transcad软件对组团间OD流量分布进行分析（见图7-6、图7-7）。

通过以上远期与远景交通流量分布图的对比可以看出，远期交通流量主要分布在以主城区为中心，向各个组团方向辐射的线路上，尤其以主城区与滨湖新区之间的客流量为最大，而以滨湖新区为中心向外放射的交通流量不明显。因此，远期轨道交通走廊应主要布设在主城区与各组团之间，同时应重点布设在主城区和滨湖新区之间。

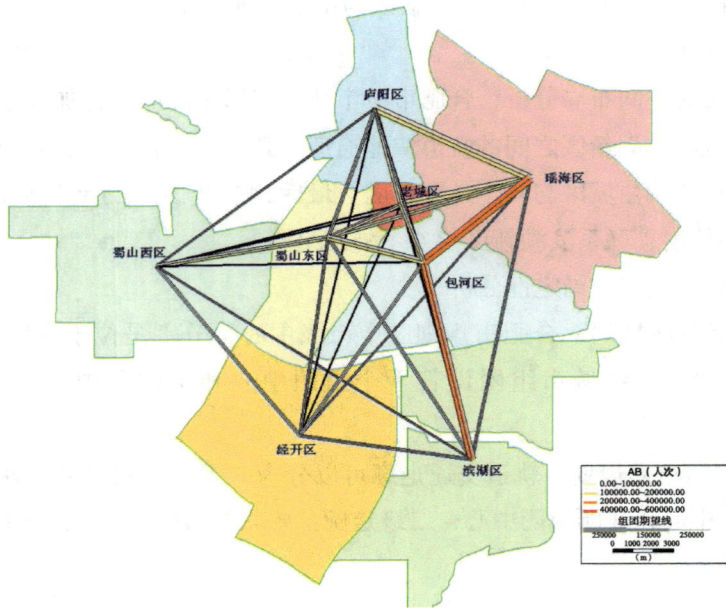

图 7-6　中心城区远期 OD 交通分布

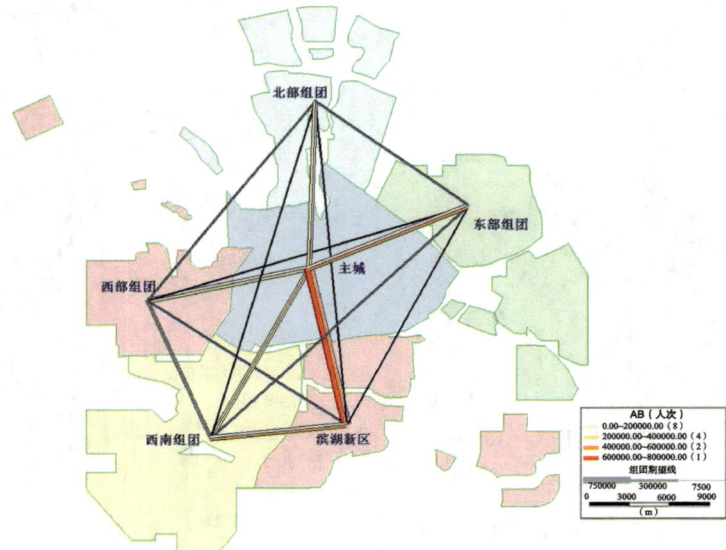

图 7-7　"141"组团远景 OD 交通分布

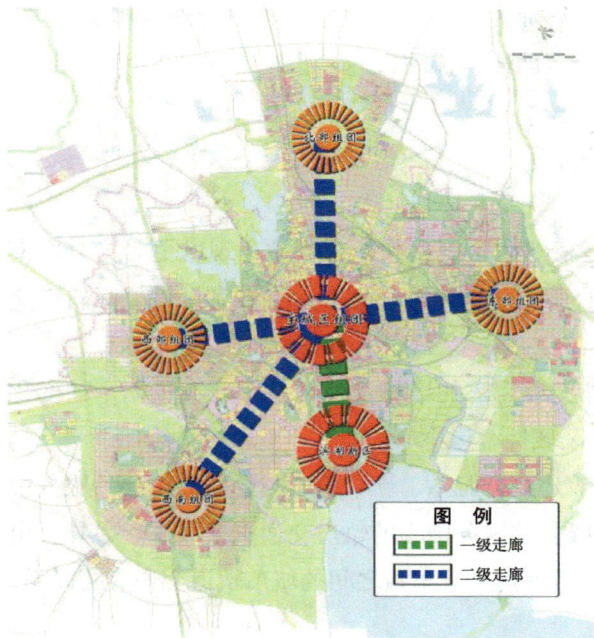

图 7-8　根据 OD 分析的远期轨道走廊

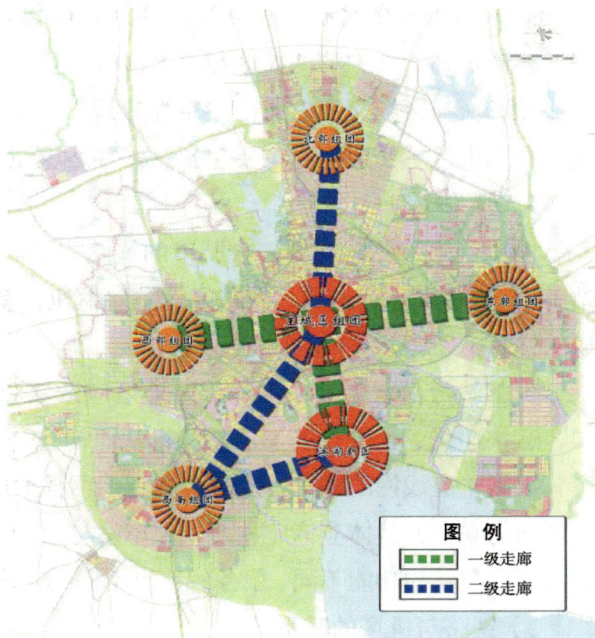

图 7-9　根据 OD 分析的远景轨道走廊

　　远景主城区与各组团之间的客流量增加较大，尤其是主城区向东部和西部组团的放射线，客流量最大。滨湖新区与主城区之间的流量保持稳定，同时滨湖新区与西南组团之间的流量增加较大。因此，在远期轨道交通走廊布局的基础上，远景应增加滨湖新区与西南组团之间的轨道交通走廊（见图 7-8、图 7-9）。

　　2）客运走廊定量分析

　　从远期公交客流分布图中可以看出，公交客流主要集中在主城内部、主城与滨湖之间以及主城与西南组团的联系通道上。全日单向最大断面流量大于 10 万人次的一级公交走廊有：①联系西部组团、主城和东部组团的长江路；②联系主城、经开区和西南组团的金寨路；③联系主城与滨湖新区的徽州大道和马鞍山路（见图 7-10、图 7-11）。

图 7-10　远期合肥市全日公交客流走廊分布

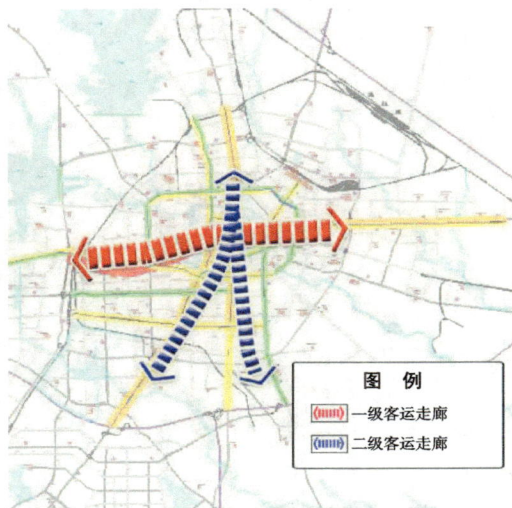

图 7-11　现状"大"字形客流走廊示意

123

根据远期公交客流走廊分析，并结合现状公交客流走廊，合肥市城市轨道交通应覆盖"大"字形客流走廊，其中滨湖新区与主城区应有两条城市轨道交通覆盖。

（3）从与区域交通枢纽衔接定性分析

合肥市区域交通枢纽主要包括铁路客运枢纽与机场。

1）铁路枢纽

根据合肥市总体规划，合肥市的铁路主要客运枢纽为合肥站与新合肥站（现已更名为合肥南站）。合肥站为合肥市现状铁路客运主要枢纽，新合肥站规划为沪汉蓉客运专线和区域城际轨道交通的铁路枢纽。

合肥站与新合肥站一起能很好地适应区域对外交通需求的增长及节假日增开大量列车的变化和客运快速化、公交化的发展趋势，从而构建一个区域性客运中心。

根据轨道线网的需求，合肥市轨道线网框架应该建立合肥站、新合肥站与合肥市主要的服务中心之间的联系，具体应该建立两个火车站与三个市级公共服务中心的轨道交通直接联系。另外，由于两个火车站的功能不同、服务的特点不同，应适当考虑两个火车站之间的城市轨道交通直接联系。

2）铁路与机场的联系

合肥新桥国际机场规划于合肥市西部肥西县高刘镇建设，距市中心约30km，设计年客运量1000万人次，是远期合肥市航空运输的总枢纽。

为了满足合肥新桥国际机场与新合肥站之间的客流需求，加强两个区域交通枢纽的联系，满足快速的交通需求，应该在合肥新桥国际机场与新合肥站之间布设轨道交通（见图7-12）。

根据需求制订以下两个方案，通过方案比选确定线网基本形态。

①第一个方案是建立机场专用线，连接新桥国际机场与新合肥站，优点是能快速联系机场与新合肥站，缩短两个区域交通枢纽的通行时间；缺点是占用城市交通走廊，对城市的服务功能较弱，客流量较低。

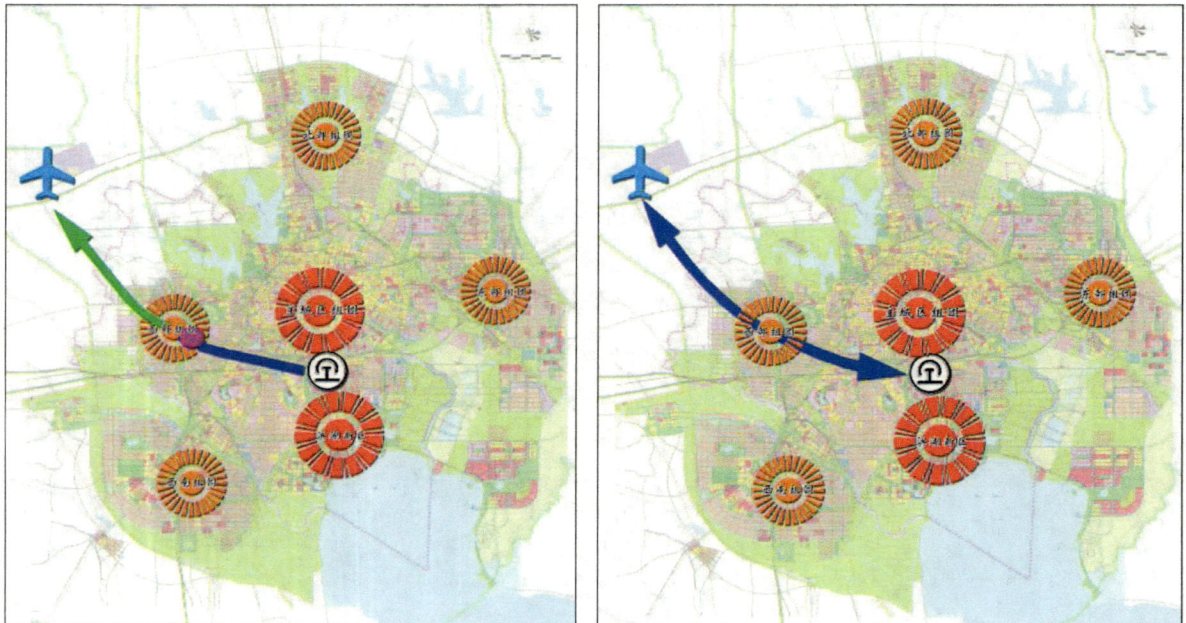

图7-12　机场线直通和换乘两种方案

②第二个方案是建立城市轨道交通的延伸线，优点是对轨道客流有保障，虽然运营速度较低，但可以通过线路运营方式的优化，保障机场与新合肥站的快速联系。

通过方案比选，选择第二个方案，规划布设城市轨道交通的延伸线。

7.5.1.3　城市轨道交通线网框架方案

（1）基于城市总体规划的构架方案

根据轨道交通服务范围、框架发展模式和轨道交通走廊分析，合肥市远期轨道交通骨架的主要服务范围为中心城区，并以主城区和滨湖新区为主、外围组团为辅。在轨道交通走廊定性分析和定量分析的基础上，提出了以主城区为中心，向外围组团放射的轨道网构架方案（见图7-13）。

①主城区为"141"组团中核心组团，是中心城区铁路环以内的地区，包括老城区、蜀山东区、包河区以及瑶海区和庐阳区的部分地区。

②外围组团为蜀山西区、明珠区（即经济技术开发区）、滨湖区（即滨湖新区）以及庐阳区北部地区和瑶海区环城铁路外围地区。

③轨道网构架方案由6个方向的放射走廊和一个主城区内L形走廊构成，其中，向北、向东北、向东、向西南方向的轨道交通走廊，预留向"141"外围组团扩展的通道。

（2）基于"141"远景轨道线网构架方案

"141"组团远景轨道线网构架应在基于城市总体规划提出的中心城区轨道线网构架的基础上，向"141"组团进行扩展，最终形成双中心放射的轨道网络构架（见图7-14）。

7.5.1.4　城市轨道交通线网初始方案

（1）初始方案一

初始方案一采用了棋盘状放射布局方案，线网由5条线路组成，其中骨架线路4条、辅助加密线1条，总长为154.4km（见图7-15）。

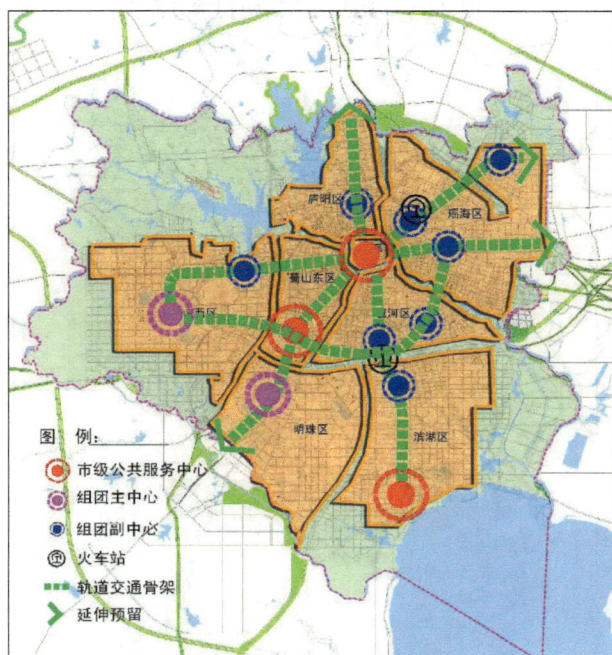

图7-13　中心城区轨道线网远期框架方案

图7-14　"141"组团远景轨道网构架

（2）初始方案二

初始方案二采用了中心放射状的布局形态，远期线网由 5 条线路组成，全长 168.6km（见图 7-16）。

（3）初始方案三

初始方案三采用了井字形棋盘放射状的布局形态，线网由 4 条骨架线、1 条辅助加密线构成，全长 158.8km（见图 7-17）。

（4）初始方案四

初始方案四采用了环形 + 放射状的布局形态，由 4 条骨干线路和 1 条环线组成，全长 166km（见图 7-18）

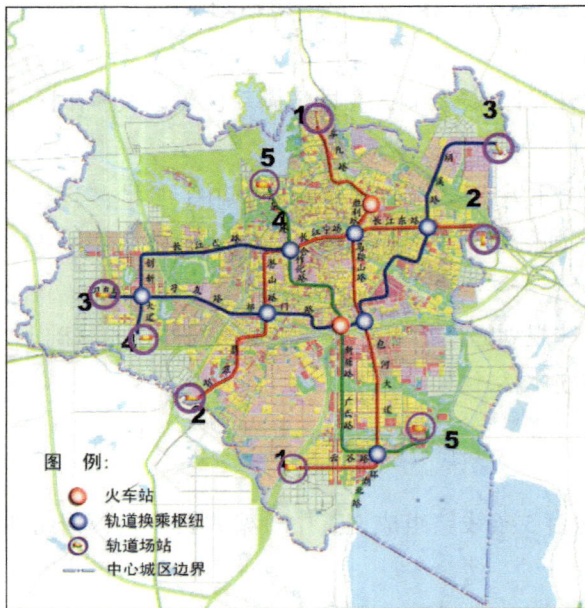

图 7-15　轨道交通线网初始方案一

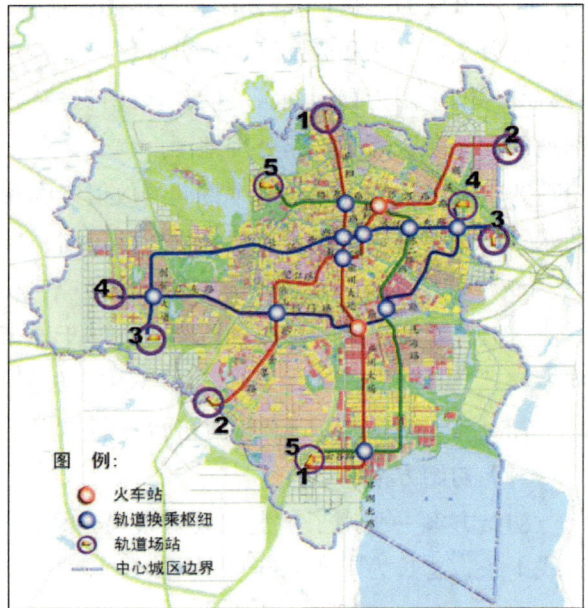

图 7-16　轨道交通线网初始方案二

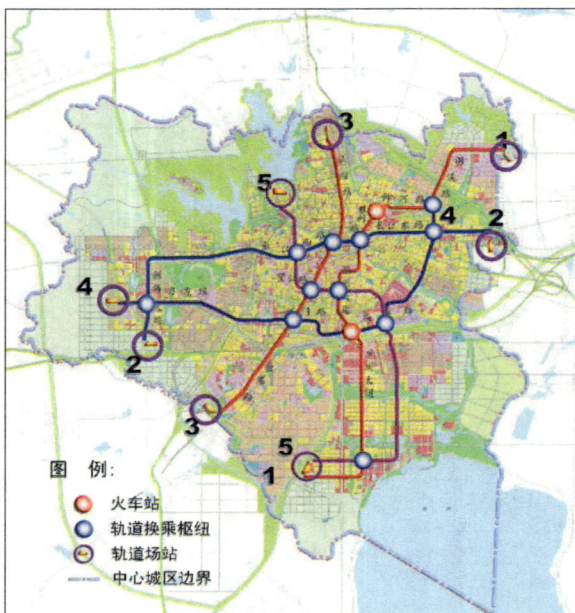

图 7-17　轨道交通线网初始方案三

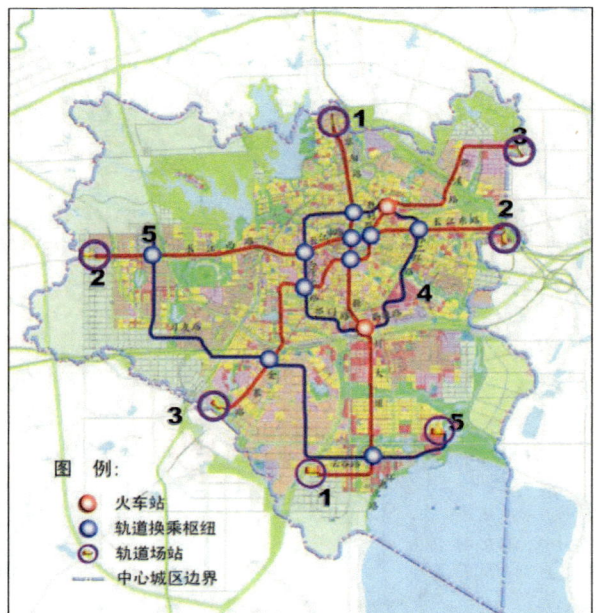

图 7-18　轨道交通线网初始方案四

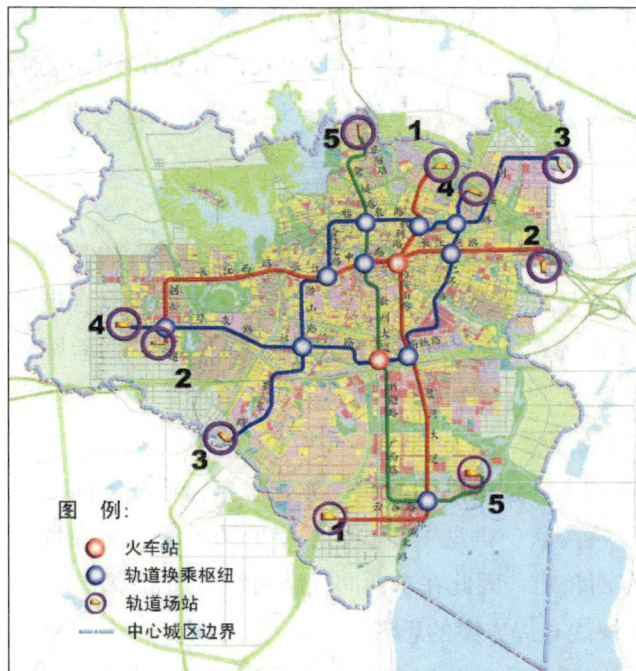

图 7-19　轨道交通线网初始方案五

（5）初始方案五

初始方案五在中心环放状形态的基础上，采用了"田"字形的棋盘放射状布局，由 4 条骨架线路和 1 条辅助加密线路组成，全长 170.6km（见图 7-19）。

7.5.1.5　合肥案例总结

当时在城市轨道交通线网框架研究的过程中，初期曾结合东莞城市轨道交通规划的经验，提出了快线层次，并采用了贯穿式布局模式，后来由于受制于"141"组团空间布局的不确定性，所以采用了衔接模式或者延伸模式。

但其分析的过程充分体现了与城市空间布局、客流走廊以及区域交通枢纽的协调，同时在合肥市南北向走廊分析过程中，也通过初始方案的分析，最终选取了两条平行线路覆盖南北向的主要走廊，该走廊如果采用一条线覆盖，该线路的客流将明显高于全网其他线路，可能会导致系统制式的不统一，而且从一定程度上均衡了运能配置，并提升城市轨道交通覆盖率和服务水平。

在线网布局方案论证过程中，选取了与城市轨道交通框架相协调的不同线网布局方案，并通过初始方案的评价，最终确定了合理的线网布局方案。

在合肥市城市轨道交通线网编制过程中，曾经由于合肥新站即合肥南站的选址变化产生了线网规划方案的较大调整，从而导致最终推荐方案的 5 号线线路较为曲折。

当时，合肥市正处在城市快速建设发展期，滨湖新区也刚刚起步，滨湖新区的建设时序较大程度影响了近期建设线路，同时滨湖新区的用地布局也对远期方案产生了较大影响。

7.5.2　太原市城市轨道交通线网规划

7.5.2.1　规划背景

《太原市城市轨道交通线网规划》于 2009 年启动，当时恰好新一轮城市总体规划纲要成果基本稳定，正在编制最终成果。与合肥市轨道交通项目一样，当时同步启动了《太原市城市交通发展规划》《太原市城市轨道交通建设规划》《太原市城市轨道交通建设规划客流预测》《太原市城市轨道交通近期建设线路沿线土地利用规划调整》《太原市城市轨道交通近期建设线路预可行性研究报告》等项目。

7.5.2.2 线网框架

在城市空间和用地布局分析、交通需求分析、客流走廊分析的基础上，提出了太原市城市轨道交通线网构架方案，基本呈现带状棋盘式布局。其中，南北向复合走廊位于汾河东岸，同蒲铁路以西，该走廊由多条客运走廊构成，并且客运交通需求较大，而差距较小，很难从客流分布上识别出主次（见图7-20）。

7.5.2.3 线网布局与初始方案

在线网框架方案的基础上，选取不同的布局方案思路，形成不同的线网布局方案，并以此形成初始方案。主要构建了棋盘状、棋盘+环状、米字形和X形4种布局方案。由于太原市为南北带状城市，南北较长，东西较短，因此在东西向线路组织时通常采用L形线路（见图7-21）。

7.5.2.4 太原都市区快线布局方案的思考

太原市区与晋中市榆次区发展较为紧密，在《山西省城镇体系规划》《太原经济圈规划》《太原市城市总体规划》及《晋中市城市总体规划》中，都提出了太榆同城化或太榆一体化发展，并且在太原经济圈规划中，太原市区南部与榆次区将形成太原都市区的核心组团，因此在太原市城市轨道交通线网规划过程中，将太原都市区即太榆同城化的线网规划衔接作为一个重要内容。

在太原市城市轨道交通线网规划编制过程中，曾提出打造一条贯穿式的市域快线，并且在城区范围内，利用的是汾河西岸的一条次要客流走廊，并且在城市南部提出了采用支线或者说是叉

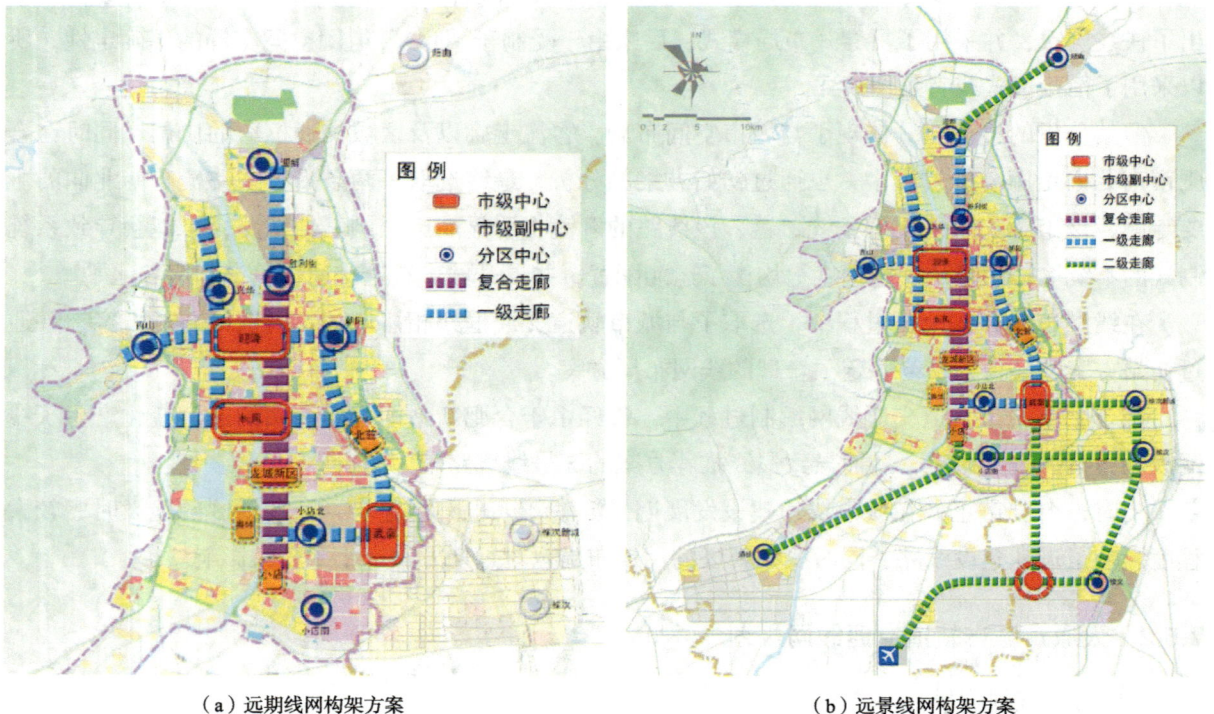

（a）远期线网构架方案　　　　　　（b）远景线网构架方案

图7-20　太原市城市轨道交通线网构架方案

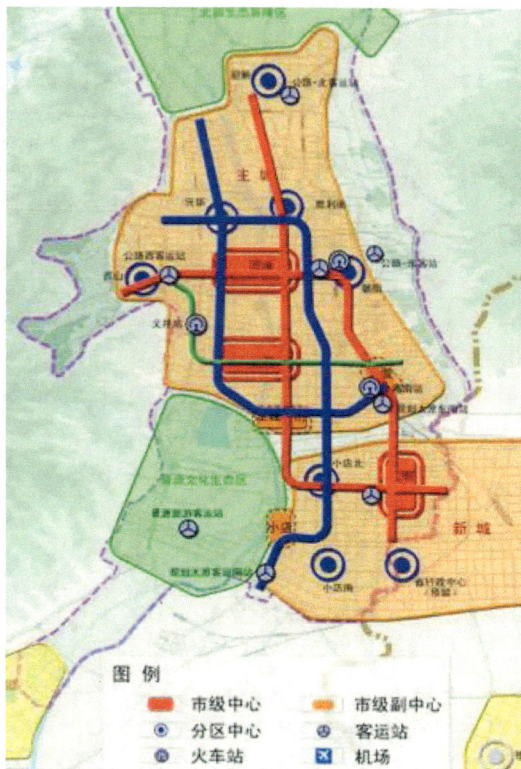

（a）棋盘状

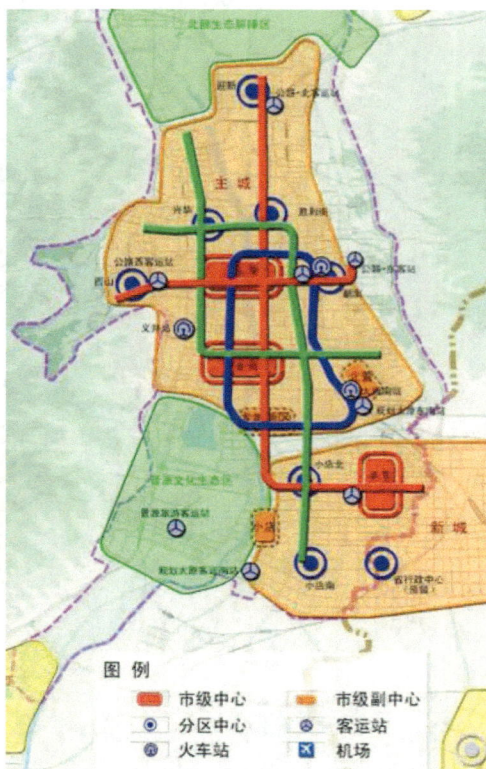

（b）棋盘＋环状

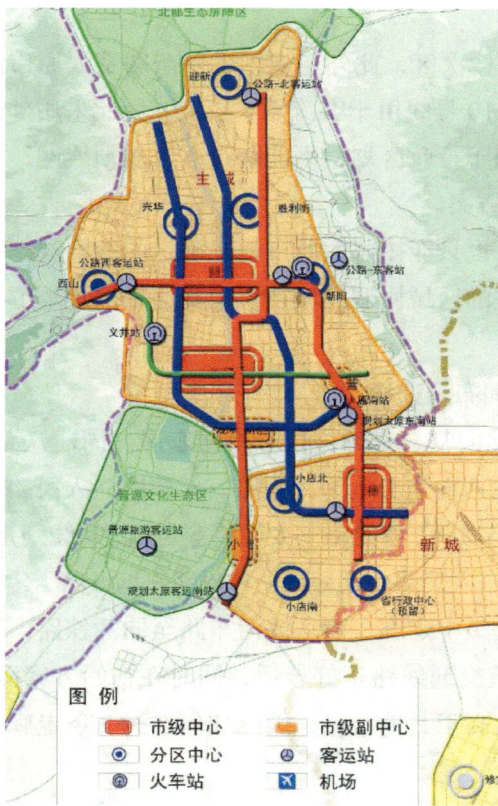

（c）X 形

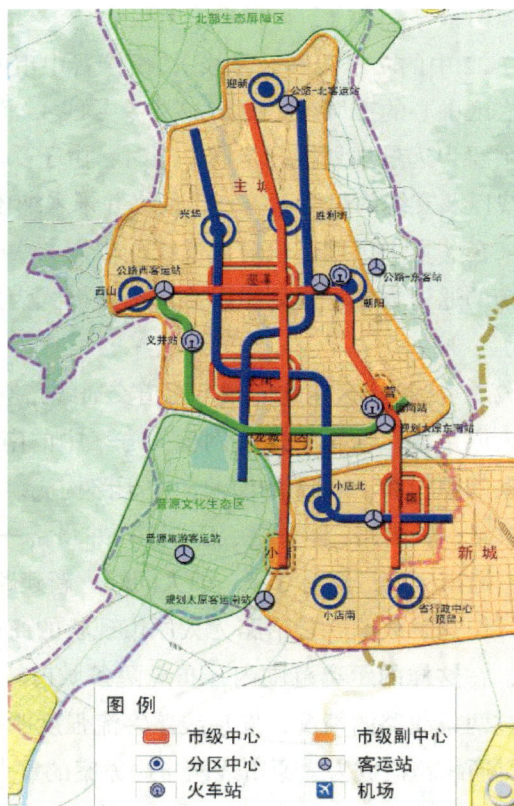

（d）米字形

图 7-21　太原市城市轨道交通线网初始方案布局

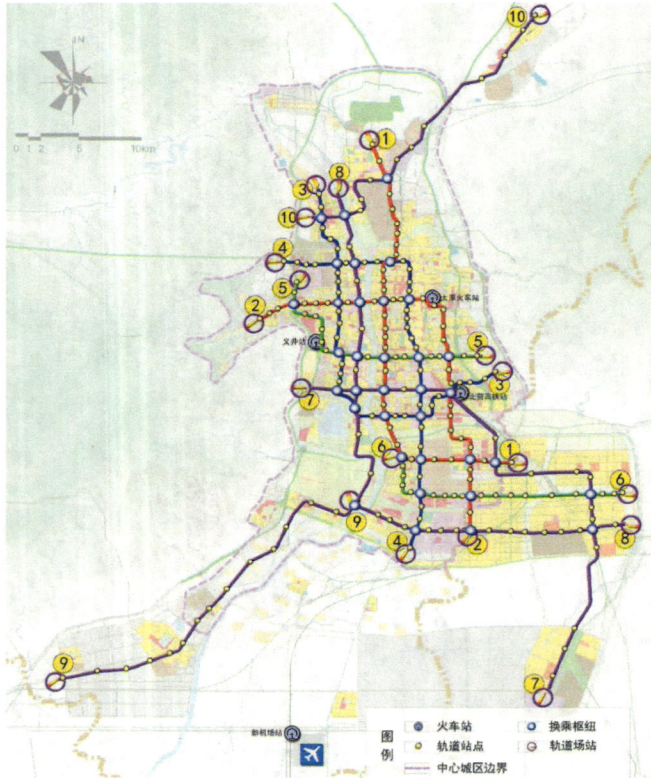

图 7-22   太原市阶段成果方案（图中⑦~⑩为市域线）

图 7-23   《晋中市城市轨道交通线网规划》方案

线（图 7-22 中的 7 号线和 8 号线），衔接晋中市的榆次区，此外还规划了一条联系太原市南部中心与榆次区中心的市域线（图 7-22 中 9 号线），而 10 号线由于客流需求较低，因此采用外围衔接模式，主要为远景规划控制走廊。当时，由于受制于行政区划，不能跨行政区规划线网，并且当时对快线以及支线的思路不统一，最终并未采纳该方案。

后来在《晋中市城市轨道交通线网规划》中，也只能按照太原市最终确定的线网规划和远景预留衔接的通道方案，规划出以多点衔接模式为主的区域协调的城市轨道交通线网规划方案（见图 7-23）。

7.5.2.5   太原市区南北向城市轨道交通线路空间布局选择

在太原市城市轨道交通线网框架方案中的南北向复合走廊，位于汾河东岸，同蒲铁路以西，由 3~5 条间距 500~1000m 的南北向主干路构成，由西向东分别为大同路—新建路—人民路、恒山路—解放路—长治路、体育路、五一路—并州路—坞城路、建设路—太榆路等走廊，从线路走向上，南北向贯通市区的道路有 3 条，即大同路—新建路—人民路、五一路—并州路—坞城路、建设路—太榆路，但是解放路—长治路为太原市现状的商业集中走廊。而从滨河东路至同蒲铁路，东西宽约 4km，在这样的距离范围内，布局两条城市轨道交通线路正好合适，同时在初始方案测试中，也测试过两条线路的情况，发现线路客流强度明显高于其他线路，因此如何选择 2 条走廊布局城市轨道交通线路便成为太原市线网布局方案的重点。

在线网布局方案研究过程中，由于建设路—太榆路规划为城市快速路并且距离同蒲铁路走廊较近，而且为单边服务，因此在比选过程中很快便排除了该走廊，但是太榆路作为连接太原市区和晋中榆次区的主要客流走廊，客流需求较大，可将太榆路作为联系太原—晋中的城市轨道交通走廊。

而其中五一路—并州路—坞城路走廊，作为太原市城市发展的轴线，并且东侧为建设路—太榆路，因此，该客流走廊作为城市轨道交通走廊也比较明确。

但是大同路—新建路—平阳路和解放路—长治路走廊的选取便成为难点。在中间成果方案讨论过程中，针对新建路—平阳路和解放路—长治路的选择，进行了多方面比选（见图7-24）。

①城市轨道交通与城市协调发展分析：与城市空间布局的协调、线网总体布局、与重大项目关系。

②城市轨道交通与其他交通设施协调发展分析：与城市快速公交走廊协调布局、与快速路协调布局。

③城市轨道交通客流需求对比分析：沿线人口和就业岗位分布、沿线交通需求分析、城市轨道交通客流分析。

④城市轨道交通建设条件分析：道路建设条件分析、工程难点分析。

⑤城市轨道交通两侧用地开发经济效益分析：可开发用地面积对比分析。

其实，在很多城市轨道交通线网规划过程中，都会遇到线路布局方案的比选问题，而且有些城市很难从客流需求上选择，只能基于交通一体化布局、土地开发价值以及工程难度等角度进行比选，如在合肥市第一轮城市轨道交通线网规划过程中，便对滨湖新区南北向线路的走廊选择进行了比选；在贵阳市第一轮线网规划和建设规划中，对中华路和公园路进行过比较。

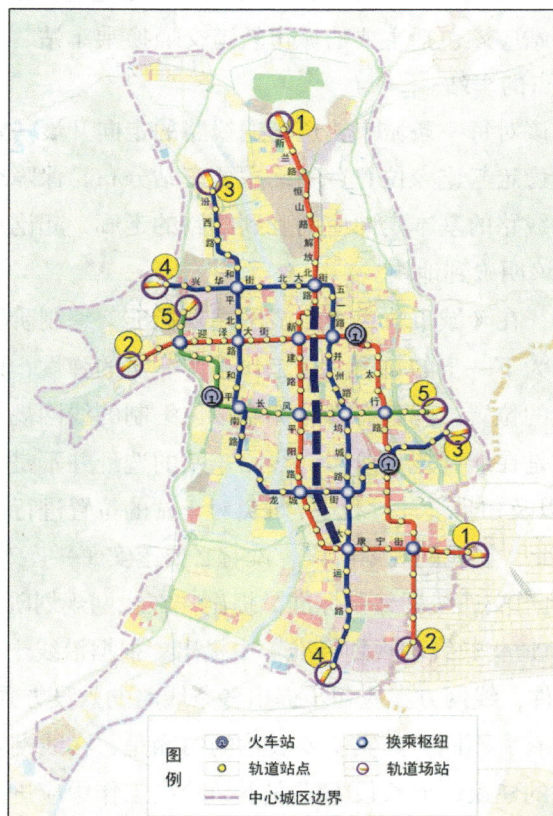

图 7-24　太原市城市轨道交通线网规划中间成果方案与比选

第8章 城市轨道交通线路规划

《城市轨道交通线网规划标准》在突出线网组织和布局的基础上，对城市轨道交通线路、车站以及敷设方式等也提出了相关要求。

8.1 线路规划内容及总体要求

8.1.1 线路规划的主要任务

《城市轨道交通线网规划标准》明确"线路规划应确定线路基本走向、起终点位置和主要车站分布，并应确定线路敷设方式的基本原则，线路规划应与沿线用地规划相协调"。

在《城市轨道交通线网规划缝制标准》中，关于线路规划的内容表述为"线网方案应确定各条线路走廊的基本走向和起迄点位置"，以及"根据沿线土地使用、环境保护、道路交通、地形、水文地质等条件，线网方案应初步提出各条线路的敷设方式"。

《城市轨道交通线网规划标准》较《城市轨道交通线网规划缝制标准》增加了确定"主要车站分布"的内容，其中主要车站应该包括主要的城市轨道交通换乘车站、与其他交通方式的换乘车站以及服务于主要客流集散点的车站。

在线网规划过程中，应该对每一条城市轨道交通线路的走向开展一定的初步方案研究，进而明确各条线路的基本走向，稳定起迄点位置，明确主要车站分布，保障线网规划方案的基本稳定以及各条线路的可实施性。线路的基本走向应明确到线路的走廊，起迄点的选择应该明确到具体的位置，主要车站的分布应该明确到地块。

在此，可以明确地看出，在《城市轨道交通线网规划标准》编制阶段，并不需要明确每一个城市轨道交通车站的位置，为下一步的轨道交通工作预留一定的弹性，即使目前有部分城市的委托单位要求明确每一个站点的位置，并且有部分编制单位编制的线网规划报告确定了每一个车站的位置，甚至车站名称，但是在线网规划阶段，线路车站的选址并不是强制内容，在城市轨道交通下一步的建设规划、工可以及初步设计过程中，难免对车站的位置进行调整，即使是主要的车站，甚至起迄点也会有微调，因此，在线网规划阶段，没有必要落实每一座车站。

关于敷设方式，《城市轨道交通线网编制标准》提出"在线网规划阶段，应确定线路敷设方式的基本原则"，但在《城市轨道交通线网规划标准》中提出"根据沿线土地使用、环境保护、道路交通、地形、水文地质等条件，线网方案应初步提出各条线路的敷设方式"。

虽然前后两版标准看似有所不同，其实主要表达的内涵是，在线网规划阶段应明确敷设方式的基本原则，提出敷设方式的建议，而敷设方式在下一阶段工作中应进一步确定。敷设方式在线网规划阶段，并不作为强制内容。

8.1.2 线路规划的总体要求

《城市轨道交通线网规划标准》明确提出"线路规划应提出线路的旅行速度、平均站间距、最大运输能力等技术标准，并应符合其在城市轨道交通线网中的功能定位和层次、客流特征、服务水平的总体要求"。

在条文说明中，解释为"确定线路主要技术标准是实现线网功能定位、网络布局要求的关键基础，是后续线路工程方案研究的基本前提。在线网规划阶段，线路规划重点是明确提出线路的旅行速度、平均站间距、最大运输能力三项指标。各条线路在线网中均有其相应的功能，在确定技术标准时应在充分研究线路功能和客流特征的基础上提出相应技术指标，旅行速度决定了线路的整体运行时间目标，平均站间距是车站布局的重要控制原则，最大运输能力是系统制式、编组选择的重要依据"。

此条内容主要是针对我国部分城市在线网规划阶段，确定了线路的功能定位后，在后期实施过程中，改变了线路的功能定位和服务水平，尤其多见于线网规划中提出的快线，在实际建设中，受制于沿线地区的要求，不停地增加车站，从而导致快线不快，实际功能发生了转变。

8.1.3 线路规划的外部环境要求

《城市轨道交通线网规划标准》明确提出"线路走向应符合城市总体规划的用地规划要求，并应符合沿线环境功能区对噪声、震动的要求，且应与沿线城市景观相协调；车站分布应满足城市用地功能及交通需求的基本要求，生态环境管控地区严禁设置车站"。

这一条明确提出了线路、车站与城市用地的协调以及环境保护的要求。

"线路走向应符合城市总体规划的用地规划要求""车站分布应满足城市用地功能及交通需求的基本要求"，在条文说明中，解释为"线路走向应结合城市总体规划中的用地布局规划、城市主要功能区布局、主要客流集散点布局、各类管控区及控制线等进行线路规划研究"，"城市轨道交通属于城市大型基础设施，是城市功能的有机组成部分，其规划建设应与城市的景观、用地功能、交通需求相适应"，其实在线网组织与布局中也提出了"城市轨道交通线网布局应与沿线土地使用功能相协调，应优先与居住用地、公共管理与公共服务用地、商业服务设施用地、客运交通用地相结合，不宜临近物流仓储用地、货运交通用地、大型市政公用设施用地及非建设用地"。

在环境保护方面，要求"符合沿线环境功能区对噪声、振动的要求，且应与沿线城市景观相协调""生态环境管控地区严禁设置车站"，在条文说明中提出"线路规划应与城市重要的生态敏感区、沿线环境功能区进行协调。在线网规划阶段，线路走向、车站设置、敷设方式的选择应该考虑避免对生态敏感区和环境敏感区的负面影响"，"生态环境管控地区非城市建设开发用地，在城市总体规划中属于空间管制范围，不应设置车站，但现实中部分城市有违背城市总体规划意图在该区域设置车站的现象，会诱导市场进行土地开发，侵占生态绿地"。

8.2 线路规划的具体要求

8.2.1 线路起点站、终点站的布设原则

《城市轨道交通线网规划标准》明确提出"线路起终点车站应符合城市用地规划的要求。线路

的起、终点车站、支线分叉点均不宜布设在客流大断面位置"。

在条文说明中，指出"线路起点站、终点站的布设应满足城市用地规划的要求，不应突破城市建设用地范围"。这里提到的建设用地范围是指城镇建设用地范围，应该是指线路起、终点的选址应该在建设用地范围之内，如果起、终点周边不是城市建设用地，则必然存在轨道交通与用地的不协调，而且客流难以保障。

"线路的起终点车站、支线分叉点均不宜布设在客流大断面位置"，其实是要求在确定线路起、终点时，应该考虑车站要能吸引足够多的客流和促进城市土地的开发，又可为合理组织运行交路提供条件。而在《地铁设计规范》（GB 50157-2013）中，提出"线路起终点不宜设在城区内客流大断面位置，也不宜设在高峰客流断面小于全线高峰小时单线最大断面客流量1/4的位置"。起、终点站的选择，是决定线路客流效益、运营组织的关键。

而对于支线接轨站的限定要求，主要考虑在客流大断面设支线会带来主线服务水平和服务能力较大降低，影响主线运行效率。在《地铁设计规范》中，对支线的长度以及设置提出了相关要求，即"支线与干线贯通共线运行时，其长度不宜过长。当支线长度大于15km时，宜按既能贯通又能独立折返运行设计，但必须核算正线对支线客流的承受能力"。

在支线设置接轨车站时，需要充分考虑对干线的影响，如果难以避开大断面，则应充分论证支线对主线的影响，保障主线可以承受支线客流的冲击。

除了相关上述要求外，在《地铁设计规范》中，还提出"每条线路长度不宜大于35km，也可按每个交路运行时间不大于1h为目标。当分期建设时，初期建设线路长度不宜小于15km"，对线路长度进行了要求，同时也应作为线路起、终点选择的要求。

8.2.2　线路路由选择要求

《城市轨道交通线网规划标准》提出"线路的路由宜沿承担主要客运功能的城市道路或客流走廊布设。线路路由穿越地块时，应具有可实施性，并应做好规划控制"。

由于城市的建设和发展都是依托道路交通发展起来的，而且道路空间也是城市市政设施依托的主体，因此道路空间必然成为城市客运的载体，因此城市轨道交通线路的选择离不开道路空间。在新区建设发展中，也可以将城市轨道交通走廊与道路空间分离，但是为了加强城市轨道交通的服务范围，必然需要在车站周边设置必要的道路设施，以满足各种交通方式的集散和换乘。

在条文说明中，提出"城市主干路和次干路一般是城市客流集散的主要通道，城市轨道交通应沿主要客流通道布设。同时，城市主次干路道路红线较宽、工程条件较好，适宜城市轨道交通线路的布设"。但在部分特大城市、超大城市中，由于主干路、次干路都已经规划为城市轨道交通走廊，部分新建和规划的城市轨道交通线路不得不选择道路红线更狭窄的支路，从而提高了城市轨道交通的拆迁成本、环保措施投入。

针对沿高速公路、快速路能否布置城市轨道交通线路的问题，在条文说明中也给出了答案，"高速公路、城市快速路一般要求两侧用地低密度发展，以减少两侧本地交通对快速交通流的影响。而城市轨道交通则与其相反，要求两侧用地高密度开发，以保证直接吸引范围内有足够的客流，城市轨道交通建成之后还会进一步促进两侧用地的高密度使用，因此一般不宜沿高速公路、城市快速路布设。但对于具有复合交通功能的道路系统，尤其是具有强大沿线开发的快速路辅路系统，经客流需求分析论证合理后可考虑布设轨道交通线路"。

此外，针对线路穿越地块的问题，《城市轨道交通线网规划标准》要求"在规划阶段做好控制，并保证线路建设的可实施性和地块开发建筑的安全性与环境可控性"。由于线网规划阶段，仅仅是作为规划控制，还未涉及具体的建设问题，有些城市在规划城市轨道交通线路时，结合旧城改造，建议从拟拆迁改造的地区经过，并且在城市总体规划以及控制性详细规划阶段，该地区都将拆迁，因此规划的城市轨道交通线路将该地区新规划的道路作为路由，但在实施过程中，由于旧城改造速度或者其他原因，导致规划道路难以实现，因此导致城市轨道交通线路难以实施。因此，《城市轨道交通线网规划标准》在强调规划控制的同时，还提出了保证线路建设的可实施性以及安全性和环境可控性。

8.2.3　线路线形要求

《城市轨道交通线网规划标准》提出"线路的平纵断面技术标准应满足系统制式和运营速度标准的要求，当同一走廊布设多条线路时，应同时满足各条线路布设的技术条件；具有多种速度标准需求的线路应满足越站运行的线路技术条件"。

首先，线路线形应满足系统制式的要求，"不同系统制式的平纵断面技术标准要求不同，如平面最小曲线半径、纵断面最大坡度等，需要结合系统制式选择确定相应技术标准进行线路方案研究"。在线网规划阶段，系统制式虽然也仅是建议，供下一步建设时作为参考，并且在线网规划阶段，也不需要落实线路的平面、纵断面要素，但是在线网规划阶段，应根据不同系统制式的线路平面、纵断面的基本要求，初步确定线路线形的可行性。例如，山地城市，当两个组团高差巨大时，要采用钢轮钢轨制式，其纵坡标准远低于道路纵坡的标准，因此很难沿道路空间直接敷设，就需要进行展坡，那么展坡的走向就是线路实施的关键要素；再如，很多城市都面临着城市轨道交通线路在道路交叉口附近转弯的情况，如果按照曲线半径要求，难以实现转弯，或者工程难度较大、拆迁代价较高时，就应当有备选方案，以保障线路的建设可行性。

其次，针对同走廊布设多条线路的情况，《城市轨道交通线网规划标准》明确要求"在线路规划中应考虑同走廊不同线路的系统制式和未来建设时序与运营条件来确定线路的平纵断面技术标准"。

最后，对于一条具有多种速度标准的复合功能的线路，《城市轨道交通线网规划标准》明确要求"应考虑不同速度标准运营时对线路平纵断面的要求，同时应满足越站运行的线路技术条件"。

8.2.4　线路地质条件要求

《城市轨道交通线网规划标准》提出"线路应避开地下文物埋藏区、不良地质区域和重大安全风险源，当穿越较宽河流、水域、山体等地质地形复杂地段时，应具有可实施性"。

在线路规划阶段，应重视对城市的地下文物埋藏区、不良地质区域和重大安全风险源等资料的收集，在线路规划阶段的路由选择和车站设置应避开这些不良地质区域，以保证线路方案的可实施性和未来运营的安全性。

较宽的河流、水域、山体都对线路方案的可实施性和稳定性有影响，应结合水文、地质及周边其他建设项目的资料对线路的路由选择、车站设置、敷设方式进行一定深度的研究和落实，以保证全线方案的可实施性。

8.3 车站布局要求

8.3.1 站间距要求

《城市轨道交通线网规划标准》提出"单一速度标准的线路平均站间距应满足速度目标值的合理运行要求，对于有越站运行线路的车站布局应满足不同速度的合理运行要求"。

在条文说明中，进一步提出"单一速度标准的车站平均站间距根据现状及规划的城市道路布局和客流实际需要确定，一般在城市中心区和人口就业稠密地区为 1km 左右，在城市外围区根据具体情况适当加大站间距"。

而在《地铁设计规范》中，提出"车站间距在城市中心区和居民稠密地区宜为 1km；在城市外围地区宜为 2km，超长线路的车站间距可适当加大"。《地铁设计规范》主要适用对象为"最高运行速度不超过 100km/h、采用常规电机驱动列车的钢轮钢轨地铁新建工程的设计"。

在《城市轨道交通线网规划标准》条文说明中，提出"线路规划的平均站间距，考虑线路的不同功能定位，实现线路的时间服务目标。对于普线，以 80km/h 列车为例，最小站间距不低于 1km，旅行速度约为 35km/h；对于快线，以 100km/h 列车为例，最小站间距不低于 1.5km，以 120km/h 列车为例，最小站间距不低于 2.8km，可满足旅行速度目标的要求"。

对于有多种速度运行标准的线路，站间距布设应考虑不同速度的运行要求，在考虑越行站条件下，对不同速度运行标准对应的线路各平均站间距应参照单一速度标准车站平均站间距布设要求控制。

8.3.2 车站选址要求

《城市轨道交通线网规划标准》提出"车站设置应与沿线用地开发强度相协调，并应与城市商务商业服务中心、重大公共设施、重要客运枢纽、大型居住与就业中心等大型客流集散点紧密结合，宜与车站周边地块的土地储备及开发条件相结合"。

本条规定了车站设置的基本原则。强调车站与周边用地的协调，车站设置会影响周边土地的用地性质和开发强度，同时沿线车站土地开发强度的高低也影响着土地利用效益、轨道交通运营效率等。

8.3.3 换乘站布局要求

《城市轨道交通线网规划标准》提出"换乘站宜结合城市重要功能区和大型客流集散点布设。普线与普线相交、快线与快线相交处应设置换乘站，有条件的可采用平行换乘或同台换乘。快线与普线相交且有换乘客流需求时应设置换乘站"。

换乘站是线网方案中的重要节点，结合重要功能区和客流集散点布设，有利于稳定线网方案的网络形态。

《城市轨道交通线网规划标准》对换乘站的形式也提出了倾向性建议，"有条件的可采用平行换乘或同台换乘"，由于我国超大城市在早期的城市轨道交通建设过程中，未充分考虑为远期规划线位预留换乘条件，因此很多换乘车站都换乘不便，《城市轨道交通线网规划标准》为提升城市轨道交通的运行效率和服务水平，结合香港地铁换乘车站的设置经验，鼓励采用平行换乘或同台换乘。

"快线与普线相交且有换乘客流需求时应设置换乘站"，其实换乘车站的设置必然服务于换乘客流，当换乘客流较低，或者没有换乘客流时，可不设置换乘车站。

8.4　敷设方式要求

8.4.1　敷设方式影响因素

《城市轨道交通线网规划标准》提出"城市轨道交通线路敷设可采用地面、地下、高架等方式，敷设方式应结合城市总体规划、沿线用地条件、地理环境条件及城市轨道交通系统选型的技术特点因地制宜进行选择，并应满足沿线城市功能发展需要和土地使用条件，以及环境保护、历史文化遗产保护、道路交通、气候、地形、水文地质、安全性和经济性等要素要求"。

条文说明中，进一步强调了"山地城市、跨江城市的敷设方式受地形、水文地质条件影响较大，应该重视地形、水文地质条件对敷设方式的影响，线网布局也会受到敷设方式影响，应结合考虑，必要时应针对不同敷设方式条件下的线网方案进行比选"。

8.4.2　敷设方式选择原则

《城市轨道交通线网规划标准》提出"线路敷设方式应与城市地上、地下空间综合开发利用相衔接，应有效地利用空间资源，合理控制建设和运营成本"。

在条文说明中，针对由于线路敷设方式需要拆迁时的情况，提出"当地下线路、高架或地面线路无法避免穿过地块造成现状建筑拆迁时，既要维护公共利益，又要保障被征收房屋所有权人的合法权益，按照国家有关法律法规执行"。

8.4.3　敷设方式指导原则

《城市轨道交通线网规划标准》提出"在中心城区，大运量线路宜采用地下敷设为主，当条件许可时可采用高架线；中运量全封闭系统线路宜采用高架敷设为主，对于寒冷地区、飓风频繁地区经技术经济论证合理条件下可采用地下线；中运量部分封闭系统线路宜采用高架、地面敷设为主。在中心城区以外，全封闭系统线路宜采用高架敷设为主，有条件的地段也可采用地面线"。规定了在不同区域、不同运量等级的城市轨道交通线路敷设方式的基本要求。中运量部分封闭系统线路指线路在区间线段上封闭，线路与城市道路交叉处，一部分为封闭（立交），一部分为平交道口，在设有平交道口的部分线段的敷设方式主要为地面线，其他与道路立交封闭的线段主要为高架形式。

《城市轨道交通线网规划标准》按照运量等级提出了敷设方式的指导原则，同时也鼓励高架和地面敷设方式，与《国务院办公厅关于进一步加强城市轨道交通规划建设管理的意见》（国办发〔2018〕52 号）中鼓励高架方式的原则相一致。

8.5　交通接驳

8.5.1　基本原则与接驳交通方式

《城市轨道交通线网规划标准》提出"车站交通接驳应以城市轨道交通车站为核心进行组织，

交通接驳方式可分为步行、非机动车、地面公交和出租车等"。

在条文说明中，明确提出了"从交通方式使用效率和可持续发展的角度，交通接驳方式的优先次序为步行、自行车、地面公交、出租车、小汽车"。

交通接驳应遵循分区域原则，结合城市用地发展、道路交通规划以及城市轨道交通网络特征等因素，一般可将城市范围划分为三个区域，不同区域的交通出行特征如表8-1所示。

不同区域的交通出行特征汇总 表8-1

类别	基本特征	土地开发条件	道路交通条件	出行特征
中心区	城市发展核心区域	土地开发强度高，用地较紧张	道路网密度高，交通压力大	市级商业办公吸引中心，多为岗位端出行，吸引力强
边缘地区	蔓延发展的边缘区域	建设用地比例小，开发强度低	道路网密度较低	多为居住端出行，向心性特征明显
卫星城镇	独立组团	组团核心发展强度高	内部完善道路网，与中心城区有骨干道路连接	内部出行和向心性出行共存

不同区域的交通接驳特征如下：

①中心区：轨道交通承担主体或骨干交通的功能，步行接驳需求比例较高，同时还包括地面公交、自行车等方式的间接吸引范围接驳需求。

②边缘地区：轨道交通主要承担骨干和廊道性的交通功能，主要通过地面公交、自行车、小汽车等交通方式满足较远区域的接驳需求，扩大轨道交通的吸引范围。

③卫星城镇：轨道交通主要承担廊道性的交通功能，以服务于卫星城镇内部以及对外的交通联系，包括步行、自行车、地面公交、小汽车等交通方式的短距离和中、长距离的接驳需求。

8.5.2 步行接驳要求

《线网规划标准》提出步行方式接驳应安全、便捷，并应符合下列规定：

①集散广场、人行步道等设施应满足车站步行客流集散需求和通过能力要求。

②车站出入口宜设置客流集散广场，面积不宜小于30m²，对于突发性客流敏感车站，集散广场的设置应控制与之相适应的规模。

③应减小城市轨道交通车站与公交车站、非机动车停车场等换乘设施间的换乘距离，提高换乘效率。

④有条件时车站出入口应与周边建筑结合，合理规划步行空间并满足城市轨道交通运营和安全疏散的要求。

步行衔接应充分体现"以人为本"的交通理念，保证安全性和便利性，将其放在所有衔接方式最优先考虑的位置，通过完善出入口集散广场、人行步道、过街设施等市政辅助设施，构造安全、连续、便捷和舒适的步行衔接系统。

出入口集散广场，考虑出入口前方直线距离5~6m范围，面积约30m²。

步行方式是进出车站最直接、最便捷的衔接方式，选择其他交通工具衔接时，最终都将转换为步行方式进出车站，因此，是车站衔接规划中应考虑的最基本的衔接方式。

8.5.3　非机动车接驳要求

车站的非机动车方式接驳，应结合用地条件在城市轨道交通车站出入口设置非机动车停车场，其规模应满足非机动车交通需求，并应符合下列规定。

①非机动车停车场应结合城市轨道交通车站出入口分散布设，中心区宜采取分散与集中相结合的布设方式。

②非机动车停车场应布设在车站出入口附近，接驳距离不宜大于 50m。

间接吸引范围内居住用地是自行车接驳需求的主要来源，不同区域城市土地资源不同、车站吸引范围不同，对自行车停车场设置也应采取不同供给政策。应通过完善自行车专用道路、停车设施，并提高对停车场的管理水平，引导自行车换乘轨道交通出行。

非机动车停车场的设置应考虑客流骑行方向，优先在来向车流的路口上游设置，减少对路口交通影响，并尽量分散设置。

8.5.4　公交接驳要求

车站的地面公交方式接驳应符合下列规定。

①公交车站与城市轨道交通车站出入口的接驳距离不宜大于 50m，并不应超过 150m。

②在城市轨道交通线路的末端车站应设置接驳公交车站。

设置地面公交停靠站除了尽可能满足本条要求之外，还应符合城市公交网络的站点规划设置原则及设计标准，考虑地面公交站点设置的区域交通需求。

在轨道交通线路的末端车站，应结合周边用地开发的情况和公交线路布设条件，设置公交首末站，以增强轨道交通客流辐射范围。

8.5.5　出租车接驳要求

在车站出入口周边应结合用地条件配置出租车候客区，出租车候客区与车站出入口的接驳距离宜控制在 50m 以内，困难条件下不应大于 150m。

出租车候客区的设置应在考虑符合道路交通法规、不影响公交停靠站的使用、不影响道路交通流及其他方式的衔接换乘等条件基础上，尽可能靠近车站出入口布设。

8.5.6　小汽车接驳要求

线路的外围地区车站或末端车站，可根据小汽车交通需求和用地条件设置接驳小汽车停车设施。

其实，随着我国特大城市以及超大城市提出的小汽车限行措施，以及网约车的盛行，小汽车接驳的需求已经日益增加，而且从一定程度上也增加了城市轨道交通的服务范围。

目前，很多中心区外围的车站，都可以看到长期停留候客的网约车，它们往往随意停靠，缺乏足够的引导，因此建议在小汽车接驳方面，应充分考虑各车站网约车停车设施的建设。

第9章 城市轨道交通车辆基地规划

9.1 车辆基地的分类

车辆基地可以分为综合维修基地、车辆段和停车场。

综合维修基地应承担车辆的大、架修功能，同时会设置物资总库、培训中心等，以及相关的生活设施，《城市轨道交通线网规划标准》提出的综合维修基地，在相关规范标准中也称为"车辆基地"，在《地铁设计规范》（GB 50157-2013）中，车辆基地的术语解释为"地铁系统的车辆停修和后勤保障基地，通常包括车辆段、综合维修中心、物资总库、培训中心等部分，以及相关的生活设施"。在《跨座式单轨交通设计规范》（GB 50458-2008）中，提出"跨座式单轨的车辆基地"，应包括"车辆段、综合维修中心、物资总库、培训中心等部分，以及相关的生活设施"。

在《城市轨道交通工程基本术语标准》（GB/T 50833-2013）中，车辆基地定义为"以车辆停放、检修和日常维修为主体，集中车辆段（停车场）、综合维修中心、物资总库、培训中心及相关生活设施等组成的综合性生产单位"。

其实"综合维修基地"已经成为很多城市线网规划中主要的内容之一，有时称之为全面修基地或者大架修基地。

在《城市轨道交通工程基本术语标准》中，车辆段定义为"承担车辆停放、运用管理、整备保养、检查和较高或高级别的车辆检修的基本生产单位"。在《地铁设计规范》中，可根据功能分为大、架修段和定修段，而在《跨座式单轨交通设计规范》中，可分为全面修车辆段和重点修车辆段。

在《城市轨道交通工程基本术语标准》中，停车场定义为"承担所辖车辆停放和日常维护的基本生产单位"。

9.2 车辆基地规划的原则

《城市轨道交通线网规划标准》提出"车辆基地规划应贯彻节约、集约用地的方针，布局应坚持资源共享的原则，选址应满足城市规划要求"。

车辆基地通常占地面积较大，并且数量较多，因此应当贯彻节约、集约用地的方针，同时鼓励进行车辆基地的综合开发。在车辆基地规划时，应坚持资源共享的原则，在保障正常运营的前提下，尽可能地加强车辆综合维修基地和车辆段的共享使用，同时也可以根据线网方案将2条或者多条线路的停车场集中布置。

车辆基地在城市轨道交通线网规划中，是占地最多的基础设施，往往在线网规划编制或者修编时，需要新增车辆基地的选址，通常需要改变既有规划的建设用地性质，在此建议尽可能地选用价值较低的建设用地，避免在非建设用地范围内选址。现实情况中，有部分城市为了不影响既有规划，维持既有控制性详细规划的内容，将部分车辆基地选址在绿地或者非建设用地区内，尤其部分城市还占用基本农田，这样一来，在线网规划阶段虽然不需要对既有规划进行调整，但是在建设阶段，为车辆基地的用地选址带来较大的实施风险。

虽然在《自然资源部关于做好占用永久基本农田重大建设项目用地预审的通知》（自然资规〔2018〕3 号）中，提出"国务院投资主管部门批准的城市轨道交通建设规划明确的城市轨道交通项目"占用基本农田的，允许纳入用地预审受理范围，但只有城市轨道交通项目纳入城市轨道交通建设规划并获得国家发改委审批后，才能履行相关预审程序，因此按照提前规划、保障实施的原则，建议在线网规划阶段，不要占用基本农田，尽量在建设用地范围内，通过调整其他性质的建设用地的性质，规划控制车辆基地的用地。

9.3 车辆基地规划内容和基本要求

9.3.1 车辆基地规划内容

《城市轨道交通线网规划标准》提出"车辆基地规划应统筹确定车辆基地的功能、规模和布局"。

车辆基地的功能指综合维修基地、车辆段、停车场，其中车辆段又可以分为大、架修车辆段和定修车辆段或者全面修车辆段和定修车辆段，在不同的设计标准中有所不同，应该根据初步的系统选型确定其功能。有时在线网规划阶段，很难确定系统选型时，可不具体对车辆段分类，但应该充分考虑系统选型因素，适当考虑一些用地余量，确定车辆段的用地规模。

9.3.2 车辆基地规划基本要求

《城市轨道交通线网规划标准》提出"车辆基地应结合线路特征、用地条件和沿线土地使用功能统一规划布局，合理确定车辆基地选址。同一层次线网的车辆制式宜保持一致，不同线路相互临近的车辆基地宜统一选址"。

在线网规划阶段的车辆基地布局方案，通常只是给出大致的位置、用地的规划控制边界及面积，具体选址方案应该在《城市轨道交通用地控制性详细规划》项目中进一步研究确定，该项目可以与城市轨道交通线网规划同步编制，目前很多城市是在建设规划阶段才同步编制近期建设项目的《城市轨道交通用地控制性详细规划》，其实《城市轨道交通用地控制性详细规划》应该是全网编制，并不是只针对近期建设项目。

在此，需要特别注意的是，《城市轨道交通用地控制性详细规划》与《城市轨道交通沿线地区控制性详细规划》是截然不同的两个项目，前者是针对城市轨道交通线网规划方案的全网的，后者可以按照城市、线路和站点三个层面开展工作，其中线路层面的沿线地区控制性详细规划通常应该在城市轨道交通近期建设规划阶段同步开展，为城市轨道交通建设规划以及工可阶段的客流预测提供依据。

在条文说明中，进一步明确"车辆基地及出入段线的用地要纳入城市总体规划进行控制，也可以结合规划选址和周边开发情况论证采用车辆基地综合开发方案"。这就要求在线网规划阶段，应该加强城市轨道交通控制性规划，从而确定车辆基地及出入段线的控制条件。

在线网规划阶段，需要结合线路的功能层次以及客流水平，确定车辆的系统制式，通常情况下，同一层次的城市轨道交通线路采用的车辆制式宜保持一致，从而最大限度地实现车辆基地的资源共享和节约、集约使用。

对于不同线路相互临近的车辆基地宜统一选址，实现资源共享，节省投资及用地规模。在条文说明中，明确提出"车辆基地优先在换乘站附近选址，设置 2 线及多线共址的场段，可以实现资源共享，节省投资及用地规模"。

9.3.3 车辆基地选址要求

《城市轨道交通线网规划标准》提出"车辆基地用地范围宜避开工程地质及水文地质不良地段，用地位置应靠近线路，并应有利于与城市道路连接及出入线布置，出入线长度不宜超过 1.5km，用地面积应满足功能和布置的要求，并宜为远景发展预留弹性"。

《城市轨道交通线网规划标准》针对部分城市在城市轨道交通规划和建设过程中，由于将车辆基地的规划选址放置在外围偏远的地方，导致出入段线路过长的情况，专门提出了对出入段线长度的指导要求，不宜超过 1.5km。其实很多城市在城市建设和轨道交通建设中，存在一定的矛盾，如果车辆基地选取在城市建设用地范围内，位置较好的地段其土地收益会受影响，如果放置在外围偏远的地方，又不断地加长了出入段线，导致城市轨道交通运营维护成本有一定上升。其实《城市轨道交通线网规划标准》针对这种矛盾，建议在城市地价和房价达到一定标准后，可进行车辆基地的综合开发，从而实现了土地的集约开发，在促进城市建设的同时，也充分发挥了城市轨道交通对土地开发的促进作用。

9.3.4 综合维修基地的规划要求

《城市轨道交通线网规划标准》提出"线网中相同车型线路的车辆大、架修应统筹规划，集中设置综合维修基地，应通过配置必要的联络线实现多线共用一个综合维修基地，一个综合维修基地服务的线路规模宜为 80~120km"。

线网中相同车型线路的车辆检修从线网角度，统筹规划，集中设置，通过配置必要的联络线来实现多线共用车辆检修设施，1 座承担大、架修功能的车辆段服务的线路规模一般为 80~120km，通常为 2~4 条线路。当承担大、架修功能的车辆段服务的线路过少时，难以充分利用资源，可能造成检修规模的浪费；当承担大、架修功能的车辆段服务的线路过多时，待维修车辆取送作业对相关线路运营影响较大，试车线等设施也可能能力不足。参考我国各地经验，承担大、架修功能的车辆段服务的线路规模宜为 80~120km，对于快线系统其线路规模可适当加大。

9.3.5 车辆段布局要求

《城市轨道交通线网规划标准》提出"一条城市轨道交通线路应设一处车辆段，当车辆段至线路另一端起终点的距离普线超过 20km、快线超过 30km 时，宜增设停车场；对于超长线路宜设置一处车辆段和多处停车场，每处车辆段或停车场的停车规模不宜超过 60 列"。

《城市轨道交通线网规划标准》考虑到，在线路运营过程中，车辆的定修及临修作业较为频繁，因此每条线路的定修车辆段或重点修车辆段不宜由其他线路承担。

在《城市轨道交通工程项目建设标准》中，提出"每条运营线路宜设一处定修车辆段，当车辆段距终点站超过 20km 时，宜增设停车场（或辅助停车场）"，《城市轨道交通线网规划标准》结合我国城市快线以及超长线路的建设，专门提出了快线超过 30km 时，宜增设停车场，对于线路长度超过 40km 的线路，宜在一段一场的基础上增加停车场。同时，结合车辆基地的合理运营管理规模，提出单段（场）的停车规模不宜超过 60 列，若停车规模过大会存在收发车时间过长，影响系统能力，并会减少运营线路夜间天窗时间，增加驾驶员的待班时间等相关问题。

9.3.6　试车线要求

《城市轨道交通线网规划标准》提出"车辆段应设试车线，其长度应满足列车高速运行性能试验要求；当用地长度不足时，试车线长度可按中速运行试验"。

试车线有效长度根据车辆性能和技术参数及试车综合作业要求计算确定。车辆段规划长度为 1200m 时，可以满足列车 80km/h 运行性能试验要求，但难以满足市域快线列车的试验要求，宜进一步加长试车线长度，特别是综合维修基地内的试车线长度，若条件困难则只能采用适当降低试验速度的方式。

第 10 章　城市轨道交通用地控制与沿线用地规划

本章内容特别将城市轨道交通用地控制性详细规划（简称为城市轨道交通用地控规）和城市轨道交通沿线用地规划两个不同的内容放在一起，主要是希望城市轨道交通的规划、建设和运营管理部门以及技术咨询单位，能够清晰地区分两者之间的区别，认识到两者之间的不同点，以及各自的重要性。

10.1　城市轨道交通用地控制性详细规划

10.1.1　城市轨道交通用地控制性详细规划的起源

在 2000 年左右编制的早期城市轨道交通线网规划中，很少有单独的城市轨道交通用地控制规划的内容，仅有场站用地规模以及控制建议，后来在 2005 年左右，在部分规划院背景的编制单位编制的城市轨道交通线网规划中，可以看到用地规划控制建议的内容，在确定了场站用地规模的基础上，给出了选址建议，而在线路控制方面几乎很少有报告给出。

在 2007 年《城乡规划法》颁布之后，将城市轨道交通规划的主要内容明确纳入城市总体规划，并作为强制性内容，因此城市轨道交通线网规划的用地控制内容逐渐被城市规划管理部门所重视。当时，很多城市都在编制城市轨道交通线网规划，其中部分有城市规划管理部门委托的城市轨道交通线网规划，便增加了城市轨道交通用地控制的工作内容。

例如，当时合肥市规划局在组织编制城市轨道交通线网规划后期，在城市轨道交通线网规划方案稳定后，便要求项目组将城市轨道交通线路及设施的用地控制边界，落实到总体规划和控制性详细规划中，从而为规划局在用地规划管理上提供支持，同时也可以保障城市轨道交通项目的后续建设。

在当时而言，虽然合肥市开展了这些工作，但是并未以报告形式纳入最终的城市轨道交通线网规划成果中。毕竟当时城市轨道交通线网规划还是重点在于线路走廊的规划，站点也仅是示意性的，因此很难明确线路和车站的用地规划控制。在线网规划成果中，按照 2008 年颁布的《城市快速轨道交通工程项目建设标准》（建标 104-2008）中提出的控制保护地界的相关规定，提出了城市轨道交通走廊控制建议，同时结合相关工作提出了城市轨道交通走廊的用地控制建议：在未建成区，作为工程实施的影响范围，按线路中心两侧各 50m 为界；在建成区，作为运行线的安全保护范围，以及考虑振动、噪声等影响，按线路中心线两侧各 30m 为界。

在 2007 年《城乡规划法》颁布之后，陆续有一些城市开始针对城市轨道交通线路开展预可行性研究，在确定线路走向、站位的基础上，明确提出城市轨道交通线路的用地规划控制。

在 2008 年左右，国家发改委相关部门提出了《城市轨道交通建设规划咨询评估大纲》，在该文件中，明确提出城市轨道交通建设规划的支撑文件，其中包括《城市轨道交通建设用地控制性详细规划》。

2009 年在《城市轨道交通线网规划编制标准》中，明确提出"用地控制规划的主要任务是对城市轨道交通设施用地提出规划控制原则与要求，通过预留与控制设施用地，为城市轨道交通建设提供用地条件"，"用地控制规划的主要内容应包括线路、车站和车辆基地"，"线路用地控制规划应根据各线路（含联络线）的走向方案，提出线路走廊用地的控制原则和控制范围的指标要求"，"车站用地控制规划应综合考虑车站功能定位、周边土地使用功能和交通系统等因素，提出换乘车站用地控制原则和控制范围的指标要求"，"车辆基地用地控制规划应确定车辆基地用地的规划控制范围"。

在此之后，城市轨道交通用地控制的内容明确应包括在城市轨道交通线网规划中，但是由于城市轨道交通线网规划仅是确定线路的走向，因此在线网规划阶段很难直接提出具有可操作性的规划控制范围，因此在专业内部便形成了两种情况：一种情况是线网规划阶段，只提出场站用地选址及控制建议，在线网规划编制完成后，启动城市轨道交通用地控制规划项目，提出城市轨道交通线路、车站、场站的用地控制线；另一种情况是在线网规划阶段便同步确定城市轨道交通线路、车站和场站的用地控制线。

由于城市轨道交通用地控制规划的工作内容和深度超出了一般城市规划阶段的规划内容，因此 2014 年城市轨道交通协会颁布的《城市轨道交通前期工作收费指导意见》中，明确提出了城市轨道交通线网规划和城市轨道交通用地控制规划的收费指导意见，也就是说，这两个项目应单独委托。

因此，部分城市编制城市轨道交通线网规划之后，开始编制城市轨道交通用地控制规划项目。其中，一些城市只针对近期建设的项目编制城市轨道交通用地控制规划，作为上报城市轨道交通建设规划的附件之一。

为了加强城市轨道交通线网规划的用地控制，进一步与城市总体规划相协调，保障城市轨道交通建设的可持续发展，《城市轨道交通线网规划标准》在《城市轨道交通线网规划编制标准》的基础上，结合近几年城市轨道交通线网规划和建设的实际情况，对城市轨道交通用地控制规划的内容以及编制时间提出了更为详细的要求。

10.1.2 城市轨道交通用地控制规划的主要工作内容

《城市轨道交通线网规划标准》提出"城市轨道交通线网规划应对线路区间、车站、车辆基地及控制中心、主变电所等其他设施提出用地控制原则与要求，为城市轨道交通建设提供用地条件"。

在条文说明中，进一步解释为"城市轨道交通线网规划阶段应重点确定车辆基地的用地规模和选址方案，对于线路区间（包括正线、出入线、联络线）、车站和控制中心、主变电所等其他设施的用地应提出控制原则和要求，用地控制方案可在后续工作中逐步落实"。

《城市轨道交通线网规划标准》提出"用地控制范围应包括建设控制区和控制保护区，控制保护区应满足城市轨道交通建设、运营、维护及安全的要求"。建设控制区是城市轨道交通各项设施的选址用地范围；控制保护区位于建设控制区外围，既是城市轨道交通项目顺利建设、运营、维护和安全的重要保障，也是处理城市轨道交通各项设施与周边设施相互关系的衔接、协调区域。

10.1.2.1 建设控制区

《城市轨道交通线网规划标准》针对线路区间、车站、车辆基地及其他设施提出了建设控制区的相关要求和控制标准建议。

（1）线路区间

《城市轨道交通线网规划标准》提出"在城市建成区，线路区间宜优先布置在城市道路红线内；在城市待建区或改造区，线路区间可结合用地规划进行布置"。

由于城市在建设发展过程中，大多数都是依托道路进行的城市开发，道路已经成为各种交通方式和市政实施的载体，因此在建成区，通常城市轨道交通沿道路敷设，如果要进行旧城改造或者地块的综合开发，可以将城市轨道交通线路偏离道路红线，但是城市轨道交通线路上方以及两侧应进行必要的规划控制或者整体设计，通常这种建设模式应该应用在新区的地块综合开发中。

《城市轨道交通线网规划标准》结合我国城市轨道交通建设经验，提出"线路区间建设控制区宽度宜为30m。当2条及以上线路共走廊时，建设控制区宽度应相应增加，并应满足线路区间布置的要求"。

其中，30m的宽度是根据我国城市轨道交通地下线和高架线的建设经验归纳总结而来的，也就是说，无论是地下还是高架敷设方式，基本的建设实施空间应该为30m。在条文说明中，也详细解释了地下线、高架线和地面线的建设空间的计算过程。虽然实际的城市轨道交通线路区间实施空间不需要30m，但是考虑到为后续的设计和施工留有一定的弹性空间，因此明确提出30m的控制宽度，即以规划线路中心线为基线，两侧各15m。

这里需要特别指出的是，当多条线路共走廊时，而且线路的相关建设形式还未确定为平面布置还是垂直布置时，《城市轨道交通线网规划标准》建议按照平面布置进行规划控制，且按照每条线路30m的空间进行规划控制。

（2）车站

《城市轨道交通线网规划标准》此次明确提出"车站站位选址和布局方案的确定是一个十分复杂的过程，一般需在城市轨道交通项目规划、设计、建设中逐步落实，因此线网规划阶段受研究内容和深度的限制，仅对车站提出规划控制原则和要求，具体方案可在后续工作中逐步落实"。

《城市轨道交通线网规划标准》考虑到车站主体通常在线路区间控制线范围内即可实施，但是车站的附属设施，如出入口、风亭、冷却塔及管理用房等，需要一定的空间。车站附属设施可布置在道路红线内或外侧毗邻地块内，城市道路规划设计往往未考虑预留上述设施的空间条件，造成车站出入口往往设置在人行道上，妨碍了行人正常通行。因此，城市轨道交通项目建设中，车站附属设施通常需要布置在道路红线外侧毗邻地块内，为了能够集约利用土地资源，有条件可与邻近公共建筑相结合。

因此，《城市轨道交通线网规划标准》提出"位于城市道路红线内的车站，车站主体宜布置在城市道路红线内，车站附属设施宜布置在城市道路红线外两侧毗邻地块内"，并且对每侧的附属设施建设控制区指标提出规定（见表10-1）。

车站位于城市道路红线外时，应在城市道路红线外侧地块考虑设置车站主体及其附属设施的

车站附属设施建设控制区指标（单位：m）　　　　　　　　　　　　表 10-1

车站类型	长度	宽度
地下车站	200~300	15~20
高架车站、地面车站	150~200	15~25

用地条件。因此，车站的控制空间尺度有所增加，《城市轨道交通线网规划标准》进一步提出控制区指标规定，具体如表 10-2 所示。

车站建设控制区指标（单位：m）　　　　　　　　　　　　表 10-2

车站类别	长度	宽度
地下车站	200~300	40~50
高架车站、地面车站	150~200	50~60

（3）车辆基地

车辆基地占地规模大，在城市建成区选址比较困难，做好车辆基地用地的规划与控制对稳定线网方案起着极其重要的作用，同时合理控制车辆基地用地规模也是贯彻节约、集约用地的重要措施。

线网规划阶段对系统制式、车辆选型与列车编组等方面的研究尚处于初始阶段，项目在后续规划建设阶段普遍存在进一步优化、调整可能，因此车辆基地建设控制区既要满足功能和布置的要求，又要具备一定的适应性和包容性。

因此，《城市轨道交通线网规划标准》总结分析了我国各城市的城市轨道交通车辆基地的用地面积与城市轨道交通线路长度、客流、系统选型的关系，在结合《城市快速轨道交通工程项目建设标准》（建标 104-2008）以及相关城市轨道交通系统设计标准的基础上，按照线路长度，给出了车辆基地的用地控制指标，明确车辆基地用地控制区总规模宜按每公里线路 0.8~1.2hm² 控制，并且给出了车辆基地的用地控制区的面积、尺寸要求，具体如表 10-3 所示。

车辆基地建设控制区指标　　　　　　　　　　　　表 10-3

功能分类	面积（hm²/座）	长度（m）	宽度（m）
综合维修基地	30~40	1500~1800	200~350
车辆段	25~35	1000~1500	200~300
停车场	10~20	800~1000	100~200

此外，《城市轨道交通线网规划标准》考虑到综合维修基地或车辆段建设控制区应满足试车线功能和技术要求。最高运营速度超过 100km/h 的线路为满足列车高速运行性能试验的要求，试车线长度将超过 2km，一般选址困难。为了解决试车线长度长、选址困难的问题，部分建设项目试车线仅承担中速运行性能试验功能，另外在正线上指定地段承担高速运行性能试验功能。因此，对于最高运营速度超过 100km/h 的线路，综合维修基地或车辆段建设控制区范围应根据试车线功能和技术要求确定。

（4）其他设施

《城市轨道交通线网规划标准》总结分析了国内控制中心的用地需求特征后，明确提出"控制中心分布应满足运营管理要求，选址宜接近监控管理对象的中心地带；根据监控管理对象的线路规模，控制中心可分为单线控制中心和多线控制中心。单线控制中心建设控制区不宜大于3000m²，多线控制中心建设控制区可按每条线路2000~3000m²控制"。

《城市轨道交通线网规划标准》根据主变电所的设计要求，提出"主变电所分布应满足资源共享要求，选址宜靠近车站，每座主变电所建设控制区宜为3000~4000m²，长度宜为60~70m，宽度宜为50~60m"。

10.1.2.2　控制保护区

《城市轨道交通工程项目建设标准》（建标104-2008）明确提出"在线路经过地带，应划定轨道交通走廊的控制保护地界"，并应符合下列规定：

①在城市轨道交通建设走廊应以城市轨道交通线网规划为依据，对建成线路和规划线路应确定控制保护地界，并应纳入城市用地控制保护规划范畴。

②轨道交通控制保护地界应根据工程地质条件、施工工法和当地工程实践经验，确定规划控制保护地界，但不应小于表10-4的规定。

控制保护地界最小宽度标准 表 10-4

线路地段	控制保护地界计算基线	规划控制保护地界（m）
建成线路地段	地下车站和隧道结构外侧，每侧宽度	50
	高架车站和区间桥梁结构外侧，每侧宽度	30
	出入口、通风亭、变电站等建筑物外边线的外侧，每侧宽度	10
规划线路地段	以城市道路规划红线中线为基线，每侧宽度	60
	规划有多条轨道交通线路平行通过或线路偏离道路以外地段	专项研究

③在规划控制保护地界内，应限制新建各种大型建筑、地下构筑物，或穿越轨道交通建筑结构下方。必要时须制定必要的预留和保护措施，确保轨道交通结构稳定和运营安全，经工程实施方案研究论证，征得轨道交通主管部门同意后，可依法办理有关许可手续。

④在城市建成区，当新建轨道交通处于道路狭窄地区时，在规划控制保护地界内，其工程结构施工应注意对相邻建筑的安全影响，并应采取必要的拆迁或安全保护措施。

⑤在规划线路地段，应以城市道路规划红线中线为基线，控制保护地界为两侧各60m；当规划有两条轨道交通线路平行通过，或线路偏离道路以外地段，该保护地界应经专项研究确定。

⑥高架及地面线在市政道路红线外的征地范围，桥梁宜按结构投影面为准，路基以天然护道外1m为准，并根据现场具体情况协商确定。

此外，还有部分城市参照《城市轨道交通运营管理办法》（建设部令第140号）的要求，发布了地方的轨道交通建设管理办法或轨道交通管理条例，对控制保护区也提出了相应的要求。

10.1.3　城市轨道交通用地控制规划的编制时机

《城市轨道交通线网规划标准》在条文说明中明确提出"城市轨道交通线网规划编制完成后，尚应编制城市轨道交通用地控制规划，详细研究并确定各项设施的布局方案和用地控制范围，用地应在城市控制性详细规划中落实"。

也就是说，城市轨道交通用地控制规划应在城市轨道交通线网规划编制完成后开始编制，并且将城市轨道交通用地控制规划确定的城市轨道交通设施用地控制范围，最终纳入城市控制性详细规划中。

线网规划对应于城市总体规划阶段，其主要内容应当纳入城市总体规划中，其中涉及的用地控制内容主要是轨道交通车辆基地，而对于线路区间（包括正线、出入线、联络线）、车站和控制中心、主变电所等其他设施的用地仅提出控制原则和要求，是在城市轨道交通用地控制规划中进一步落实，并纳入城市控制性详细规划中。

10.2　城市轨道交通沿线地区用地规划

10.2.1　城市轨道交通沿线用地规划的起源与发展

城市轨道交通沿线用地规划源于《国务院办公厅关于加强城市快速轨道交通建设管理的通知》（国办发〔2003〕81号），在该文件中，明确提出"拟建城市必须重视和改进规划的编制与管理工作。要建立科学民主的决策机制，按照实事求是、量力而行的原则，提高规划编制水平，真正发挥规划对城轨交通项目建设和城市建设的指导作用。对规划建设城轨交通项目的线路，要搞好沿线土地规划控制，编制专项土地控制规划，防止新建建筑物对线路的侵占"。

随后，住房和城乡建设部颁布了《关于认真做好城市轨道交通建设规划初审工作的意见》（建城函〔2004〕35号），按照《国务院办公厅关于加强城市快速轨道交通建设管理的通知》（国办发〔2003〕81号）的要求，明确了城市轨道交通建设规划的初审要求，提出"《建设规划》是否有相应的《土地控制规划》，《通知》要求，'对规划建设城轨交通项目的线路，要搞好沿线土地规划控制，编制专项土地控制规划，防止新建建筑物对线路的侵占'。应审查轨道交通线路、枢纽、车站、车场等设施的用地控制，轨道交通沿线的土地利用控制及用地的控制规划的合理性和可行性"。

在《关于认真做好城市轨道交通建设规划初审工作的意见》（建城函〔2004〕35号）的影响下，很多上报城市轨道交通建设规划的城市，都同步编制了《城市轨道交通近期建设线路沿线土地利用控制性详细规划》。在以规划院为主参与的城市轨道交通建设规划编制过程中，都编制了沿线土地利用控制性详细规划，主要提出城市轨道交通近期建设线路两侧用地规划调整建议，同时配合建设规划客流预测专题，提供人口、就业分布等基础数据，如东莞、郑州、合肥、贵阳、太原等城市的第一轮城市轨道交通建设规划编制时，都同步编制了近期建设项目沿线土地利用控制性详细规划。

但在实际工作中，部分城市和设计单位并未充分认识到编制《城市轨道交通近期建设线路沿线土地利用控制性详细规划》的重要性，或者部分城市和编制单位受制于编制经费较低，利用既有的控制性详细规划进行简单拼凑，并未真正发挥城市轨道交通对沿线土地开发的引导和促进作用。

在2008年左右，国家发改委相关部门提出了《城市轨道交通建设规划咨询评估大纲》，在该文件中，明确提出城市轨道交通建设规划的支撑文件，其中包括《城市轨道交通建设用地控制性详细规划》。

近几年来，大量城市在编制城市轨道交通建设规划过程中，将《城市轨道交通用地控制性详细规划》作为城市轨道交通建设规划上报的支撑文件，很少还有城市编制《城市轨道交通沿线地区控制性详细规划》。

2015年，住房和城乡建设部印发了《城市轨道交通沿线地区规划设计导则》(《住房城乡建设部关于印发城市轨道沿线地区规划设计导则的通知》(建规函〔2015〕276号))，明确提出了城市轨道交通沿线地区规划设计分为城市、线路和站点三个层面，在城市轨道交通线网规划阶段，与城市总体规划同步编制时，启动《轨道交通引导城市发展专题研究》，在城市轨道交通建设规划阶段，启动《轨道交通沿线用地调整规划》编制，在工程可行性研究或初步设计阶段，启动《轨道站点一体化规划设计》。其中，《轨道交通沿线用地调整规划》详细来说便是城市轨道交通沿线用地控制性详细规划调整。

2016年4月，中国城市轨道交通协会公布了《城市轨道交通沿线地区规划设计计费指导意见》，按照城市层面规划引导、线路层面规划引导、站点层面规划设计指引、站点地区物业发展组合研究、站点地区地块价值评估等收费指导建议。其中，线路层面规划引导计费标准基本是参照建设用地控制性详细规划的标准提出的。

10.2.2 城市轨道交通沿线地区规划的主要工作内容

10.2.2.1 《城市轨道交通引导城市发展专题研究》的主要工作内容

《城市轨道交通引导城市发展专题研究》是城市层面的规划引导，主要对城市轨道交通系统的廊道和换乘枢纽地区进行引导，协调城市轨道交通廊道与城市结构、道路结构与主要枢纽的关系，强化公共交通支撑和引导城市土地使用的开发模式，为城市总体规划与分区规划的编制、调整，以及城市相关宏观政策的制定提供专题参考依据。

《城市轨道交通引导城市发展专题研究》的编制大纲如下：

①城市经济社会发展概要。

②相关规划分析。

③城市用地现状及结构发展趋势分析。

④国内外相关案例借鉴。

⑤轨道交通线网规划与实施情况分析。

⑥城市与轨道的一体化结构优化。

⑦轨道交通廊道的调整建议。

⑧城市公共服务中心结构规划。

⑨基于轨道交通廊道的城市就业与人口分布调整规划。

⑩ 城市建设强度规划。

⑪ 城市客运枢纽规划。

⑫ 城市公交先导区规划及管理政策。

10.2.2.2 《城市轨道交通沿线用地调整规划》的主要工作内容

《城市轨道交通沿线用地调整规划》又可称为《城市轨道交通沿线土地利用控制性详细规划》，是线路层面的规划引导，主要确定城市轨道交通沿线片区与站点周边地区的功能定位、建设规模、交通设施及其他公共设施的设置要求、公共空间系统的引导要求等，为相关地区城市控制性详规划的编制和调整提供参考依据。

在城市轨道交通建设规划阶段，其确定的沿线片区与站点周边地区的建设规模，可落实城市轨道交通沿线地区和站点周边，直接吸引或服务的人口、就业岗位数量，可为城市轨道交通建设规划客流预测专题提供强有力的基础支撑。

《城市轨道交通引导城市发展专题研究》的编制大纲如下：

①总则：明确规划编制依据、规划目标及原则。

②规划范围：明确轨道影响区和轨道站点核心区的范围边界。

③片区划分及功能定位：明确沿线城市功能片区的划分方式及每个片区的功能定位。

④各站点功能定位：确定各站点的功能定位和主要功能构成。

⑤潜力地块确定：明确结合站点开发需要储备用地的范围和规模。

⑥用地调整规划：明确规划范围内的用地功能及兼容性。

⑦公共服务设施调整规划：明确规划范围内教育、医疗、文化娱乐、体育设施及为居住社区配套的中小学、养老设施等各项服务设施的建设规模及位置和范围，并就其建设形式给出建议。

⑧绿地系统调整规划：明确规划范围内各类绿地的结构、功能、建设规模和建设方式。

⑨建设用地强度调整规划：确定轨道影响区与站点核心区的建设用地容积率分区，并明确各区内容积率的控制值。

⑩道路交通调整规划：明确规划范围内的道路等级、功能及断面形式；明确规划区内步行和非机动车交通系统的结构与设置规定；明确道路网密度，并对重要节点的道路设计给出指导规定；明确配建停车场的指标要求。

⑪交通换乘设施规划：明确轨道交通换乘设施规模及布局要求，对与轨道换乘的步行流线组织做出规划安排。

⑫步行系统规划：明确规划区内步行系统的布局、衔接重点、建设形式及空间景观要求。

⑬地下空间规划：明确规划区内地下空间的功能、规模及控制要求。

⑭轨道交通设施用地控制规划：明确各项轨道交通设施如停车场、车辆段、折返线、联络线等的用地边界及控制条件。

⑮市政设施调整规划：明确规划区内大型市政设施的建设控制要求及工程布置的基本方式。

⑯城市设计控制要素：明确规划区内城市公共空间的结构、规模、位置与控制要求，对规划区内的建筑形态及景观环境设计提出概念性方案。

10.2.2.3 《城市轨道交通站点一体化规划设计》的主要工作内容

《城市轨道交通站点一体化规划设计》为站点层面的规划设计引导，主要确立城市轨道站点与周边物业发展、交通换乘空间及城市空间的立体对接关系，对站点出入口、步行系统的设置提出详细引导要求，相关引导要求纳入控制性详细规划，并作为土地出让时的附加条件，为相关修建性详细规划的编制提供引导。

①综合现状分析：应包括规划背景介绍、城市背景介绍、规划区位、规划范围、轨道交通规划建设情况等内容，并对规划范围内现状土地使用性质、权属情况、建筑质量、土地收储情况、潜力地块分布情况、已批建设项目情况、道路及交通设施情况、重要市政设施等情况进行分析。

②上位规划及相关规划解读：应对本规划的上位规划——《轨道沿线用地调整规划》的要求

与实施情况进行评价与反馈。

③规划定位及业态发展策划：在对城市相关发展背景及规划进行解读的基础上，结合轨道交通建设投融资机制，对规划区内可能发展的商业服务业类型进行市场研究及投资收益测算，明确规划站点的业态发展内涵及各类商业业态的功能规模和构成比例。

④规划构思与设计理念：结合规划定位提出规划构思与设计理念。

⑤规划结构与功能布局：明确规划区中的功能结构、公共空间结构与景观结构，对规划区内的各项功能进行安排，明确各项功能的建设规模。通过各层总平面详细落实各功能空间的位置和范围，落实不同产权单位的权属边界和管理边界。

⑥建设强度与交通容量校核：对规划区内的各类交通需求及交通承载力进行测算，根据片区交通影响评价结果校核并明确建设强度。

⑦交通衔接设计及交通改善：落实各类轨道交通换乘设施（含路内设施）的功能布局，设计详细的流线组织方案，详细安排与机动车流线、自行车流线及人行流线相关的通道、换乘厅、广场等设施，以及机动车出入口的位置与设置方式。对城市道路系统的现状与规划方案进行校核并提出改善方案，对交通换乘设施及步行空间的规模进行校核并提出改善方案。详细表达规划区内各道路断面、交叉口形式、人行过街通道、公交站台、临时停车位及出租汽车停车位的安排方式。

⑧步行空间设计：详细落实规划区内各类步行空间的设置位置与设置形式，并对步行空间的立体衔接方式做出详细设计。

⑨站点出入口衔接设计：详细落实规划区内轨道站点出入口的设置位置与设置形式。

⑩地块控制引导：对各功能空间的立体衔接关系进行详细设计，并通过剖面图、节点剖面图及剖面效果图等形式予以表达。

⑪城市设计概念方案：对规划区内的建筑形态及景观环境设计提出概念性方案，包括建筑风貌、公共空间景观印象和天际轮廓线等，通过整体或局部效果图予以表达。

⑫城市设计控制要素：明确规划区内城市公共空间的结构、规模、位置与控制要求；明确建筑退红线距离、建筑贴线率、街墙控制等；对高层塔楼的位置与高度提出控制建议，对裙房的体量及高度提出控制建议。

⑬市政设施规划：明确规划区内与轨道相关的市政设施如综合管廊等的位置、规模和布局。

⑭与轨道交通工程可行性研究的衔接：对轨道交通工程可行性研究中的相关内容进行校核，落实各项轨道交通工程相关设施的布局。

⑮控制导则：通过文字与图则形式明确轨道相关设施、公共设施、交通换乘设施（含路内设施）、市政基础设施的位置、布局和控制条件；明确步行系统与公共空间的控制条件，明确道路断面、交叉口等设施的设置规定及地块停车出入口、辅助出入口的位置和设置条件等，纳入相关片区的控制性详细规划并作为土地出让时的附加条件。

10.2.3 城市轨道交通沿线用地规划的编制时机

在《城市轨道交通沿线地区规划设计导则》中，明确提出：

各城市在编制总体规划时，应结合城市轨道交通线网对构，对城市结构、功能布局、建设强度控制等进行研究和校核，形成轨道交通引导城市发展专题研究；其中，各项城市规划内容应纳入城市总体规划成果之中。没有编制城市轨道交通线网规划的，建议与城市总体规划同期开展城市轨道交通线网规划的编制工作。在单独编制城市轨道交通线网规划的情况下，应同期编制轨道交通引导城市发展专题研究。

在《城市轨道交通近期建设规划》编制阶段，应以《轨道交通引导城市发展专题研究》为依据，同期开展《轨道沿线用地调整规划》，成果应纳入相关控制性详细规划的编制或修编中予以落实。

在《城市轨道交通工程可行性研究》编制阶段，应以《沿线用地调整规划》为依据，同期编制沿线各站的《轨道站点一体化规划设计》，主要明确轨道与周边物业发展、交通换乘空间及城市空间的立体对接关系，为相关地区用地开发提供详细的规划控制条件，为相关修建性详细规划的编制提供引导。

10.3 轨道交通用地控制性规划与轨道交通沿线用地规划的区别

10.3.1 内容不同

城市轨道交通用地控制性规划主要是针对城市轨道交通线路、车站、车辆基地等提出用地控制的要求，其主要内容应纳入城市总体规划中，可服务于城市轨道交通的规划管理。

城市轨道交通沿线用地规划是在既有控制性详细规划基础上，结合城市轨道交通线路和车站，提出用地控制性详细规划的调整方案，其内容一方面落实了城市轨道交通线路、车站及相关设施的规划控制，另一方面进一步落实了城市轨道交通对用地开发的引导和促进作用，同时该项目将提出城市轨道交通线路沿线以及站点周边的用地开发规模，明确城市轨道交通直接服务的人口和就业岗位，为城市轨道交通建设规划客流预测提供强有力的数据支撑。

10.3.2 编制时机不同

《城市轨道交通用地控制性详细规划》应在城市轨道交通线网规划编制完成后开展，目前很多城市在城市轨道交通建设规划阶段编制，仅针对城市轨道交通近期建设项目其实是不恰当的。

《城市轨道交通沿线用地调整规划》应在城市轨道交通建设规划编制阶段同步编制，应作为城市轨道交通建设规划的重要支撑文件。

10.3.3 成果实施不同

《城市轨道交通用地控制性详细规划》，一方面主要内容纳入城市总体规划中，另一方面作为城市规划控制管理，同时也为城市轨道交通建设和运营提供了用地保障。

《城市轨道交通沿线用地调整规划》涵盖了城市轨道交通用地控制性详细规划，同时该规划编制完成后，各城市还应依据该规划编制或修编各片区的控制性详细规划。

第 11 章　城市轨道交通线网规划发展趋势展望

11.1　城市轨道交通线网规划编制的整体趋势

11.1.1　城市轨道交通线网规划将以修编为主基调

目前，我国市区人口达到 200 万以上的城市，已经基本编制完成城市轨道交通线网规划。

据不完全统计，目前我国在建城市轨道交通（不含有轨电车）里程预计为 3000km 以上，至"十三五"末期，城市轨道交通（不含有轨电车）运营里程将可能突破 1 万 km。

在已经开通城市轨道交通运营的城市中，其城市轨道交通线网规划已经历过多次的城市轨道交通线网修编。随着我国新一轮城市总体规划的编制，以及未来自然资源部对国土空间规划职能的整合，城市轨道交通线网规划将迎来又一轮的修编高潮。

《住房城乡建设部关于加强城市轨道交通线网规划编制的通知 》（建城［2014］169 号）提出：已有线网规划的城市，在修改或修编城市总体规划时，要开展线网规划实施评估，对线网规划实施情况进行总结，研究是否需要修改或修编线网规划，如有需要，应以线网规划实施评估为基础，与城市总体规划同步修改或修编线网规划。因此，在城市轨道交通线网规划修编过程中，有必要对既有轨道交通线网规划和建设实施进行科学评估，此内容将成为城市轨道交通线网规划修编的重点和基础。

在《城市轨道交通线网规划标准》编制过程中，编制组曾经想独立一章提出线网规划评估的内容和要求，但在最终发布稿中，仅在基本规定的条文中明确"城市轨道交通线网规划修改或修编应以既有线网规划实施评估为基础"。

目前，部分城市在城市轨道交通线网规划修编过程中，缺乏对既有规划的科学评估，对既有规划方案的稳定性和严肃性缺乏足够的认识，对既有规划方案提出的修改和完善建议缺乏针对性，而且对原来线网的结构和布局缺乏足够的延伸和继承。

11.1.2　大、中城市陆续开始编制城市轨道交通线网规划

随着《国务院办公厅关于进一步加强城市轨道交通规划建设管理的意见》（国办发［2018］52 号）的发布，其中将轻轨的建设门槛由原来的城区改为市区，统计范围的扩大将促使我国具备建设城市轨道交通的城市增加数十座。简单对比了一下《2016 年城建统计年鉴》中的城区人口和市区人口，市区人口达到 150 万比城区人口达到 150 万的城市多了 64 座（不含城市轨道交通建设规划已获国家批复的城市），值得注意的是，其中部分城市的市区人口比城区人口要大很多，这些城市是典型的大市区、小城区的城市发展形态，这些城市是否真正需要建设城市轨道交通需要进一步研究（见表 11-1）。

市区人口 >150 万且城区人口 <150 万的城市　　　　　表 11-1

省级行政单位（城市数量）	城市	市区常住人口（万人）	城区常住人口（万人）	省级行政单位（城市数量）	城市	市区常住人口（万人）	城区常住人口（万人）
广东（13）	湛江	181.7	90.78	江苏（7）	邳州	193.9	36.48
	廉江	173.3	29.65		连云港	231.7	100.00
	雷州	176.3	20.10		淮安	335.7	131.51
	茂名	283.6	67.80		盐城	243.3	121.43
	高州	182.1	28.52		扬州	232.5	104.71
	化州	174.8	29.59		泰州	164.0	83.88
	惠州	150.5	105.38		兴化	158.3	20.20
	陆丰	170.7	20.90	山东（6）	枣庄	241.8	95.26
	中山	161.3	43.65		滕州	171.5	36.43
	潮州	155.4	86.23		潍坊	189.8	126.54
	揭阳	209.6	80.94		济宁	184.8	139.53
	普宁	248.0	56.12		泰安	162.4	80.39
	湛江	181.7	90.78		菏泽	231.2	83.81
安徽（5）	淮南	185.9	108.46	河南（5）	南阳	212.5	125.61
	阜阳	226.4	76.41		邓州	182.2	31.98
	宿州	190.5	49.11		商丘	155.5	96.33
	六安	202.0	43.80		永城	155.0	39.97
	亳州	166.0	31.00		信阳	155.0	54.00
四川（6）	自贡	150.4	105.71	福建（3）	莆田	229.8	53.30
	泸州	157.0	104.91		泉州	243.5	101.70
	绵阳	174.8	93.46		南安	161.3	22.40
	遂宁	150.0	61.94	浙江（3）	温州	168.1	149.95
	南充	195.4	96.00		绍兴	219.8	98.52
	达州	182.8	50.85		台州	158.4	98.39
湖北（4）	襄阳	209.9	113.31	广西（2）	贵港	199.6	41.73
	随州	172.5	46.58		桂平	201.7	19.82
	仙桃	156.5	37.80	山西（2）	大同	158.8	120.87
	天门	168.0	27.13		晋城	233.0	49.00
贵州（2）	遵义	221.2	99.52	河北（1）	保定	284.6	142.67
	毕节	159.2	25.10	吉林（1）	吉林	181.9	126.14
云南（1）	宣威	154.6	25.69	江西（1）	赣州	228.1	111.58
湖南（1）	耒阳	155.9	38.60	海南（1）	海口	214.2	110.00

由此可以预见，在这 64 座城市中，只要 GDP 和公共财政收入达到一定规模，这些城市就有可能建设城市轨道交通，并且在这些城市中，已经有部分城市启动了城市轨道交通线网规划项目，甚至启动了城市轨道交通建设规划项目。

此外，市区人口规模达到 100 万以上、150 万以下的城市共有 113 座，在这些城市中，对应城区人口达到 50 万以上的城市有 50 座，并且其中人口规模在 100 万以上的 8 座，在 90 万~100 万的还有 6 座。这些城市中的部分城市也有必要提前谋划城市轨道交通线网规划，提前将城市轨道交通线路及设施用地规划控制好（见表 11-2）。

市区常住人口 100 万 ~150 万且城区人口大于 50 万的城市　　　　表 11-2

省级行政单位（城市数量）	城市	市区常住人口（万人）	城区常住人口（万人）	省级行政单位（城市数量）	城市	市区常住人口（万人）	城区常住人口（万人）
山东（9 座）	东营	109.9	71.80	河南（5 座）	开封	116.6	98.65
	即墨	115.8	55.28		平顶山	112.4	93.12
	新泰	142.8	52.00		漯河	137.4	58.00
	威海	133.6	79.34		安阳	117.9	72.58
	日照	135.6	65.01		新乡	115.6	76.96
	莱芜	129.1	59.90	广东（4 座）	珠海	114.8	72.73
	德州	123.6	79.64		江门	141.5	93.71
	聊城	125.3	74.01		肇庆	138.9	59.60
	滨州	108.4	76.49		清远	145.2	55.30
湖南（4 座）	株洲	124.4	109.38	河北（2 座）	秦皇岛	146.2	97.66
	岳阳	103.0	70.90		张家口	124.7	95.64
	常德	145.0	68.28	陕西（2 座）	宝鸡	142.1	82.26
	益阳	137.3	57.34		渭南	130.3	52.13
四川（3 座）	内江	141.3	62.69	湖北（3 座）	十堰	118.7	69.00
	乐山	116.7	58.14		宜昌	126.8	90.26
	宜宾	140.9	80.55		荆州	108.6	79.72
安徽（2 座）	蚌埠	115.0	80.69	江西（2 座）	抚州	122.3	58.04
	淮北	105.3	67.97		上饶	146.9	66.44
辽宁（2 座）	鞍山	149.8	131.30	黑龙江（2 座）	齐齐哈尔	135.9	108.00
	抚顺	140.5	129.12		大庆	136.8	114.54
广西（3 座）	柳州	122.1	114.91	云南（1 座）	曲靖	114.8	67.94
	桂林	129.9	86.35	青海（1 座）	西宁	136.9	122.45
	玉林	110.4	55.38	宁夏（1 座）	银川	110.6	110.62
甘肃（1 座）	天水	126.3	64.55	浙江（1 座）	湖州	112.9	53.50
内蒙古（1 座）	赤峰	138.7	87.86	江苏（1 座）	镇江	103.4	79.52

对于这些城市而言，在编制城市轨道交通线网规划的基础上，应该积极编制城市轨道交通用地控制规划，将城市轨道交通线路、车辆基地以及重要节点的规划控制，尽早纳入城市规划管理体系中。

11.2　城市轨道交通线网规划范围的发展趋势

11.2.1　超大、特大城市的线网规划范围向市域延伸

随着我国城乡规划空间体系由集中建设区向规划区、市域的空间扩展，城市轨道交通线网规划的范围也将逐渐扩展至市域范围。尤其在北京、上海新一轮城市总体规划获批复后，国内一、二线城市的城市总体规划的规划区范围也将逐步向市域范围扩展，从而实现全域规划。因此，城

市轨道交通线网规划的范围也将随着城市总体规划的规划范围逐步扩展至市域范围。

此外，市域空间体系规划是城市总体规划中的重要层次，随着城乡一体化进程的加快，城市轨道交通作为一种公共交通基础设施，也将逐步成为市域空间体系组织中不可或缺的重要内容。

在《城市轨道交通线网规划标准》中，明确提出了快线的功能层次，快线将随着我国超大、特大城市的城乡一体化发展和城市空间尺度的不断扩大，将主要服务于外围组团与城市中心以及城市中心之间的联系。

在规划范围方面，《城市轨道交通线网规划标准》明确提出"在市域范围，应结合市域城镇发展和交通需求特征，论证规划建设城市轨道交通系统的必要性，需要规划建设轨道交通系统的城市，规划范围应增加市域层次"。

11.2.2　规划协调范围超出行政辖区范围将逐步增多

随着我国城镇群地区各城市之间的连绵发展，很多城市的交通往来已经不再受制于行政区划的界限，因此部分城市的城市轨道交通线网开始向周边城市延伸，如上海的城市轨道交通向花桥延伸，或者相邻城市之间的城市轨道交通线网有必要相互衔接，如广州与佛山、东莞的城市轨道交通衔接、深圳与东莞和惠州的城市轨道交通线网规划衔接。

《城市轨道交通线网规划标准》在规划范围中明确提出"市域城镇连绵地区超出城市行政辖区范围的城市，可将城市行政辖区范围以外的城镇连绵地区作为规划编制的协调范围"，市域城镇连绵地区超出城市行政辖区范围的城市，城市行政辖区范围以外的城镇连绵地区超出城市政府的事权范围，当相邻城市已经编制了线网规划，应与其规划方案良好衔接；当相邻城市未编制线网规划，应统一规划，与其协调落实。无论相邻城市是否编制线网规划，协调的重点是确定两城市间的轨道交通线路对接点和基本走向，以做好规划对接的控制工作。

11.3　城市轨道交通线网规划的对象发展趋势

11.3.1　城市轨道交通线网规划将面对新制式的多样化

近几年来，随着我国城市轨道交通产业的快速发展，城市轨道交通新技术不断涌现，虽然有些所谓的新技术只是在传统系统选型上的技术改进，但是其性能发生了一定变化，在线网规划过程中，应该考虑到不同系统制式对城市轨道交通线路布局的要求不同。

11.3.2　铁路系统制式将逐渐成为城市轨道交通线网规划的对象

（1）铁路制式是快线系统制式的选择之一

《城市轨道交通线网规划标准》提出快线分为快线 A 和快线 B 两个功能层次。目前快线 B 选择城市轨道交通制式的较多，但也有选择铁路制式的，而快线 A 对速度的要求较高，通常最高速度要达到 120km/h 以上，因此选择铁路制式的较多。在广州、上海等城市的轨道交通线网规划中，对于快线 A 层次的系统选型，大多采用了铁路动车组的系统制式。

（2）铁路系统的互联互通为城市轨道交通互联互通提供了丰富的经验和基础

《城市轨道交通线网规划标准》针对快线提出了互联互通的规划要求：当多条快线在中心城区

布局时，应满足快线之间换乘需求的便捷性，并应结合交通需求分布特征研究互联互通的必要性。

目前，在国内还未有城市轨道交通互联互通的案例，而铁路在运输组织中的互联互通经验较为丰富，因此，为了适应市域轨道交通快线之间的互联互通、网络化运营的需求，铁路系统制式也是一种当下的选择之一。

11.4 城市轨道交通功能层次划分将日益完善

11.4.1 快线将成为特大、超大城市轨道交通线网规划的重点

从国内现有的城市轨道交通建设发展情况看，很多特大、超大城市的快线建设需求日益凸显，但在城市轨道交通线网规划中，没有提前规划预留好快线的建设通道，已经成为这些城市近几年来城市轨道交通规划和建设的难题。

《城市轨道交通线网规划标准》在此基础上，一方面明确提出了快线的功能层次，促进各城市重视快线的规划；另一方面也从规划指标上，提出了快线的规划指导要求，从而合理引导快线的规划和建设。

因此，在未来特大、超大城市的城市轨道交通线网规划过程中，快线将必然成为城市轨道交通线网规划的重点和难点。

11.4.2 中运量系统将成为大、中城市的重要选择

在 2014 年公布的《关于调整城市规模划分标准的通知》中，按照城区常住人口规模作为标准，将城区常住人口 50 万以上、100 万以下的城市列为中等城市，城区常住人口 100 万以上、500 万以下的城市列为大城市，其中 300 万以上、500 万以下的城市列为 I 型大城市，100 万以上、300 万以下的城市列为 II 型大城市。

《国务院办公厅关于进一步加强城市轨道交通规划建设管理的意见》（国办发〔2018〕52 号）将城市轨道交通建设的人口条件，由城区常住人口调整为市区常住人口，导致很多大、中城市都有条件建设城市轨道交通。

《城市轨道交通线网规划标准》提出"对于规划人口规模不满 150 万、确有必要发展建设轨道交通的城市，可在城市总体规划中预先安排轨道交通线路，规划预留相关设施建设用地"。这一条针对那些没有达到城市轨道交通建设条件的城市，可结合经济社会发展水平和交通需求，在城市综合交通体系规划中综合分析论证，研究建设发展轨道交通的必要性，对于确需发展轨道交通的大城市，因受到国家建设轨道交通基本条件的约束，可提前编制城市轨道交通线网规划，将规划成果主要内容纳入城市总体规划，对线路走廊、相关设施用地进行规划预留和控制，为今后发展城市轨道交通预留建设条件。

《城市轨道交通线网规划标准》中提到的"人口规模 150 万"，其实当时是指《国务院办公厅关于加强城市快速轨道交通建设管理的通知》（国办发〔2003〕81 号）中，提出的城区人口规模。而市区人口规模达到 150 万的城市数量比城区人口规模达到 150 万的城市数量要多很多，并且很多城市的市区人口规模远远大于城区人口规模，甚至于有些城市的城区人口还在 50 万以下，都达不到中等城市规模的条件，只能算作小城市。

对于市区人口规模大于 150 万、小于 300 万的城市，其城区常住人口也有小于 50 万的，也只能算作小城市。

我国各城市普遍存在"大市区、小城区"的现象，即市区范围很大，常住人口规模也很大，而对应的城区范围较小，并且城区常住人口也较低的现象。

从一定角度来说，城区范围才是城市交通需求较大的地区，因此在这种"大市区、小城区"的城市，其城区实际范围的交通需求相对不会太大，其公共交通客流走廊的需求最多与中运量系统相匹配。因此，大、中城市的城市轨道交通线网规划中，将以中运量系统为主，而且将成为这些城市建设城市轨道交通系统的主要选择。

11.4.3　超、特大城市逐步完善中运量城市轨道交通网络

截至目前，我国超、特大城市的城市轨道交通建设的重点是大运量的城市轨道交通系统，但是由于大运量的地铁系统不仅建设成本较高，而且运营成本也较高，很多城市每年都要从财政中拨出相当部分经费作为城市轨道交通的运营补贴。

我国一线城市如北京、上海、广州等超大城市的城市轨道交通骨干网络基本成型或者正在建设中，城市中心区的主要客流走廊几乎都布局有城市轨道交通线路，而中心区外围的城市轨道交通线路覆盖还略显不足，城市轨道交通覆盖率还有提升空间，但如果在外围还按照中心区的城市轨道交通系统进行规划和建设，必然在一定程度上会加大城市轨道交通的运营成本，因此，这些城市逐步开始在外围地区研究中运量的城市轨道交通，从而降低城市轨道交通的建设和运营成本。

国内二线特大城市，1000 万人口规模以下的城市，尤其是市区人口在 300 万~500 万的城市，当大运量的城市轨道交通达到一定规模后，也需要科学地评估城市轨道交通的运营效益和成本，毕竟大运量的地铁系统相对于其他城市轨道交通系统以及公共交通方式而言，其建设和运营成本较高。就个人判断，市区常住人口达到 300 万~500 万规模的城市，其大运量的地铁系统合理、经济的规模应控制在 200km 以内，当城市为带状形态时，其大运量的地铁系统的合理规模应该更低。

11.5　城市轨道交通线网规划的专业技术要求将日益提高

11.5.1　城市轨道交通工程技术水平需不断提高

（1）特大、超大城市的轨道交通网络骨架基本形成，新增线路工程难度较大

自国办发［2003］81 号文发布以来，城市轨道交通经历了 15 年左右的快速建设期，在这 15 年内，部分城市的城市轨道交通线网规划经过了好几版的修编，连建设规划都已经是三期，甚至四期获得国家批复。

这些城市的城市轨道交通线网规划已经几乎覆盖了大部分的城市主干路，在新增规划城市轨道交通线路时，已经不得已在城市次干路甚至支路中寻找通道。

虽然，近几年来，随着城市轨道交通建设经验的积累，城市轨道交通施工技术水平越来越高，几乎很少遇到难以克服的工程问题，但是，需要研究如何实现新增城市轨道交通线路与既有城市轨道交通线路之间的换乘衔接便利性，实现《线网规划标准》提出的换乘要求：不同线路站台之间乘客换乘的平均步行时间不宜大于 3min，困难条件下不宜大于 5min，需要加强城市轨道交通换

乘车站的工程方案研究。

（2）为落实规划控制条件，加强规划管理，需要提高工程技术水平

在城市轨道交通线网规划编制完成后，应尽快编制城市轨道交通用地控制规划，近几年来，部分城市已经认识到城市轨道交通用地控制规划的重要性，因此在线网规划阶段，便同步启动了用地控制规划，或者要求线网规划落实线位、场站选址等内容。

因此，在线网规划和用地控制规划中，便要求技术人员应具备一定的工程技术水平。

11.5.2　城市轨道交通运营组织管理要求日益提高

（1）城市轨道交通互联互通的要求日益提高

目前，我国的特、超大城市还是以建设大运量的地铁线路为主，随着城市规模的快速发展，城市轨道交通服务逐渐向市域扩展，市域快线、市域（市郊）铁路的建设将成为下一阶段我国特、超大城市的建设重点。

按照《城市轨道交通线网规划标准》的要求，当多条快线在中心城区布局时，应满足快线之间换乘需求的便捷性，并应结合交通需求分布特征研究互联互通的必要性。因此，在特、超大城市快线布局时，不仅要研究如何换乘，而且应该研究如何互联互通、如何实现跨线运营。

因此，在线网规划中，应加强运营组织规划，这就要求城市轨道交通的技术人员不仅要懂得城市规划、交通规划、轨道交通工程设计，还需掌握足够的运营组织技术知识。

（2）城市轨道交通多交路运营组织方案需求日益加强

近几年来，随着我国城市中心区与外围组团的联系日益加强，部分超、特大城市在城市轨道交通建设中不停地延长市区轨道交通，从而出现了很多超长线路。这些超长线路的全线客流分布特征存在较大差异，城区段断面客流明显高于外围断面客流，因此应采用多交路运营，既保障了城市轨道交通的服务水平，又降低了城市轨道交通的运营成本。

除超长线路外，还有很多市区线路也存在客流分布不均、断面客流差异较大以及方向不均衡系数较高等问题，而对于这些问题，其实有些可以在线网规划层面便充分考虑运营组织的要求，为后期通过运营组织合理配置运能奠定基础。

在线网规划阶段，在线路规划时如何充分考虑多交路运营组织的需求，的确有一定的难度。在《线网规划标准》编制过程中，曾将运营规划作为线路规划的内容之一，最后在线网布局中仅保留了运能配置的一节内容，提出：对既有运营线路，当列车在正常运行下，线路某一断面平均车厢舒适度低于本标准规定的等级水平的时间之和大于一天总运营时间的15%时，应增加运能供给，改善车厢舒适度。

这就要求在线网规划修编过程中，必须科学地评估既有线路能否通过运营组织方案提高城市轨道交通运能，改善服务水平，如果不能，则应考虑增加平行的线路或者其他线路，通过增加线路的方式提高运能，保障城市轨道交通的服务水平。

参考文献

[1]   Statistics Brief World Metro Figures [R]. Union International des Transports Publics (UITP) (International Association of Public Transport) , 2015.

[2]   A brief history of the Underground-London Underground milestones [M]. Transport for London, 2014.

[3]   M D 迈耶，等 . 城市交通规划 [M]. 北京：中国建筑工业出版社，1990.

[4]   Meyer M D, Maler E J. Urban Transportation Planning[M]. London: Hutchinson, 1995.

[5]   Port R J, Thomson JM. Study of Mass Rapid Transition Developing Countries[R].TRL Report, UI O, 1990: 2-20.

[6]   Tonazinis A R. Systemic Urban Mass Transit Planning for the 80's[J]. Scientific Management of Transportation Systems, 1981: 87-96.

[7]   Harry T Dimitriou. A Developmental Approach to Urban Transport Planning [M]. Gateshead Tyne & Wear, 1995.

[8]   Healey P. The Role of Development Plans in the British Planning System: An Empirical Assessment [J]. Urban Law and Policy, 1996, 8 (1): 12-27.

[9]   Royal Town Planning Institute. Joint Distance Learning Diploma in Town Planning: Summary Guide [R]. London: Royal Town Planning Institute, 1995.

[10]   Andeerstig C, Mattsson L G. Appraising Large-scale Investments in a Metropolitan Transportation System [J]. Transportation, 1992, (19): 267-283.

[11]   Viver J. Methods for Assessing Urban Public Transport Projects[J]. Public Transport International, 1998 (1): 24-27.

[12]   Pushkarev B S, Zupan J M, Cumella R S. Urban Rail in America[M]. Indiana University Press, Bloomington, 1982.

[13]   Takayuki Ueda, Hideo Nakamura, Eihan Shimizu. GIS Integrated System for Urban Transport and Development Planning [M]. Kluwer Academic Publishers, 1996.

[14]   Jean V. Comparison of the External Costs of Public Transport and Cars in Urban Areas: The Case of the Greet Paris Region[J]. Public Transport international. 1999, (5): 36-38.

[15]   新谷泽二 . 都市内导入に关する课题（日）[J]. 电气铁道，1986，40（2）: 2-9.

[16]   曾根悟 . 都市交通における LRT の役割（日）[J]. 运输と经济，1984，44（11）: 35-42.

[17]   青木荣一 . 欧美の轻电车の发达とその评价（日）[R]. 运输协会诰，1990.

[18]   长泽利夫 . 都市と新交通？（日）[J]. 土木技术，1984，39（12）: 54-61.

[19]   陈蓓 . 国外城市轨道交通发展规模研究 [D]. 北京：北京交通大学，2010.

[20]   城市轨道交通 2016 年度统计和分析报告 [R]. 中国城市轨道交通协会信息，2017.

[21]   石兴念 . 城市轨道交通线网规划方法研究与实践 [D]. 北京：北京交通大学，2013.

[22]   林树森 . 广州城市轨道交通线网规划的演变及其对城市发展的影响 [J]. 城市轨道交通研究，2010, 13（8）: 1-12.

[23]   北京市城建设计研究院广州市城市快速轨道交通线网规划 [R].1997.

[24]   潘有成 . 城市轨道交通网络规划理论研究与应用 [D]. 成都：西南交通大学，2004.

[25]   朱卫国 . 城市轨道交通线网规划面临的问题及对策 [J]. 都市快轨交通，2012，25（4）: 1-5.

[26]   王辉 . 城市轨道交通线网规划与综合评价研究 [D]. 重庆：重庆交通学院，2004.

[27]   张博馨 . 国内城市轨道交通快速轨道交通线网规划发展和存在问题 [J]. 交通世界，2012（8）: 128-130.

[28]   果晓锋，董伟力，胡旭，等 . 城市轨道交通线网规划研究 [J]. 铁道运输与经济，2014，36（7）: 78-83.

[29]   杨永平，边颜东，周晓勤，等 . 我国城市轨道交通存在的主要问题及发展对策 [J]. 城市轨道交通研究，2013，16（10）: 1-6.